JN111879

国内旅行業務取扱管理者試験テキスト＆問題集

「国内・総合旅行業務取扱管理者」資格試験講師
児山寛子 著

ナツメ社

◆「国内観光資源暗記ペーパー」のダウンロードについて

本書PART 4を抜粋したPDFデータが弊社ホームページよりダウンロードできます。

https://www.natsume.co.jp/

上記の弊社ホームページ内の本書のページより、ダウンロードしてください。

はじめに ●合格のための勉強法とこの本の使い方

●不得意科目をつくらない

国内旅行業務取扱管理者試験の試験科目は、①旅行業法及びこれに基づく命令、②旅行業約款、運送約款及び宿泊約款、③国内旅行実務の３科目です。合格ラインは各科目60点以上となっています。これは３科目の平均点ではありませんので、２科目が100点満点であっても、１科目が60点未満であれば不合格となります。そのため、得意科目をつくるのではなく、不得意科目をつくらないように心がけましょう。

●とりあえず大まかな内容を理解する

「PART１旅行業法等」と「PART２旅行業約款等」の２科目は、出題範囲が限られていますので、学習もしやすい科目です。本書には必要な条文を点線で囲んで入れてありますが、最初は解説を読みましょう。

PART２の終わりまで、読み進めて、大まかな内容が理解できたところで、練習問題や過去問題を解き、わからなかったり間違えたところを本文で確認します。この繰り返しで、より深く理解することができます。

●赤シートを活用しよう

本書は赤シートを使うことで問題集ともなります。

「PART３・４国内旅行実務」は、これができないために不合格となる人が多い、やっかいな科目です。最近では運送・宿泊約款からの出題もされています。特に国内観光資源（国内地理）には明確な範囲はなく、一夜漬けではとても合格はできません。日頃から地理に興味をもって、地図や旅行パンフレット等も参考にして学習してください。

●新しい情報に注意しよう

ＪＲや航空会社などの運賃・時刻表は頻繁に改正されています。改正の情報には日頃から注意してください。今回の本書の改訂に当たっては、最新の情報を盛り込んでいます。

本書を効果的に活用して、皆さんが合格されることを心より願っております。頑張ってください。

児山 寛子

一発合格！ 国内旅行業務取扱管理者試験 テキスト&問題集

もくじ

PART 3 国内旅行実務・国内運賃料金

PART 4 国内旅行実務・国内観光資源

国内旅行業務取扱管理者試験 受験ガイド

◉旅行業務取扱管理者とは

旅行業法では、旅行業者は、営業所ごとに旅行業務取扱管理者を１人以上選任しなければならないと規定されています。

この旅行業務取扱管理者になるためには、国家試験〔旅行業務取扱管理者試験〕に合格しなければなりません。

◉旅行業務取扱管理者の職務

法令で定められている旅行業務取扱管理者の職務には、旅行に関する計画の作成、取引条件の説明、書面の交付、企画旅行の円滑な実施、旅行に関する苦情の処理などがあります。

◉旅行業務取扱管理者の種類と試験

旅行業者の営業所で取り扱う旅行業務の種類によって、必要な資格は異なります。国内旅行（地域限定除く）だけを取り扱う営業所では、国内旅行業務取扱管理者か総合旅行業務取扱管理者が必要となります。

旅行業務取扱管理者試験には、2018年から導入の地域限定旅行業務取扱管理者試験と国内旅行業務取扱管理者試験、総合旅行業務取扱管理者試験の３種類がありますが、国内旅行業務取扱管理者試験については、一般社団法人全国旅行業協会（ANTA）が、総合旅行業務取扱管理者試験については、一般社団法人日本旅行業協会（JATA）が、それぞれ実施しています。地域限定旅行業務取扱管理者試験については、観光庁が実施しています。

国内旅行業務取扱管理者試験の合格率は、最近では20～30％台で推移しており、決して簡単な試験ではありませんので、しっかり計画を立てて勉強を進める必要があります。

また、国内旅行業務取扱管理者試験の受験は、総合旅行業務取扱管理者の受験にも直結するものです。まず国内旅行業務取扱管理者の資格を得てから総合旅行業務取扱管理者試験の受験を目指すという場合が多く見られます。

◉国内旅行業務取扱管理者試験

◆**試験要項の発表**　６月上旬

2024年度試験よりCBT試験方式での実施となります。（※CBTとは全国のテストセンターにおいてパソコンを使用して行う試験方法です。）申込方法や日程・会場などの詳細については、試験要項発表以降にCBT-Solutionsのウェブサイトを参照してください。

◆**受付期間**　６月上旬～７月上旬

◆**受験手数料等**　〔2024年度〕

受験手数料：5,800円（非課税）+システム利用料：660円（税込）

◆**試験日**　９月上旬～下旬

◆**試験科目**　①旅行業法及びこれに基づく命令、②旅行業約款、運送約款及び宿泊約款、③国内旅行実務

◆**試験会場**　全国47都道府県にある試験会場

◆**合格発表（予定）**　10月中旬

◆**問い合わせ先**　一般社団法人全国旅行業協会（ANTA）本部事務局

〒107-0052 東京都港区赤坂4-2-19　赤坂シャスタイーストビル3F

電話　03-6277-6805（試験係）　ホームページ　http://www.anta.or.jp

（注）試験日、試験会場、受験手数料などは、変更となる場合があります。
必ず最新情報を旅行業協会または試験要項で確認をしてください。

◉国内旅行業務取扱管理者研修

旅行業者等に最近５年以内に３年以上勤務し、かつ現在、旅行業務に従事している者を対象に国内旅行業務取扱管理者研修が実施されます。

この研修を修了〔すべての研修科目を受講し、かつ修了テストに合格〕すると、研修を修了した年度及び翌年の国内旅行業務取扱管理者試験の受験に際し、試験科目３科目のうち１科目〔国内旅行実務〕が免除となります。

研修は、５～６月頃に全国の会場で２日の日程で行われていますが、詳細は（一社）全国旅行業協会本部事務局研修係へ問い合わせをしてください。

また、国内旅行業務取扱管理者試験の合格者が総合旅行業務取扱管理者試験を受験する際には、試験科目の一部が免除されます。

一般社団法人全国旅行業協会支部事務局連絡先

本部事務局　〒107-0052 東京都港区赤坂4-2-19 赤坂シャスタイーストビル3F　TEL 03-6277-6805（試験問い合わせ専用）

支　部	電　話
北海道地方協議会	
北海道支部	011-241-4089
東北地方協議会	
青森県支部	017-743-2001
岩手県支部	019-656-5122
宮城県支部	022-218-3522
秋田県支部	018-862-3190
山形県支部	023-633-4411
福島県支部	024-521-2667
関東地方協議会	
茨城県支部	029-225-2641
栃木県支部	028-622-0682
群馬県支部	027-280-3366
埼玉県支部	048-648-3661
千葉県支部	043-224-7721
京浜地方協議会	
東京都支部	03-5210-2500
神奈川県支部	045-633-5150
山梨県支部	055-237-5760
北信越地方協議会	
新潟県支部	025-243-5060
長野県支部	026-235-0109
富山県支部	076-441-7223
石川県支部	076-223-4177
福井県支部	0776-52-6646
東海地方協議会	
岐阜県支部	058-247-9411
静岡県支部	054-251-3089
愛知県支部	052-451-6851
三重県支部	059-225-2201

支　部	電　話
近畿地方協議会	
滋賀県支部	077-526-3213
京都府支部	075-708-6414
大阪府支部	06-6641-8008
兵庫県支部	078-351-0659
奈良県支部	0742-20-6430
和歌山県支部	073-427-0270
中国地方協議会	
鳥取県支部	0857-38-2180
島根県支部	0856-23-3281
岡山県支部	086-201-4288
広島県支部	082-264-3189
山口県支部	083-902-1605
四国地方協議会	
徳島県支部	088-626-2635
香川県支部	087-835-0220
愛媛県支部	089-947-7558
高知県支部	088-821-2812
九州地方協議会	
福岡県支部	092-452-1222
佐賀県支部	0952-34-2602
長崎県支部	095-825-2100
熊本県支部	096-234-8946
大分県支部	097-573-5522
宮崎県支部	0985-29-8588
鹿児島県支部	099-225-8901
沖縄県支部	098-868-7493

PART 1

旅行業法及びこれに基づく命令

出題範囲

旅行業法及びこれに基づく命令
25問（1問4点・計100点）

合格ライン…15問 60点以上

出題範囲は限られる

旅行業法の中で「国土交通省令」「内閣府令」という表現が出てきますが、これは「旅行業法施行令」「旅行業法施行規則」「旅行業者等が旅行者と締結する規則」を指し、これらは出題範囲に含まれます。

なお、2018年1月の旅行業法の改正で、旅行サービス手配業の登録制度や地域限定旅行業務取扱管理者が創設されています。過去問題を解く際には注意してください。

旅行業法令の出題範囲は限られています。法令の文章は難しいかもしれませんが、毎年同じような問題が出題されていますので、最近の出題傾向に即した学習をすれば、必ず合格ラインの60点は取れます。

1 旅行業法の目的・旅行業の定義

1 旅行業法の目的

第１条【目的】

旅行業法は、旅行業等を営む者について登録制度を実施し、あわせて旅行業等を営む者の業務の適正な運営を確保するとともに、その組織する団体の適正な活動を促進することにより、旅行業務に関する取引の公正の維持、旅行の安全の確保及び旅行者の利便の増進を図ることを目的とする。

旅行業法の目的

旅行業法・第１条の条文は丸暗記しましょう。必ず出題されます。

POINT 旅行業法の目的

●旅行業法の目的

①旅行業等を営む者についての登録制度の実施
②旅行業等を営む者の業務の適正な運営の確保
③組織する団体〔旅行業協会〕の適正な活動の促進
④旅行業務に関する取引の公正の維持
⑤旅行の安全の確保
⑥旅行者の利便の増進

確認問題

問　次のうち、旅行業法の目的に定められていないものはどれか。

ア　旅行業等を営む者についての営業保証金制度の実施
イ　旅行の安全の確保
ウ　旅行業務に関する取引の公正の維持
エ　旅行者の利便の増進

答　☞ア

2 旅行業の定義――旅行業の 3 要件……

旅行業とは次の 3 つの要件を満たしているものをいいます。
①報酬を得る
②一定の行為を行う
③事業である

国家試験では、旅行業に該当しないもの〔つまり、旅行業の登録が必要ないもの〕をしっかり覚えておけば十分です。

POINT 旅行業に該当しないもの

	具　体　例
①運送機関の代理行為のみを行う	バスの回数券のみを販売している商店 航空券のみを販売するコンビニエンスストア
②旅行者と直接取引しない	手配代行者・ツアー〔ランド〕オペレーター ⇒P.10「② 旅行サービス手配業」参照 旅行業者に添乗員を派遣する業者
③付随的な業務〔運送・宿泊以外のサービス〕のみの手配・提供を行う	観光施設や演劇等の入場券の販売のみ レストランの食事の手配のみ
④運送・宿泊業者自らの運送・宿泊業務	バス会社が実施する日帰りツアー 自らの旅館に送客する東京案内所

確認問題

報酬を得て次の事業を行う場合、旅行業等の登録は必要か。

問 1　港近くの商店が、船会社を代理して乗船券のみを販売する行為。

答　☞×　乗船券や航空券・ＪＲの乗車券など運送機関の代理行為のみを行う場合は旅行業に該当しない。

問 2　バス会社が、旅行者に対し自ら所有するバスを利用して、他人の経営するホテルを利用して宿泊を伴う旅行を募集して実施する行為。

答　☞○　宿泊を伴う〔他人の経営する宿泊施設〕ので、登録が必要。「日帰り」で自社のバスだけを使ってという場合は旅行業等の登録は必要ない。

② 旅行サービス手配業

1 旅行サービス手配業

2018年より、日本国内において、旅行サービス手配業務を行う場合には「旅行サービス手配業」の登録が必要になりました。

旅行サービス手配業

「旅行サービス手配業務」とは、報酬を得て、旅行業者〔外国の旅行業者を含む〕からの依頼を受けて行う次の行為です。次の手配行為を行う場合は、旅行サービス手配業の登録が必要となります。

POINT 「旅行サービス手配業」の登録が必要な行為

「旅行サービス手配業」の登録が必要な行為
①旅行者に対する本邦内の運送等サービス〔運送または宿泊〕の手配
②旅行者に対する本邦内の運送等関連サービスで次のもの ・全国通訳案内士および地域通訳案内士以外の有償によるガイドの手配 ・免税店〔輸出物品販売場〕における物品販売の手配

旅行サービス手配業の登録必要

注：旅行業の登録ある者は、重複して「旅行サービス手配業」の登録を受ける必要はない。
海外旅行の手配のみの場合は、「旅行サービス手配業」の登録不要。

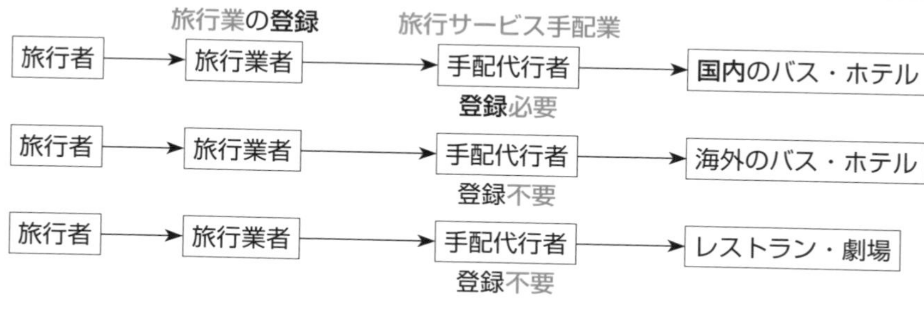

旅行サービス手配業の委託

旅行サービス手配業者は、旅行サービス手配業務を他人に委託する場合は、他の旅行サービス手配業者または旅行業者に委託しなければなりません。旅行業者も旅行サービス手配業務を他人に委託する場合は、旅行サービス手配業者または他の旅行業者に委託しなければなりません。

〔旅行業者は「旅行サービス手配業」の登録を受けなくても、旅行サービス手配業務を行うことができます。〕

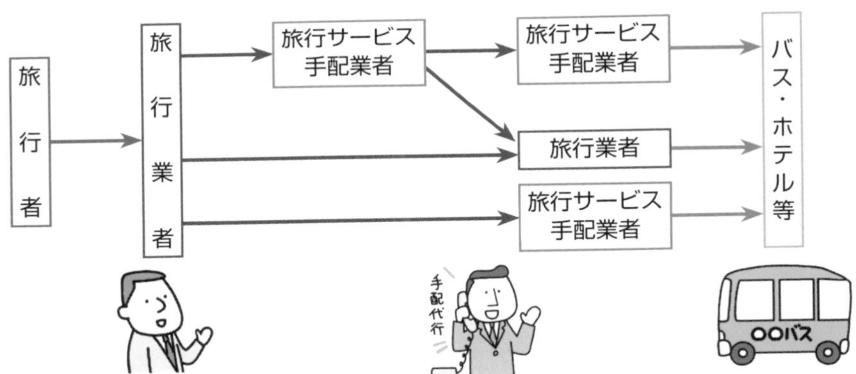

旅行業等と旅行サービス手配業

「旅行サービス手配業」の条文は、旅行業等と共通する部分が多いため、一緒に学習をしていきます。異なる部分を特にしっかり覚えておけばよいでしょう。旅行サービス手配業に無関係な項目についてはP.55にまとめました。その部分は旅行業等のみに関係する部分となります。

本書では旅行業等を基本に「旅行サービス手配業」の場合は（手　）・手・手で表示をしています。

運送等サービス 運送または宿泊のサービス＝鉄道・バス・ホテル・旅館等

運送等関連サービス 運送および宿泊のサービス以外の旅行に関するサービス＝通訳案内士（通訳ガイド）・免税店・レストラン・劇場等のサービス

ツアーオペレーター・ランドオペレーター バスやホテルなどの地上手配を専門に行う手配業者のこと。

3 旅行業・旅行サービス手配業の登録

1 旅行業・旅行サービス手配業の登録…

2013年４月より「地域限定旅行業」が創設されました。

旅行業の業務範囲と旅行業者代理業

旅行業の登録を申請する者は、業務範囲を定めなければなりません。

種　別	業務範囲	業務内容
旅　行　業	第１種旅行業	すべての旅行業務を取り扱える
	第２種旅行業	海外の募集型企画旅行の実施以外は可能
	第３種旅行業	募集型企画旅行の実施以外は可能 募集型企画旅行の実施は※拠点区域内に限定
	地域限定旅行業	募集型・受注型企画旅行の実施、手配旅行の手配は※拠点区域内に限定 〔注：募集型企画旅行の受託販売には拠点区域限定はない。〕
旅行業者代理業		旅行業者から委託された業務

※拠点区域内限定＝自らの営業所のある市町村、隣接する市町村および観光庁長官の定める区域内での旅行に限定

POINT 旅行業の業務範囲

	募集型企画旅行		受注型企画旅行		手配旅行	
	海外	国内	海外	国内	海外	国内
第１種旅行業	○	○	○	○	○	○
第２種旅行業	×	○	○	○	○	○
第３種旅行業	×	△	○	○	○	○
地域限定旅行業	×	△	×	△	×	△

△＝拠点区域内での旅行に限定

登録の申請先

第１種旅行業者は観光庁長官に、それ以外は主たる営業所を管轄（かんかつ）する都道府県知事に登録の申請をします。

POINT 登録の申請先

		登　録　先
旅行業者	第１種旅行業者	観光庁長官
	第２種旅行業者	主たる営業所を管轄する都道府県知事
	第３種旅行業者	
	地域限定旅行業者	
旅行業者代理業者		
旅行サービス手配業者		

登録事項

登録を受けようとする者は、下の事項を記載した申請書を提出します（旅行業者は①～④、旅行業者代理業者は①②⑤、旅行サービス手配業者は①②を記載）。

㊦①氏名（商号、名称）・住所・〔法人の場合〕代表者の氏名
㊦②主たる営業所・その他の営業所の名称・所在地
③旅行業者―登録の業務範囲（第１種・第２種・第３種・地域限定）
④旅行業者―旅行業者代理業者の氏名（名称）・住所・営業所の名称と所在地
⑤旅行業者代理業者―所属旅行業者の氏名（名称）・住所

登録事項変更の届出

上記の登録事項５項目のうち、①②④に変更があった場合は、その日から30日以内に登録行政庁に届け出なければなりません。

③登録の業務範囲を変更する場合は変更登録、⑤所属旅行業者を変更する場合は、登録のし直しとなります（P.17「旅行業者代理業者の登録失効」参照）。

登録行政庁　登録している行政庁のことで、観光庁長官と都道府県知事を指します。第１種旅行業者の登録行政庁は観光庁長官ですが、第２種旅行業者等その他の登録行政庁は主たる営業所を管轄する都道府県知事となります。

登録の拒否

旅行業等や旅行サービス手配業の登録申請で拒否される場合があります。

POINT 旅行業等・旅行サービス手配業の登録の拒否事由

①旅行業、旅行業者代理業、旅行サービス手配業の登録を取り消されてから5年を経過していない者〔登録を取り消された法人において、取消時または聴聞(ちょうもん)の期日・場所の公示日前60日以内に当該法人の役員であった者を含む〕

②禁錮(きんこ)以上の刑または「旅行業法」違反による罰金刑を受け、刑の執行が終わった日または執行を受けることがなくなった日から5年を経過していない者

注：旅行業法違反は罰金刑でも対象となるが、その他の法令違反は禁錮刑以上となる！

③暴力団員等〔暴力団員または暴力団員でなくなった日から5年を経過していない者〕

④申請前5年以内に旅行業務または旅行サービス手配業務に関し不正な行為をした者

注：「旅行業務または旅行サービス手配業務に関し」なので注意しよう！

⑤営業に関し成年者と同一の能力を有しない未成年者で、その法定代理人が①～④、⑦のいずれかに該当する場合

⑥心身の故障により旅行業、旅行業者代理業、旅行サービス手配業を適正に遂行することができない者※、破産手続開始の決定を受けて復権(ふっけん)を得ない者

※「適正に遂行することができない者」とは、精神の機能の障害により旅行業、旅行業者代理業、旅行サービス手配業を適正に遂行するに当たって必要な認知、判断、意思疎通を適切に行うことができない者

注：①～④のような5年という期日はない。

⑦法人であって、役員のうちに①～④または⑥のいずれかに該当する者がいる場合

注：役員についてなので、社員や従業員は含まない。

⑧暴力団員等が事業活動を支配する者

⑨営業所ごとに旅行業務取扱管理者（㊢旅行サービス手配業務取扱管理者）を確実に選任すると認められない者

⑩財産的基礎〔＝基準資産額〕が基準に満たない場合

⑪旅行業者代理業者で、その代理する旅行業を営む者が2以上である場合

注：代理する旅行業を営む者〔＝所属旅行業者〕は１社のみに限られる。

登録拒否事由①～⑥は、「旅行業務取扱管理者の選任（P.25）」、「旅行サービス手配業務取扱管理者の選任（P.26）」、「旅程管理業務を行う主任の者の要件（P.48）」にも関係します。

登録拒否事由⑩の財産的基礎〔基準資産額〕の金額は、営業保証金（P.19）または弁済業務保証金分担金（P.63）、負債を含まない額となっており、次の額に満たない場合は登録が拒否されます。営業保証金の最低額と比較して覚えておきましょう。

POINT 財産的基礎〔基準資産額〕

旅行業者は、財産的基礎が次の基準に満たない場合は登録が拒否される。

	財産的基礎〔基準資産額〕	営業保証金の最低額（P.21）
第１種旅行業者	3,000万円	7,000万円
第２種旅行業者	700万円	1,100万円
第３種旅行業者	300万円	300万円
地域限定旅行業者	100万円	15万円
旅行業者代理業者	なし	なし
旅行サービス手配業者	なし	なし

※上記の額に営業保証金〔弁済業務保証金分担金〕、負債は含めない。

登録行政庁は、登録の拒否をした場合は、理由を付して、申請者である旅行業者等や旅行サービス手配業者に通知しなければなりません。

旅行業等 **旅行業者等** 旅行業（者）と旅行業者代理業（者）のこと。「等」と入った場合は旅行業者代理業（者）が入ります。

2 旅行業の有効期間

旅行業の登録の有効期間は、登録の日から起算して５年となります。

登録の有効期間

旅行業と旅行業者代理業は有効期間の扱いが異なります。

POINT 登録の有効期間と更新登録

	旅　行　業	旅行業者代理業
有効期間	登録の日から起算して５年	一定の期日なし
更新登録	有効期間満了日の２ヶ月前まで	なし

注：更新登録の申請後、登録または拒否の通知があるまでは、有効期間満了後でも登録はそのまま有効〔営業可〕となる。

新しい登録の有効期間は、従前の登録の有効期間満了日の翌日から起算する。

旅行業の登録の有効期間は、登録の日から起算して５年です。登録の日から数えますので、有効期間は５年後の前日までです。

例

旅行業の登録日	2018年４月15日	
更新登録の申請	2023年２月14日まで	〔有効期間満了日の２ヶ月前〕
有効期間満了日	2023年４月14日	〔有効期間満了日の翌日〕
新しい有効期間	2023年４月15日から 2028年４月14日まで	〔前の有効期間の翌日〕

登録日の５年後の前日まで

注：更新登録の通知が有効期間満了後の４月14日以降に届いたとしても、それまでの間、登録は有効。新しい有効期間は、通知がいつ届いても、前の有効期間満了日の翌日、2023年４月15日から５年となる。

旅行業者代理業者の登録失効

旅行業者の登録は５年という期間が定められていますが、旅行業者代理業者には一定の期日はありません。

旅行業者代理業者は、所属旅行業者があっての旅行業者代理業者ですので、所属旅行業者との契約が切れたり、所属旅行業者自身がなくなったりした場合には登録は失効します。

POINT 旅行業者代理業者の登録失効

①所属旅行業者との代理業者契約が失効したとき

②所属旅行業者が旅行業の登録を抹消されたとき

変更登録

旅行業者が登録の業務範囲〔第１種・第２種・第３種・地域限定〕を変更しようとする場合は、変更登録を受けなければなりません。

例えば、第３種旅行業者が海外の募集型企画旅行を実施したいときは、第１種旅行業に変更登録をします。新規で登録をし直すわけではなく、変更登録でよいという点に注意しましょう。

POINT 変更登録

旅行業者の登録業務範囲を変更する場合は、変更登録が必要。

例　第２種旅行業者⇒第１種旅行業者へ変更する場合

●変更登録の申請先

変更する方の登録行政庁と同様

現　在	⇒	変　更	申　請　先
①第２種旅行業者 第３種旅行業者 地域限定旅行業者	⇒	第１種旅行業者	観光庁長官
②第１種旅行業者	⇒	第２種旅行業者 他	主たる営業所の所在地を管轄する都道府県知事

変更登録と登録事項変更の違い

変更登録と登録事項変更は、混同して間違いやすいところです。きちんと区別して覚えておきましょう。

POINT 変更登録と登録事項変更

変　更　登　録	登録事項の変更
旅行業者の登録業務範囲〔第１種・第２種・第３種・地域限定〕の変更	登録事項※の中の３項目の変更
変更する方の登録行政庁へ申請	変更のあった日から30日以内に登録行政庁へ届出

※登録事項変更の届出で変更可能なもの
①氏名（商号、名称）・住所・〔法人の場合〕代表者の氏名
②主たる営業所・その他の営業所の名称・所在地
→主たる営業所の変更（第１種以外）＝変更後の主たる営業所の所在地を管轄する都道府県知事へ届出
③旅行業者代理業者の氏名（名称）・住所・営業所の名称と所在地

確認問題

問　第３種旅行業者は、その主たる営業所の所在地に変更があったときは、その日から30日以内に、変更後の主たる営業所の所在地を管轄する都道府県知事に変更登録申請書を提出しなければならない。

答　☞×　変更登録ではなく、登録事項の変更の届出をする。変更登録は、旅行業者の登録業務範囲を変更する場合。

4 営業保証金

1 営業保証金

旅行業者は、営業保証金を供託(きょうたく)しなければなりません。旅行業者代理業者は自ら供託の必要はありません。

営業保証金から旅行者に弁済される

営業保証金とは、旅行者が旅行業者等との取引によって損害を受けた時に備え、あらかじめ旅行業者の財産の一部を国に預けるものです。

これにより、旅行業者の倒産など何かあった時には営業保証金から旅行者に弁済します。営業保証金から弁済〔還付(かんぷ)〕を受けることができるのは、旅行者のみで運送・宿泊機関等の取引業者は対象外です。

営業保証金の供託

第7条【営業保証金の供託】

1　旅行業者は、営業保証金を供託しなければならない。

2　旅行業者は、営業保証金の供託をしたときは、供託物受入れの記載のある供託書の写しを添付して、その旨を観光庁長官〔登録行政庁〕に届け出なければならない。

3　旅行業者は、前項の届出をした後でなければ、その事業を開始してはならない。

4　観光庁長官〔登録行政庁〕は、旅行業の登録をした場合において、登録の通知を受けた日から14日以内に旅行業者が第2項の届出をしないときは、その定める7日以上の期間内にその届出をすべき旨の催告をしなければならない。

5　観光庁長官〔登録行政庁〕は、前項の催告をした場合において、同項の規定により定めた期間内に旅行業者が第2項の届出をしないときは、当該旅行業の登録を取り消すことができる。

旅行業の登録をした場合は、営業保証金を供託し、その旨を登録行政庁に届出をした後でなければ、事業を開始できません。営業保証金の供託は旅行業者だけで、旅行業者代理業者は自ら供託の必要はありません。

POINT 旅行業登録後の流れ

①旅行業の登録

②営業保証金の供託
〔供託先：主たる営業所の最寄りの供託所〕

③供託した旨を登録行政庁に届出

（②③）登録の通知を受けた日から14日以内に 届出をする

↓

届出がない時 ⇒登録行政庁は7日以上の期間を定めて催告（さいこく）

↓

さらに届出がない時 ⇒登録の取消ができる

④事業開始

営業保証金の額

営業保証金の額は次により決められています。

1　旅行業者の登録業務範囲の別〔第1種・第2種・第3種・地域限定〕
2　前事業年度における旅行業務に関する旅行者との取引額〔旅行業者代理業者、自社企画の受託旅行業者の分も含める。〕

●営業保証金の額の例

前年の旅行者との取引額	営業保証金の額			
	第1種旅行業	第2種旅行業	第3種旅行業	地域限定旅行業
400万円未満	7,000万円	1,100万円	300万円	15万円
400万円以上5千万円未満	7,000万円	1,100万円	300万円	100万円
5千万円以上2億円未満	7,000万円	1,100万円	300万円	300万円
2億円以上4億円未満	7,000万円	1,100万円	450万円	450万円
4億円以上7億円未満	7,000万円	1,100万円	750万円	750万円
7億円以上10億円未満	7,000万円	1,300万円	900万円	900万円
〜	〜	〜	〜	〜
60億円以上70億円未満	7,000万円	2,700万円	1,900万円	1,900万円
70億円以上80億円未満	8,000万円	3,000万円	2,200万円	2,200万円

※第1種旅行業は海外募集型企画旅行の取引額により、次ページの追加分が必要となります。
（表はすべて覚える必要はありません。赤字の最低額は覚えておきましょう。）

●第1種旅行業の営業保証金追加分の例

海外募集型企画旅行の取引額	営業保証金追加分
8億円未満	0円
8億円以上9億円未満	900万円

取引額	追加分
9億円以上15億円未満	1,100万円
15億円以上35億円未満	1,300万円
35億円以上55億円未満	1,500万円

POINT 営業保証金の供託

供託先	主たる営業所の最寄りの供託所
供託物	金銭、有価証券〔国債・地方債・その他定められているもの〕
供託額（最低額）	第1種旅行業 7,000万円 第2種旅行業 1,100万円 第3種旅行業 300万円 地域限定旅行業 15万円 旅行業者代理業は自ら供託しない

供託の届出期限

次の場合は営業保証金を供託し、その旨の届出をしないといけません。

POINT 営業保証金供託の届出期限

供託事由	届出期限
①新規登録	登録の通知を受けた日から14日以内
②事業年度ごとの取引額が前年より増加	事業年度終了日の翌日から起算して100日以内
③国土交通省令の改正で額の引き上げ	国土交通省令施行の日から3ヶ月以内
④変更登録 例 第3種旅行業→第1種旅行業	変更に係る事業を開始する日まで
⑤旅行業協会の保証社員でなくなった	保証社員でなくなった日から7日以内
⑥旅行者への還付により営業保証金の額が不足〔還付は旅行者に限定〕	登録行政庁から不足額を供託する旨の通知を受けた日から14日以内→届出のない場合は登録失効

上記①～③はその期限までに届出がない場合、登録行政庁は7日以上の期間を定めて催告(さいこく)する。それでも届出がない場合は、登録の取消をすることができる。

2 営業保証金の取戻し

営業保証金は、公告をして還付後でないと取り戻すことはできません。

主たる営業所の移転

営業保証金は旅行業者の主たる営業所の最寄りの供託所に供託します。主たる営業所が移転した場合は、供託所も変更となり、営業保証金を金銭のみで供託している場合と有価証券を入れている場合で扱いが異なります。

1　金銭のみで供託
　保管替え〔営業保証金を移転前の供託所から移転後の供託所へ移してもらうこと〕

2　有価証券・有価証券＋金銭で供託
　一時的に、二重に営業保証金を払います。
　①移転後の供託所に営業保証金を供託
　②移転前の供託所にある営業保証金の取戻し

営業保証金の取戻し

次の場合は、供託している営業保証金の全部または一部を取り戻せます。

①旅行業の登録の抹消
②変更登録により営業保証金が減額〔例 第１種旅行業→第２種旅行業〕
③旅行業協会の保証社員となった場合
④前年の旅行者との取引額の減少により、営業保証金が減額
⑤国土交通省令の改正で営業保証金の額が引き下げ
⑥主たる営業所の移転による供託所の変更〔金銭のみ以外で供託〕で、移転前の供託所にある営業保証金の取戻し

営業保証金はすぐに取り戻せるとは限りません。債権者〔還付請求権者〕に６ヶ月を下らない〔＝６ヶ月以上の〕一定期間内に申し出るよう公告を

し、還付した後でないと取り戻すことはできません。ただし、営業保証金を取り戻すことができる事由が発生した時から10年を経過したときは、公告なしで取り戻せます。前記④〜⑥の場合も公告なしで取り戻せます。

POINT 公告なしで営業保証金を取り戻せる場合

①前年の旅行者との取引額の減少
②国土交通省令の改正
③主たる営業所の移転による供託所の変更〔金銭のみ以外で供託〕で、移転前の供託所にある営業保証金の取戻し
④取り戻すことができる事由が発生した時から10年を経過したとき

取引額の報告

営業保証金の額は前年の旅行業務に関する旅行者との取引額によって変動するため、旅行業者は旅行業者代理業者・自社企画の受託旅行業者の取り扱い分も含めて、毎事業年度終了後100日以内に取引額を登録行政庁に報告しなければなりません。〔自社の募集型企画旅行の取引額は、「本邦内のみ」と「それ以外」に区分して報告します。〕

3 営業保証金の権利の承継

営業保証金の権利を承継するには旅行業の登録が抹消された日から6ヶ月以内に届出をする必要があります。

権利の承継

個人登録の旅行業者が死亡した場合や法人登録の旅行業者が合併により消滅、事業の全部を譲渡した場合には、事業を承継した旅行業者が営業保証金も承継できます。

それには、旅行業の登録が抹消された日から6ヶ月以内に、代わりに事業を承継する者が旅行業の登録を受け、営業保証金の権利を承継する旨の届出を登録行政庁にしなければなりません。

また、前旅行業者が取引した旅行者に債務がある場合は、事業を承継した旅行業者の債務とみなされ、承継した営業保証金から弁済されます。

5 旅行業務取扱管理者・外務員

1 旅行業務取扱管理者・旅行サービス手配業務取扱管理者

2018年の改正により、地域限定旅行業務取扱管理者と旅行サービス手配業務取扱管理者が創設されました。

旅行業務取扱管理者・旅行サービス手配業務取扱管理者の職務

旅行業者等〔旅行業者と旅行業者代理業者〕は営業所ごとに旅行業務取扱管理者を、旅行サービス手配業者は旅行サービス手配業務取扱管理者を1人以上選任し、当該営業所における旅行業務（㊢旅行サービス手配業務）に関し、管理及び監督に関する事務を行わせなければなりません。

POINT 旅行業務取扱管理者・旅行サービス手配業務取扱管理者の職務

①旅行に関する計画の作成

②旅行業務取扱料金〔第12条の料金〕の掲示

③旅行業約款（やっかん）の掲示および備置き（そなえおき）

④取引条件の説明

㊢ ⑤契約書面〔第12条の5（㊢第30条）の書面〕の交付

⑥企画旅行の広告および誇大広告の禁止に関する事項

⑦企画旅行の円滑な実施〔旅程管理〕のための措置（そち）

㊢ ⑧旅行（㊢旅行サービス手配業務）に関する苦情の処理

㊢ ⑨契約締結の年月日、契約の相手方その他の旅行者または旅行に関するサービスを提供する者（㊢旅行サービス手配業務に関し取引をした者）と締結した契約の内容に係る（かかる）重要事項について明確な記録または関係書類の保管

㊢ ⑩取引の公正、旅行の安全および旅行者の利便を確保するため必要な事項として観光庁長官が定める事項

取引条件
契約書面

旅行者と取引をするにあたり、旅行者から依頼があれば旅行業務取扱管理者が最終的に説明を行います。

旅行業務取扱管理者の選任

選任する旅行業務取扱管理者は、登録の拒否事由に該当しない者等の条件があります。また、営業所ごとに１人以上選任しなければいけませんので、１人しかいない営業所ではその者が旅行業務取扱管理者となります。ただし、2018年の改正で、地域限定旅行業者と所属旅行業者が地域限定旅行業者の旅行業者代理業者に限り、条件により兼務が認められています。

POINT 旅行業務取扱管理者の選任

①登録の拒否事由〔法第６条第１項第１号～第６号〕に該当しない者

〔登録の拒否〕

1．旅行業、旅行業者代理業または旅行サービス手配業の登録を取り消されてから５年を経過していない者
2．禁錮以上の刑、「旅行業法」違反による罰金刑を受け、刑の執行が終わった日または執行を受けることがなくなった日から５年を経過していない者
3．暴力団員等〔暴力団員または暴力団員でなくなった日から５年を経過していない者〕
4．申請前５年以内に旅行業務または旅行サービス手配業務に関し不正な行為をした者
5．営業に関し成年者と同一の能力を有しない未成年者で、その法定代理人が１．～４．のいずれかに該当する場合
6．心身の故障により旅行業、旅行業者代理業、旅行サービス手配業を適正に遂行することができない者または破産手続開始の決定を受けて復権を得ない者

②営業所ごとに業務範囲で次のように旅行業務取扱管理者を選任

営業所で取り扱う旅行	旅行業務取扱管理者〔いずれか〕
1．拠点区域内限定の旅行のみ	地域限定旅行業務取扱管理者試験合格者〔営業所の所在する地域のもの〕
	国内旅行業務取扱管理者試験合格者
	総合旅行業務取扱管理者試験合格者
2．本邦内の旅行のみ〔1．の営業所除く〕	国内旅行業務取扱管理者試験合格者
	総合旅行業務取扱管理者試験合格者
3．本邦外の旅行	総合旅行業務取扱管理者試験合格者

※第１種旅行業者だから総合旅行業務取扱管理者試験合格者を選任しなければならないというわけではない。

③他の営業所の旅行業務取扱管理者との兼務不可

例外：次の条件により複数営業所の兼務可能

1．地域限定旅行業者・所属旅行業者が地域限定旅行業者の旅行業者代理業者

2．兼務する複数営業所が近接〔営業所間の距離合計40km以下〕

3．旅行業務取扱管理者の事務負担が過重とならない場合
複数営業所の旅行業務の適切な運営が確保される場合
〔複数営業所の旅行者との取引額の合計が１億円以下〕

旅行サービス手配業務取扱管理者の選任

旅行サービス手配業者は営業所ごとに１人以上の旅行サービス手配業務取扱管理者を選任しなければいけません。選任の条件は旅行業務取扱管理者と共通する部分があります。

POINT 旅行サービス手配業務取扱管理者の選任

①登録の拒否事由〔P.14①～⑥〕に該当しない者

②営業所ごとに次のように旅行サービス手配業務取扱管理者を選任

営業所で取り扱う旅行	旅行サービス手配業務取扱管理者〔いずれか〕
本邦内〔国内〕の旅行	旅行サービス手配業務取扱管理者研修の課程を修了した者
	国内旅行業務取扱管理者試験合格者
	総合旅行業務取扱管理者試験合格者

※本邦外の手配のみの場合は、旅行サービス手配業務取扱管理者の選任は不要

③他の営業所の旅行サービス手配業務取扱管理者との兼務不可

旅行業務取扱管理者・旅行サービス手配業務取扱管理者の研修

旅行業者等（㊢旅行サービス手配業者）は、旅行業務取扱管理者（㊢旅行サービス手配業務取扱管理者）について、５年ごとに、旅行業務（㊢旅行サービス手配業務）に関する法令、旅程管理その他の旅行業務取扱管理

者（㊢旅行サービス手配業務取扱管理者）の職務に関し必要な知識および能力の向上を図るため、旅行業協会（㊢登録研修機関）が実施する研修を受けさせなければなりません。それ以外にも、苦情の解決に関する講習を受講させるなど職務に関し必要な知識および能力の向上を図るための措置を講ずるように努めなければなりません。

選任した取扱管理者が欠けた場合

旅行業者等（㊢旅行サービス手配業者）は、その営業所の旅行業務取扱管理者（㊢旅行サービス手配業務取扱管理者）として選任した者のすべてが登録の拒否事由に該当し、または選任した者のすべてが欠けるに至ったときは、新たに旅行業務取扱管理者（㊢旅行サービス手配取扱管理者）を選任するまでの間は、その営業所において旅行業務（㊢旅行サービス手配業務）に関する契約を締結してはなりません。

新たな契約が締結できないだけで、すでに契約を締結している旅行者の手配をしたりすることは可能です。営業所でのすべての業務ができないというわけではないので注意しましょう。

POINT　選任した取扱管理者がすべて欠けた場合

選任した旅行業務取扱管理者（㊢旅行サービス手配業務取扱管理者）がすべて欠けた場合

⇒新たに選任するまでの間、その営業所において旅行業務（㊢旅行サービス手配業務）に関する契約を締結してはならない。

旅行業務取扱管理者の証明書〔旅行業務取扱管理者証〕

旅行業務取扱管理者は、旅行者から請求があったときは、国土交通省令で定める様式による旅行業務取扱管理者の証明書〔旅行業務取扱管理者証〕を提示しなければなりません。

また、旅行業務取扱管理者証は所定の様式で各旅行業者や旅行業者代理業者自身で発行します。

2 外務員

旅行業者の外務員は常に外務員の証明書を携帯し、旅行者からの請求の有無にかかわらず、必ず提示しなければなりません。

第12条の6 【外務員の証明書携帯等】

1　旅行業者等は、勧誘員、販売員、外交員その他いかなる名称を有する者であるかを問わず、その役員又は使用人のうち、その営業所以外の場所でその旅行業者等のために旅行業務について取引を行う者〔以下「外務員」という。〕に、国土交通省令で定める様式による証明書を携帯させなければ、その者を外務員としての業務に従事させてはならない。

2　外務員は、その業務を行うときは、前項の証明書を提示しなければならない。

外務員・外務員証

旅行業者等の従業員のなかで営業所以外の場所で旅行業務についての取引を行う者を外務員といいます。外務員には所定の様式〔国土交通省令で定める様式〕の証明書〔外務員証〕を携帯させ、営業所以外の場所で業務を行うときは、外務員証を提示しなければなりません。

営業所内であれば、その旅行業者等の従業員であることがわかりますが、営業所以外では本当にその人がその旅行業者等の従業員なのか疑問です。そのために身分証明書的に外務員証を提示すると思えばよいのです。よって、営業所内で取引を行う場合には外務員証の提示は必要ありません。

また、営業所以外で取引をする場合は、役員・使用人を問わず外務員証が必要です。これは、社長でもパート社員であっても例外はありません。

POINT 外務員証

①営業所以外で業務を行う場合
⇒旅行者からの請求の有無にかかわらず必ず提示
⇒役員・使用人を問わず必要〔携帯・提示〕

②国土交通省令で定める所定の様式

③旅行業者・旅行業者代理業者自身で発行

第12条の６【外務員の証明書携帯等】

〔第１、２項はP.28〕

３　外務員は、その所属する旅行業者等に代わって、旅行者との旅行業務に関する取引についての一切の裁判外の行為を行う権限を有するものとみなす。ただし、旅行者が悪意であったときは、この限りでない。

外務員の権限

外務員は、所属する旅行業者等に代わって、旅行者との旅行業務に関する取引についての一切の裁判外の行為を行う権限を有するものとみなされます。「裁判外の行為」とは法廷以外の場所における一切の行為、すなわち旅行取引行為全般を指します。よって、外務員が行った旅行業務の取引は、所属する旅行業者等が行ったものと同様で一切の契約上の責任を負うことになります。

ただし、取引の相手が外務員としての権限がないことを知った上で契約を結ぶなど旅行者が悪意であったときは、この限りではありません。

外務員証と旅行業務取扱管理者証

POINT 外務員証と旅行業務取扱管理者証

	外務員証	旅行業務取扱管理者証
発行者	勤務する旅行業者等	勤務する旅行業者等
様　式	所定の様式	所定の様式
提　示	営業所以外で業務を行う場合は必ず提示	旅行者から請求された場合に提示

注１：旅行業者代理業者も所属旅行業者ではなく、旅行業者代理業者自身で発行する。

注２：外務員証と旅行業務取扱管理者証とは別のものであり、お互いに代用できるものではない。

旅行業務取扱料金・旅行業約款（やっかん）・標識

1 旅行業務取扱料金

旅行業者は、事業の開始前に旅行業務取扱料金を定めて、旅行者に見やすいように営業所に掲示しなければなりません。

この旅行業務取扱料金の認可や届出は不要となっています。

第12条【料金の掲示】

1　旅行業者は、事業の開始前に、旅行者から収受する旅行業務の取扱いの料金〔企画旅行に係るものを除く。〕を定め、これをその営業所において旅行者に見やすいように掲示しなければならない。これを変更するときも同様とする。

2〔省略〕

3　旅行業者代理業者は、その営業所において、所属旅行業者が定めた料金を旅行者に見やすいように掲示しなければならない。

旅行業務取扱料金の掲示

旅行業者は、事業の開始前に旅行者から収受する旅行業務取扱料金を定め、営業所において旅行者に見やすいように掲示しなければなりません。

旅行業務取扱料金が契約の種類および内容に応じて定率、定額その他の方法により定められ、旅行者にとって明確であればよく、認可や届出は不要となっています。

また、企画旅行は旅行代金の他に旅行業務取扱料金を収受（しゅうじゅ）できないことから、企画旅行においては料金を定める必要はありません。

POINT 旅行業務取扱料金

①旅行業者は事業の開始前に旅行業務取扱料金〔企画旅行除く〕を定めておく。

②認可や届出不要〔契約の種類・内容に応じて、定率・定額等により定められ、旅行者にとって明確でなければならない〕

③営業所に必ず掲示

POINT 旅行業者代理業者の旅行業務取扱料金

①所属旅行業者が定めたものを使用・掲示

②旅行業者代理業者自ら定めることはできない。

2 旅行業約款

旅行業者は、営業所に旅行業約款（やっかん）を旅行者が見やすいように掲示、または閲覧できるように備え置かなければなりません。

第12条の2【旅行業約款】

1　旅行業者は、旅行者と締結する旅行業務の取扱いに関する契約に関し、旅行業約款を定め、観光庁長官〔登録行政庁〕の認可を受けなければならない。国土交通省令・内閣府令で定める軽微な変更をしようとする場合を除き、これを変更しようとするときも、同様とする。

2　観光庁長官は、前項の認可をしようとするときは、次の基準によってしなければならない。

(1)　旅行者の正当な利益を害するおそれがないものであること。

(2)　少なくとも旅行業務の取扱いの料金その他の旅行者との取引に係る金銭の収受及び払戻しに関する事項並びに旅行業者の責任に関する事項が明確に〔企画旅行を実施する旅行業者にあっては、企画旅行契約と手配旅行契約その他の企画旅行契約以外の契約との別に応じ、明確に〕定められているものであること。

3　旅行業者等は、旅行業約款〔旅行業者代理業者にあっては所属旅行業者の旅行業約款、他の旅行業者を代理して企画旅行契約を締結することができる者にあっては当該他の旅行業者の旅行業約款〕をその営業所において、旅行者に見やすいように掲示し、又は旅行者が閲覧することができるように備え置かなければならない。

旅行業約款の掲示または備置き

旅行業者は、旅行業約款を定めて観光庁長官〔登録行政庁〕の認可を受け、営業所において旅行者に見やすいように掲示または旅行者が閲覧することができるように備え置かなければなりません。また、旅行業約款を変更しようとする場合もあらためて認可が必要となりますが、軽微な変更の場合は認可を受ける必要はありません。

●軽微な変更

1　保証社員の場合

①その所属する旅行業協会の名称または所在地の変更

②弁済業務保証金からの弁済限度額の変更

2　保証社員でない場合

営業保証金を供託している供託所の名称または所在地の変更

3　保証社員でない旅行業者が保証社員となった場合における旅行業約款の記載事項（P.33参照）⑦から⑥に改める変更

4　保証社員である旅行業者が保証社員でなくなった場合における旅行業約款の記載事項（P.33参照）⑥から⑦に改める変更

旅行業約款の認可の基準

観光庁長官〔登録行政庁〕は旅行業約款を認可するときは、次の基準によって行わなければなりません。

POINT　旅行業約款の認可の基準

(1)　旅行者の正当な利益を害するおそれがないもの

(2)　少なくとも、次の事項が契約の別に応じ明確に定められているもの

①旅行業務の取扱いの料金その他の旅行者との取引に係る金銭の収受及び払戻しに関する事項

②旅行業者の責任に関する事項

保証社員　旅行業協会は、旅行業務に関し社員である旅行業者または当該旅行業者を所属旅行業者とする旅行業者代理業者と取引をした旅行者に対し、その取引によって生じた債権に関し弁済をする業務を行っていますが、弁済業務保証金分担金を納付した旅行業者を保証社員と呼んでいます。（「⑫ 旅行業協会」参照）

旅行業約款の記載事項

旅行業約款の記載事項は次のように規定されています。

●旅行業約款の記載事項

①旅行業務の取扱いの料金、その他の旅行者との取引に係る金銭の収受に関する事項

②法第12条の5〔書面の交付〕の規定により運送、宿泊その他の旅行に関するサービスの提供について旅行者に対して交付する書面の種類およびその表示する権利の内容

③契約の変更および解除に関する事項

④責任および免責に関する事項

⑤旅行中の損害の補償に関する事項

⑥保証社員である旅行業者にあっては、法第55条各号に掲げる事項

1　その所属する旅行業協会の名称および所在地
2　弁済業務保証金から弁済を受けることができること
3　弁済限度額
4　営業保証金を供託していないこと

⑦保証社員でない旅行業者にあっては、営業保証金を供託している供託所の名称および所在地ならびに旅行業務に関し取引をした者は、その取引によって生じた債権に関し当該営業保証金から弁済を受けることができること

⑧その他旅行業約款の内容として必要な事項

標準旅行業約款

観光庁長官および消費者庁長官が定めて公示した旅行業約款のことを標準旅行業約款といいます。旅行業約款は観光庁長官〔登録行政庁〕の認可を受けなければなりませんが、旅行業者が標準旅行業約款と同一の旅行業約款を定めた場合は、認可を受けたものとみなされます。

また、現に定めている旅行業約款を標準旅行業約款と同一のものに変更したときも認可を受けたものとみなされます。

POINT 旅行業約款

●旅行業約款

①旅行業者は旅行業約款を定めて、観光庁長官〔登録行政庁〕の認可が必要。変更も同様に認可が必要。〔軽微な変更は認可不要〕標準旅行業約款と同一の場合は認可を受けたものとみなす。

②営業所に掲示または備置き〔受託旅行業者の場合は、受託営業所に委託旅行業者の約款も掲示または備置き〕

●旅行業者代理業者の旅行業約款

①所属旅行業者のものを使用・掲示または備置き

②旅行業者代理業者自ら定めることはできない。

3 標識〔登録票〕

第12条の９【標識の掲示】

１　旅行業者等は、営業所において、旅行業と旅行業者代理業者との別及び第11条の２第５項各号に規定する営業所の別に応じ国土交通省令で定める様式の標識を、公衆に見やすいように掲示しなければならない。

２　旅行業者等以外の者は、前項の標識又はこれに類似する標識を掲示してはならない。

標識〔登録票〕の掲示

旅行業者等は、旅行業と旅行業者代理業との別、および国内旅行のみを取り扱う営業所か海外旅行を取り扱う営業所かの別に応じて、各営業所ごとに定められた様式の標識〔登録票〕を公衆に見やすいように掲示しなければなりません。

標識は営業所ごとに必要で、旅行業者ごとではありません。たとえ第１種旅行業で海外旅行も取り扱う旅行業者であったとしても、国内旅行のみしか扱わない営業所は旅行業用で白色の標識になります。

●標識の様式〔4様式〕

種　別	業務範囲	標識〔登録票〕
旅行業	国内旅行のみ	①旅行業用・白色
	海外・国内旅行	②旅行業用・青色
旅行業者代理業	国内旅行のみ	③旅行業者代理業用・白色
	海外・国内旅行	④旅行業者代理業用・青色

POINT 標識〔登録票〕の掲示

①営業所ごとに必ず掲示〔旅行業者ごとではないので注意！〕

②標識〔登録票〕は4様式

国内旅行のみ扱う営業所⇒地の色白

海外旅行を扱う営業所　⇒地の色青

③旅行業者等以外の者は、標識・類似する標識の掲示の禁止

標識〔登録票〕の記載事項

①登録番号

②登録年月日 ｝西暦表記も入れる

③有効期間

〔旅行業者代理業者の場合は、所属旅行業者の登録番号、氏名または名称〕

④氏名または名称

⑤営業所の名称

⑥旅行業務取扱管理者の氏名

⑦受託取扱企画旅行※

｝日本語および英語〔ローマ字〕で表記（④～⑦）

※企画者を明確に記載

4 旅行業務取扱料金・旅行業約款・標識の比較

旅行業務取扱料金	届出・認可不要	必ず掲示
旅行業約款	認可必要	掲示または備置き
標識（登録票）		必ず掲示

7 取引条件の説明・書面の交付

1 取引条件の説明

旅行業者等は旅行者との契約締結(ていけつ)前に「取引条件の説明書面」を交付して、取引条件の説明をしなければなりません。

第12条の4 【取引条件の説明】

1　旅行業者等は、旅行者と企画旅行契約、手配旅行契約その他旅行業務に関し契約を締結しようとするときは、旅行者が依頼しようとする旅行業務の内容を確認した上、国土交通省令・内閣府令で定めるところにより、その取引の条件について旅行者に説明しなければならない。

2　旅行業者等は、前項の規定による説明をするときは、国土交通省令・内閣府令で定める場合を除き、旅行者に対し、旅行者が提供を受けることができる旅行に関するサービスの内容、旅行者が旅行業者等に支払うべき対価に関する事項、旅行業務取扱管理者の氏名、全国通訳案内士又は地域通訳案内士の同行の有無その他の国土交通省令・内閣府令で定める事項を記載した書面を交付しなければならない。

3　旅行業者等は、前項の規定による書面の交付に代えて、政令で定めるところにより、旅行者の承諾を得て、当該書面に記載すべき事項を電子情報処理組織を使用する方法その他の情報通信の技術を利用する方法であって国土交通省令・内閣府令で定めるものにより提供することができる。この場合において、当該旅行業者等は、当該書面を交付したものとみなす。

取引条件の説明（契約の締結前）

旅行業者等は旅行業務に関し旅行者と契約を締結しようとするときは、契約の締結前に取引条件の内容を記載した書面〔取引条件の説明書面〕を交付して、取引条件の説明をしなければなりません。旅行相談契約の場合でも契約の締結前に必ず取引条件の説明をしなければなりません。

ただし、旅行業者が対価と引換えに旅行サービスの提供を受ける権利を表示した書面〔乗車券・航空券・宿泊券等〕を交付する場合は、取引条件の説明書面の交付を必要としません。

POINT 取引条件の説明

取引条件の説明は、契約の締結前に必ず行う。

①取引条件の説明

②取引条件の説明書面の交付〔対価と引換えに旅行サービスの提供を受ける権利を表示した書面を交付する場合を除く〕

2 書面の交付

旅行業者は、契約締結後には旅行者や旅行業務に関し取引をした者に「〔契約〕書面」を交付しなければなりません。

第12条の5 【書面の交付】

1　旅行業者等は、旅行者と企画旅行契約、手配旅行契約その他旅行業務に関し契約を締結したときは、国土交通省令・内閣府令で定める場合を除き、遅滞なく、旅行者に対し、当該提供すべき旅行に関するサービスの内容、旅行者が旅行業者等に支払うべき対価に関する事項、旅行業務取扱管理者の氏名、全国通訳案内士若しくは地域通訳案内士の同行の有無その他の国土交通省令・内閣府令で定める事項を記載した書面又は当該旅行に関するサービスの提供を受ける権利を表示した書面を交付しなければならない。

2　旅行業者等は、前項の規定により書面を交付する措置に代えて、政令で定めるところにより、旅行者の承諾を得て、同項の国土交通省令・内閣府令で定める事項を通知する措置又は当該旅行に関するサービスの提供を受ける権利を取得させる措置であって国土交通省令・内閣府令で定めるものを電子情報処理組織を使用する方法その他の情報通信の技術を利用する方法であって国土交通省令・内閣府令で定めるものにより講ずることができる。この場合において、当該旅行業者等は、当該書面を交付したものとみなす。

旅行者へ第12条の5の書面の交付（契約の締結後）

旅行業者等は契約締結後、旅行者に「国土交通省令・内閣府令で定める書面〔契約書面〕」または「旅行サービスの提供を受ける権利を表示した書面〔乗車券・宿泊券等〕」のいずれかを交付しなければなりません。

ただし、旅行相談契約では第12条の5の書面の交付は不要です。

第12条の５（㊢第30条）【書面の交付】

〔第１、２項はP.37〕

３（㊢１） 旅行業者等（㊢旅行サービス手配業者）は、旅行業務（㊢旅行サービス手配業務）に関し取引をする者〔旅行者を除く、以下この条において同じ。〕と旅行業務（㊢旅行サービス手配業務）に関し契約を締結したときは、国土交通省令で定める場合を除き、遅滞なく、当該取引をする者に対し、旅行者に提供すべき旅行に関するサービスの内容その他の国土交通省令で定める事項を記載した書面を交付しなければならない。

４（㊢２） 旅行業者等（㊢旅行サービス手配業者）は、前項の規定により書面を交付する措置に代えて、政令で定めるところにより、旅行業務（㊢旅行サービス手配業務）に関し取引をする者の承諾を得て、同項の国土交通省令で定める事項を通知する措置であって国土交通省令で定めるものを電子情報処理組織を使用する方法その他の情報通信の技術を利用する方法であって国土交通省令で定めるものにより講ずることができる。この場合において、当該旅行業者等（㊢旅行サービス手配業者）は、当該書面を交付したものとみなす。

取引者への書面の交付（契約の締結後）

旅行業者等は旅行者だけでなく、旅行業務に関し取引をする者〔旅行業者、旅行サービス手配業者、旅行サービス提供者など〕とも契約を締結したときは、遅滞なく、旅行者に提供すべきサービスの内容等を記載した書面を交付しなければなりません。

同様に、旅行サービス手配業者も旅行サービス手配業務に関し取引をする者と契約を締結したときは、書面を交付しなければなりません。

旅行業者
旅行サービス手配業者

旅行サービス提供者 運送・宿泊業者のこと

取引者へ交付する書面の記載事項

取引者〔旅行業者等と取引をする者〕と旅行者へ交付する書面の記載事項は異なっています。旅行者へ交付する書面の記載事項についてはP.41、P.43を見てください。

●取引者へ交付する書面の記載事項〔旅行者への書面はP.41、P.43〕

(1) 旅行業務（㊦旅行サービス手配業務）に関し取引をする者の氏名〔商号、名称〕・住所
〔当該者が旅行業者等または旅行サービス手配業者である場合においては、氏名または商号若しくは名称・住所・登録番号〕
(2) 契約を締結する旅行業者等（㊦旅行サービス手配業者）の氏名〔商号、名称〕・住所・登録番号
(3) 旅行者に提供すべき旅行に関するサービスの内容
(4) 旅行業者等（㊦旅行サービス手配業者）が旅行業務（㊦旅行サービス手配業務）に関し取引をする者に支払う対価または旅行業務（㊦旅行サービス手配業務）の取扱いの料金に関する事項
(5) 当該契約に係る旅行業務（㊦旅行サービス手配業務）を取り扱う営業所の名称・所在地
(6) 当該契約に係る旅行業務取扱管理者（㊦旅行サービス手配業務取扱管理者）の氏名
(7) 契約締結の年月日

POINT 書面の交付

	契約締結前	契約締結後
旅行者へ	取引条件の説明書面 または　権利書面※	契約書面 または　権利書面※
取引者へ		契約書面

※権利書面＝旅行サービスの提供を受ける権利を表示した書面

●取引条件の説明書面・契約書面

旅行者、取引者の承諾を得て、電子情報処理組織を使用する方法その他の情報通信の技術を利用する方法で提供することもできる。

⇒　書面を交付したものとみなす。

3 取引条件の説明〔書面〕と書面の交付、説明・記載事項

●取引条件の説明事項【企画旅行契約】

下線部分は企画旅行と企画旅行以外で共通しない事項〔共通しない事項に注意する。〕
　　　　部分は説明書面で必要な事項を示している。

(1) 企画者の氏名または名称・住所・登録番号
(2) 企画者以外の者が企画者を代理して契約を締結する場合にあっては、その旨ならびに当該代理人の氏名または名称・住所・登録番号
(3) 当該契約に係る旅行業務を取り扱う営業所の名称・所在地〔外務員が書面を交付する場合にあっては、当該外務員の氏名・その所属する営業所の名称・所在地〕
(4) 当該契約に係る旅行業務取扱管理者の氏名および旅行者の依頼があれば当該旅行業務取扱管理者が最終的には説明を行う旨
(5) 旅行の目的地および出発日その他の日程
(6) 旅行者が旅行業者等に支払うべき対価およびその収受の方法
(7) 旅行者が(6)に掲げる対価によって提供を受けることができる旅行に関するサービスの内容
(8) (7)の旅行サービスに届出住宅が含まれる場合は、宿泊サービス提供契約を締結する住宅宿泊事業者の商号〔名称、氏名〕・届出番号・旅行者が宿泊する届出住宅
(9) (6)の対価に含まれない旅行に関する経費で、旅行者が通常必要とするもの
(10) 企画旅行〔参加する旅行者の募集をすることにより実施するものに限る〕の参加者数があらかじめ企画者が定める人員数を下回った場合に当該企画旅行を実施しないこととするときは、その旨および当該人員数〔＝募集型企画旅行の最少催行人員〕
(11) 契約の申込方法および契約の成立に関する事項 取引条件の説明のみ
(12) 契約の変更および解除に関する事項
(13) 責任および免責に関する事項
(14) 旅行中の損害の補償に関する事項
(15) 旅行に参加する資格を定める場合にあっては、その旨および当該資格
(16) 旅行の目的地を勘案して、旅行者が取得することが望ましい安全および衛生に関する情報がある場合にあっては、その旨および当該情報
(17) 旅行者が対価によって提供を受けることができる旅行サービスに専ら企画旅行の実施のために提供される運送サービスが含まれる場合は、運送サービスの内容を勘案して、旅行者が取得することが望ましい輸送の安全に関する情報
(18) 全国通訳案内士または地域通訳案内士の同行の有無

※企画者＝企画旅行を実施する旅行業者

「取引条件の説明事項」と「契約書面の記載事項」は暗記しよう。

●契約書面〔第12条の5の書面〕の記載事項【企画旅行契約】

下線部分は企画旅行と企画旅行以外で共通しない事項〔共通しない事項に注意する。〕
「取引条件の説明事項」と「契約書面の記載事項」の相違点に注意する。

(1) 企画者の氏名または名称・住所・登録番号
(2) 企画者以外の者が企画者を代理して契約を締結した場合にあっては、その旨ならびに当該代理人の氏名または名称・住所・登録番号
(3) 当該契約に係る旅行業務を取り扱う営業所の名称・所在地〔外務員が書面を交付する場合にあっては、当該外務員の氏名・その所属する営業所の名称・所在地〕
(4) 当該契約に係る旅行業務取扱管理者の氏名および旅行者の依頼があれば当該旅行業務取扱管理者が最終的には説明を行う旨
(5) 旅行の目的地および出発日その他の日程
(6) 旅行者が旅行業者等に支払うべき対価およびその収受の方法
(7) 旅行者が(6)に掲げる対価によって提供を受けることができる旅行に関するサービスの内容
(8) (7)の旅行サービスに届出住宅が含まれる場合は、宿泊サービス提供契約を締結する住宅宿泊事業者の商号〔名称、氏名〕・届出番号・旅行者が宿泊する届出住宅
(9) (6)の対価に含まれない旅行に関する経費で、旅行者が通常必要とするもの
(10) 企画旅行〔参加する旅行者の募集をすることにより実施するものに限る〕の参加者数があらかじめ企画者が定める人員数を下回った場合に当該企画旅行を実施しないこととするときは、その旨および当該人員数〔＝募集型企画旅行の最少催行人員〕
(11) 契約締結の年月日 契約書面のみ
(12) 契約の変更および解除に関する事項
(13) 責任および免責に関する事項
(14) 旅行中の損害の補償に関する事項
(15) 旅行に参加する資格を定める場合にあっては、その旨および当該資格
(16) 旅行の目的地を勘案して、旅行者が取得することが望ましい安全および衛生に関する情報がある場合にあっては、その旨および当該情報
(17) 旅行者が対価によって提供を受けることができる旅行サービスに専ら企画旅行の実施のために提供される運送サービスが含まれる場合は、運送サービスの内容を勘案して、旅行者が取得することが望ましい輸送の安全に関する情報
(18) 全国通訳案内士または地域通訳案内士の同行の有無
(19) 旅程管理業務を行う者が同行しない場合にあっては、旅行地における企画者との連絡方法 契約書面のみ

●取引条件の説明事項【企画旅行契約以外】

下線部分は企画旅行と企画旅行以外で共通しない事項。
　　　　部分は説明書面で必要な事項を示している。

(1)　契約を締結する旅行業者の氏名または名称・住所・登録番号
(2)　旅行業者代理業者が所属旅行業者を代理して契約を締結する場合にあっては、その旨ならびに当該旅行業者代理業者の氏名または名称・住所・登録番号
(3)　当該契約に係る旅行業務を取り扱う営業所の名称・所在地〔外務員が書面を交付する場合にあっては、当該外務員の氏名・その所属する営業所の名称・所在地〕
(4)　当該契約に係る旅行業務取扱管理者の氏名および旅行者の依頼があれば当該旅行業務取扱管理者が最終的には説明を行う旨
(5)　旅行の目的地および出発日その他の日程
(6)　旅行者が旅行業者等に支払うべき対価およびその収受の方法
(7)　旅行者が(6)に掲げる対価によって提供を受けることができる旅行に関するサービスの内容
(8)　旅行業務として届出住宅を扱う場合は、宿泊サービス提供契約を締結する住宅宿泊事業者の商号〔名称、氏名〕・届出番号・旅行者が宿泊する届出住宅
(9)　(6)の対価に含まれない旅行に関する経費で、旅行者が通常必要とするもの
(10)　旅行業務の取扱いの料金に関する事項
(11)　契約の申込方法および契約の成立に関する事項　取引条件の説明のみ
(12)　契約の変更および解除に関する事項
(13)　責任および免責に関する事項
(14)　旅行中の損害の補償に関する事項
(15)　旅行に参加する資格を定める場合にあっては、その旨および当該資格
(16)　旅行の目的地を勘案して、旅行者が取得することが望ましい安全および衛生に関する情報がある場合にあっては、その旨および当該情報

●取引条件の説明事項【旅行相談契約】　取引条件の説明のみ

(1)　旅行者が旅行業者等に支払うべき対価およびその収受の方法
(2)　旅行者が(1)に掲げる対価によって提供を受けることができる旅行に関するサービスの内容

契約締結後、次のいずれかの書面を交付する〔旅行相談契約を除く〕
①国土交通省令・内閣府令で定める書面〔契約書面〕
②旅行サービスの提供を受ける権利を表示した書面〔乗車券・航空券・宿泊券等〕

●契約書面〔第12条の５の書面〕の記載事項【企画旅行契約以外】

下線部分は企画旅行と企画旅行以外で共通しない事項。
「取引条件の説明事項」と「契約書面の記載事項」の相違点に注意する。

(1) 契約を締結した旅行業者の氏名または名称・住所・登録番号
(2) 旅行業者代理業者が所属旅行業者を代理して契約を締結する場合にあっては、その旨ならびに当該旅行業者代理業者の氏名または名称・住所・登録番号
(3) 当該契約に係る旅行業務を取り扱う営業所の名称・所在地〔外務員が書面を交付する場合にあっては、当該外務員の氏名・その所属する営業所の名称・所在地〕
(4) 当該契約に係る旅行業務取扱管理者の氏名および旅行者の依頼があれば当該旅行業務取扱管理者が最終的には説明を行う旨
(5) 旅行の目的地および出発日その他の日程
(6) 旅行者が旅行業者等に支払うべき対価およびその収受の方法
(7) 旅行者が(6)に掲げる対価によって提供を受けることができる旅行に関するサービスの内容
(8) 旅行業務として届出住宅を扱う場合は、宿泊サービス提供契約を締結する住宅宿泊事業者の商号〔名称、氏名〕・届出番号・旅行者が宿泊する届出住宅
(9) (6)の対価に含まれない旅行に関する経費で、旅行者が通常必要とするもの
(10) 旅行業務の取扱いの料金に関する事項
(11) 契約締結の年月日 契約書面のみ
(12) 契約の変更および解除に関する事項
(13) 責任および免責に関する事項
(14) 旅行中の損害の補償に関する事項
(15) 旅行に参加する資格を定める場合にあっては、その旨および当該資格
(16) 旅行の目的地を勘案して、旅行者が取得することが望ましい安全および衛生に関する情報がある場合にあっては、その旨および当該情報

8 広告

1 広告

募集型企画旅行の広告の表示事項と旅行業務について広告をする際の誇大広告の禁止事項は、混同しないように注意します。

広告の表示事項

旅行業者等が募集型企画旅行の広告を行う場合には、一定の事項を表示することが義務付けられています。具体的に義務付けられているのは次の８項目で、暗記する必要があります。新聞の旅行広告に何が書いてあったかを思い浮かべながら覚えていくと頭に入りやすいでしょう。

POINT 募集型企画旅行の広告の表示事項

①企画者の名称〔氏名〕・住所・登録番号
②旅行の目的地および日程に関する事項
③旅行者が提供を受けることができる運送、宿泊または食事のサービスの内容に関する事項
④旅行者が旅行業者等に支払うべき対価〔旅行代金〕に関する事項
⑤旅程管理業務を行う者〔添乗員〕の同行の有無
⑥企画旅行の参加者数があらかじめ企画者が定める人員数を下回った場合に当該企画旅行を実施しないこととするときは、その旨および最少催行人員数
⑦旅行者が提供を受けることができるサービスに専ら企画旅行の実施のために提供される運送サービスが含まれる場合、運送サービスの内容を勘案して旅行者が取得することが望ましい輸送の安全に関する情報
⑧取引条件の説明を行う旨〔取引条件の説明事項をすべて表示して広告する場合は除く〕

広告の表示方法

旅行業者等が募集型企画旅行の広告を行う場合には、８つの表示事項に加えて、表示方法についても一定の制限が設けられています。

募集型企画旅行の広告は企画者である旅行業者だけでなく、旅行業者代理業者等でも行うことができます。その際、企画者名より企画者以外の者の氏名または名称の文字の大きさが大きい等誤解を生むような広告は認められません。また、旅行代金の最低額を表示する場合は最高額も表示します。

POINT 募集型企画旅行の広告の表示方法

①企画者以外の者の氏名または名称を表示する場合にあっては文字の大きさ等に留意して、企画者の名称〔氏名〕の明確性を確保すること

②旅行者が旅行業者等に支払うべき対価が企画旅行の出発日により異なる場合、最低額を表示するときは、併せて最高額を表示すること

例 19,800～39,800円

誇大広告の禁止

旅行業者等は、旅行業務について広告をするときは、次の８事項について著しく事実に相違する表示をし、または実際のものよりも著しく優良であり、もしくは有利だと人を誤認（ごにん）させるような表示は禁止されています。

POINT 誇大表示をしてはならない事項

①旅行に関するサービスの品質その他の内容に関する事項

②旅行地における旅行者の安全の確保に関する事項

③感染症の発生の状況その他の旅行地における衛生に関する事項

④旅行地の景観、環境その他の状況に関する事項

⑤旅行者が旅行業者等に支払うべき対価に関する事項

⑥旅行中の旅行者の負担に関する事項

⑦旅行者に対する損害の補償に関する事項

⑧旅行業者等の業務の範囲、資力または信用に関する事項

注：広告の表示事項（P.44）の８つと混同しないように注意しよう。

9 旅程管理

1 旅程管理のための措置

旅行業者が企画旅行を実施する場合、企画旅行の円滑な実施を確保するために定められた措置を講じなければなりません。また、国内の企画旅行で一定条件を満たせば、免除できるものもあります。

企画旅行の円滑な実施のための措置〔旅程管理業務〕

旅行業者は、企画旅行を実施する場合、企画旅行の円滑な実施を確保するために次の措置を講じなければなりません。

●旅程管理のための措置

①旅行に関する計画に定めるサービスの旅行者への確実な提供を確保するために旅行の開始前に必要な予約その他の措置

注：企画前、旅行の募集開始前に予約を完了する必要はなく、旅行の開始前に予約が完了していればよいといえます。

②旅行地において旅行に関する計画に定めるサービスの提供を受けるために必要な手続の実施その他の措置

例 空港・ホテルでのチェックイン業務

③旅行に関する計画に定めるサービスの内容の変更を必要とする事由が生じた場合における代替サービスの手配及び当該サービスの提供を受けるために必要な手続の実施その他の措置

例 列車が地震で運行中止となった代わりに航空機の手配をし、その搭乗手続きをする。

④旅行に関する計画における2人以上の旅行者が同一の日程により行動することを要する区間における円滑な旅行の実施を確保するために必要な集合時刻、集合場所その他の事項に関する指示

注：２人以上の参加者がいる企画旅行の場合には集合時刻・集合場所などの指示をしなくてはならないので、夫婦２人だけが参加の企画旅行であったとしても当然行わなければなりません。

旅程管理措置の免除

本邦内〔国内〕の企画旅行で一定の条件を満たせば、前項の旅程管理措置の一部、②旅行地においての必要な手続の実施と③変更を必要とする場合の代替サービスの手配・必要な手続の実施を免除できます。

●免除の条件

①契約の締結前に、旅行者に対してこれらの措置を講じない旨を説明する

②旅行計画に定めるサービスの提供を受ける権利を表示した書面〔乗車券・航空券・宿泊券など〕を旅行者に交付する

国内旅行で契約締結前に「空港やホテルのチェックインはお客様自身で行ってください」などと説明し、航空券・宿泊券を交付した場合には旅程管理措置の一部が免除できます。免除できるのは国内旅行のみに限られますので注意してください。国内の場合は航空券等必要なクーポン券を渡しておけば、何かあっても自分で対応できるでしょうが、海外旅行の場合には言葉の問題もありますし、どんな場合であっても旅程管理措置すべてを行わなければなりません。

POINT 旅程管理業務

旅程管理措置

①旅行の開始前に必要な予約その他の措置〔募集開始前ではない！〕

②旅行地で旅行サービスの提供を受けるために必要な手続の実施その他の措置

③契約内容の変更を必要とする場合の代替サービスの手配・必要な手続の実施その他の措置

④２人以上の旅行者が同一行動する区間での必要な集合時刻、集合場所その他の事項に関する指示

※本邦内〔国内〕の旅行は、上記の②と③を免除できる場合があります。

免除の条件
- ①契約締結前に措置を講じない旨の説明
- ②旅行サービスの提供を受ける権利を表示した書面の交付

注：海外の場合には免除はないので注意する。

2 旅程管理業務を行う者〔添乗員〕

「旅程管理業務を行う者」とは添乗員のことで、「旅程管理業務を行う主任の者」とは複数の添乗員の中の「主任となる者」のことです。

旅程管理業務を行う主任の者〔旅程管理主任者〕

企画旅行に同行して旅程管理業務を行う者〔添乗員〕の中で、主任の者には次の要件が定められています。

●「主任の者」の要件

1　旅行業等の「登録の拒否」（法第6条第1項第1号～第6号）に該当しないこと

〔登録の拒否〕

①旅行業、旅行業者代理業または旅行サービス手配業の登録を取り消されてから5年を経過していない者

②禁錮以上の刑、「旅行業法」違反による罰金刑を受け、刑の執行が終わった日または執行を受けることがなくなった日から5年を経過していない者

③暴力団員等〔暴力団員または暴力団員でなくなった日から5年を経過していない者〕

④申請前5年以内に旅行業務または旅行サービス手配業務に関し不正な行為をした者

⑤営業に関し成年者と同一の能力を有しない未成年者で、その法定代理人が①～④のいずれかに該当する場合

⑥心身の故障により旅行業、旅行業者代理業、旅行サービス手配業を適正に遂行することができない者または破産手続開始の決定を受けて復権を得ない者

2　観光庁長官の登録を受けた者が実施する旅程管理業務に関する研修〔旅程管理研修〕の課程を修了していること

3　一定の実務経験を有していること

2の旅程管理研修の課程を修了した日の前後1年以内に1回以上、または旅程管理研修の課程を修了した日から3年以内に2回以上の旅程管理業務に従事した〔添乗〕経験が必要となっています。

実務経験とは、主任添乗員と一緒に同行した企画旅行の添乗に限らず、要件を満たした者の指導による実務研修〔研修旅行〕や手配旅行の添乗も含みます。

「研修」「実務経験」ともに、国内旅行に係るものは国内企画旅行に限り有効とされます。

よって、海外旅行の旅程管理者を目指す場合は、海外の研修・海外の実務経験でなければなりませんが、国内旅行の旅程管理者を目指す場合は、国内の研修・国内の実務経験の他、海外の研修・海外の実務経験でも可能です。

POINT 企画旅行の旅程管理主任者の条件

①登録の拒否に該当しないこと
②旅程管理研修の課程を修了していること
③実務経験

（②③について）国内の旅程管理者は、国内でも海外でも可

旅程管理研修の課程を修了した日の前後1年以内に1回以上、または修了した日から3年以内に2回以上

注：実務経験は要件を満たした者の指導による実務研修〔研修旅行〕や手配旅行の添乗も可。
※企画旅行に限るもので、手配旅行の主任添乗員に条件はない。

確認問題

次の文章が正しいものには○を、誤っているものには×をつけなさい。

問1 旅行業者は、本邦内の企画旅行にあっては、旅行に関する計画に定めるサービスの内容の変更を必要とする事由が生じたときは、いかなる場合も代替サービスの手配及び当該サービスの提供を受けるために必要な手続の実施その他の措置を講じなければならない。

答 ☞× 本邦内〔国内〕の場合は、一定の条件を満たせば行わなくてもよい。これが本邦外〔海外〕の場合であれば、いかなる場合でも行わなければいけない。

問2 企画旅行の旅程管理業務を行う主任の者になるための実務経験として、資格要件を満たす者の指導による旅程管理業務に相当する実務の研修を受けた経験は、当該研修を受けた地域を目的地とする旅行に係る旅程管理業務に従事した経験とみなされる。

答 ☞○ 実務経験は企画旅行の添乗に限らず、資格要件を満たす者の指導による研修〔旅行〕でも経験とみなされる。

10 禁止行為・業務改善命令

1 禁止行為

旅行業者等（旅行サービス手配業者）だけでなく、その代理人・使用人・従業員にも禁止行為が定められています。

旅行業者等（旅行サービス手配業者）の禁止行為①

旅行業者等(旅行サービス手配業者)は、次の行為を禁止されています。違反した場合は、業務停止処分を受け、罰金刑に処せられることがあります。

●旅行業者等（旅行サービス手配業者）の禁止行為

①営業所に掲示した料金〔旅行業務の取扱いの料金〕を超えて料金を収受（しゅうじゅ）する行為

注：旅行者がたとえ了解したとしても所定の旅行業務取扱料金を超えて料金を収受することはできません。

㊢②旅行業務（㊢旅行サービス手配業務）に関し取引をする者に対し、その取引に関する重要な事項について、故意に事実を告げず、または不実のことを告げる行為

注：「旅行業務に関し取引をする者」とは、旅行者だけでなく、運送・宿泊機関、旅行サービス手配業者、添乗員派遣会社なども含まれます。

㊢③旅行業務（㊢旅行サービス手配業務）に関し取引をした者に対し、その取引によって生じた債務の履行を不当に遅延する行為

例 旅行業者が取引をした旅館やバス会社等への支払いを大幅に遅らせる。

POINT 旅行業者等（旅行サービス手配業者）の禁止行為①

①旅行業務の取扱いの料金を超えて料金を収受する行為

注：旅行者が了解しても不可

㊢②取引をする者に対し、重要な事項について、故意に事実を告げず、または不実のことを告げる行為

㊢③取引をした者に対し、債務の履行を不当に遅延する行為

旅行業者等（旅行サービス手配業者）の禁止行為②

次の行為は、旅行業者等（旅行サービス手配業者）そのものだけでなく、その代理人・使用人・従業者についても行うことを禁止しています。

●禁止行為〔代理人・使用人・従業者を含む〕

手 ①旅行者（㊕旅行サービス手配業務に関し取引をする者）に対し、旅行地において施行されている法令に違反する行為を行うことをあっせんし、またはその行為を行うことに関し便宜を供与すること

例 禁止されている買春・賭博（とばく）行為をあっせんすること

②旅行者に対し、旅行地において施行されている法令に違反するサービスの提供を受けることをあっせんし、またはその提供を受けることに関し便宜を供与すること

例 貸切旅客運送の認可を受けていない白バスを手配すること

③①および②のあっせんまたは便宜の供与を行う旨の広告をし、またはこれに類する広告をすること

例 買春ツアーや白バス使用などの広告をするのも禁止行為

手 ④旅行者の保護に欠け、または旅行業の信用を失墜（しっつい）させるもの
（㊕旅行サービス手配業の信用を失墜させるもの）

㊕1．旅行者に対し（㊕旅行サービス手配業務に関し取引をする者に対し、旅行者が）、旅行地において特定のサービスの提供を受けることまたは特定の物品を購入することを強要する行為（㊕行為を行うことをあっせんし、またはその行為を行うことに関し便宜を供与すること）

例 土産物を購入しないと店から出さないなど、土産物の購入の強要

㊕2．運送サービス〔専ら企画旅行の実施のために提供するものに限る〕を提供する者に対し、輸送の安全の確保を不当に阻害する行為

例 現実には実施困難な旅行計画を貸切バス事業者と締結すること

3．宿泊サービスを提供する者〔旅館業法規定者除く〕と取引を行う際に住宅宿泊事業法の届出をした者であるかどうかの確認を怠る行為

POINT 旅行業者等（旅行サービス手配業者）の禁止行為②

代理人・使用人・従業者も禁止

㊢①旅行者（㊢旅行サービス手配業務に関し取引をする者）に、旅行地の法令に違反する行為をあっせんし、またはその行為を行うことに関し便宜を供与すること

②旅行者に、旅行地の法令に違反するサービスの提供を受けることをあっせんし、またはその提供を受けることに関し便宜を供与すること

③①・②を行う旨の広告、またはこれに類する広告をすること

㊢④旅行者の保護に欠け、または旅行業（㊢旅行サービス手配業）の信用を失墜（しっつい）させるもの

㊢ 1．旅行者に、旅行地において特定のサービスの提供を受けること、または特定の物品を購入することを強要する行為（㊢行為をあっせんし、またはその行為を行うことに関し便宜を供与すること）

㊢ 2．運送サービス提供者に対し、輸送の安全の確保を不当に阻害する行為

3．宿泊サービス提供者〔旅館業法規定者除く〕と取引する際に、住宅宿泊事業法の届出をした者であるかどうかの確認を怠る行為

第14条（㊢第32条）【名義利用等の禁止】

1　旅行業者等（㊢旅行サービス手配業者）は、その名義を他人に旅行業又は旅行業者代理業（㊢旅行サービス手配業）のため利用させてはならない。

2　旅行業者等（㊢旅行サービス手配業者）は、営業の貸渡しその他いかなる方法をもってするかを問わず、旅行業又は旅行業者代理業（㊢旅行サービス手配業）を他人にその名において経営させてはならない。

名義利用の禁止

旅行業者等（旅行サービス手配業者）は名義を他人に利用させたり、他人にその名において経営させてはなりません。

POINT 名義利用の禁止

●旅行業者等（旅行サービス手配業者）の禁止行為③

㊢①名義を他人に利用させる行為

㊢②他人にその名において経営させる行為

2 業務改善命令・登録の取消・業務停止

登録行政庁は、旅行業者等や手配旅行サービス業者に業務改善命令を出したり、登録の取消、業務停止を命じることができます。

業務改善命令

登録行政庁は、業務の運営に関し、旅行業法の目的を害すると認めるときは、業務改善命令を出すことができます。

POINT 業務改善命令

㊢①旅行業務取扱管理者（㊢旅行サービス手配業務取扱管理者）を解任すること

注：資格の剥奪（はくだつ）や解雇（かいこ）ではない。

②旅行業務の取扱いの料金または企画旅行の対価を変更すること

③旅行業約款を変更すること

④企画旅行の円滑な実施のための旅程管理措置を確実に実施すること

⑤旅行者に生じた損害を賠償するために必要な金額を担保することができる保険契約を締結すること

㊢⑥業務の運営の改善に必要な措置をとること

登録の取消・業務停止

登録行政庁は、旅行業者等（旅行サービス手配業者）が次のいずれかに該当するときは、６ヶ月以内の期間を定めて業務の全部もしくは一部の停止を命じ、または登録を取り消すことができます。

POINT 登録の取消・業務停止

登録行政庁は業務の全部もしくは一部の停止〔６ヶ月以内〕を命じ、または登録を取り消すことができる。

㊢①旅行業法、旅行業法施行規則などに違反した場合

㊢②法第６条の登録の拒否に該当することとなった場合、または登録当時に該当していたことが判明した場合

㊢③不正な手段により登録・更新登録・変更登録を受けた場合
〔更新登録・変更登録は旅行業者のみ〕

㊢④登録を受けてから１年以内に事業を開始せず、または引き続き１年以上事業を行っていないと認める場合

注１：④は登録の取消のみで、業務停止はない。
注２：取り消すことができるのであり、取り消さなければならないわけではないことに注意。

法令違反者の氏名の公表

観光庁長官は、旅行業法に違反する行為を行った者の氏名または名称、その他法令違反行為による被害の発生や拡大を防止し、または取引の公正を確保するために必要な事項を一般に公表することができます。

POINT 法令違反者の氏名の公表

観光庁長官は、インターネットの利用等で一般に公表できる。

㊢①旅行業法違反者の氏名・名称

㊢②法令違反行為による被害の発生や拡大防止のために必要な事項

「旅行サービス手配業」には無関係な項目

本書において、「旅行サービス手配業」に無関係な項目は次のとおりです。旅行業等のみに関係する部分となります。

●「旅行サービス手配業者」には無関係な項目

P.19 ④ 営業保証金
P.28 ⑤ 旅行業務管理者・外務員
❷外務員
P.30 ⑥ 旅行業務取扱料金・旅行業約款・標識
P.36 ⑦ 取引条件の説明・書面の交付
❶取引条件の説明
P.44 ⑧ 広告
P.46 ⑨ 旅程管理
P.56 ⑪ 受託契約・旅行業者代理業者
P.63 ⑫ 旅行業協会
❸弁済業務

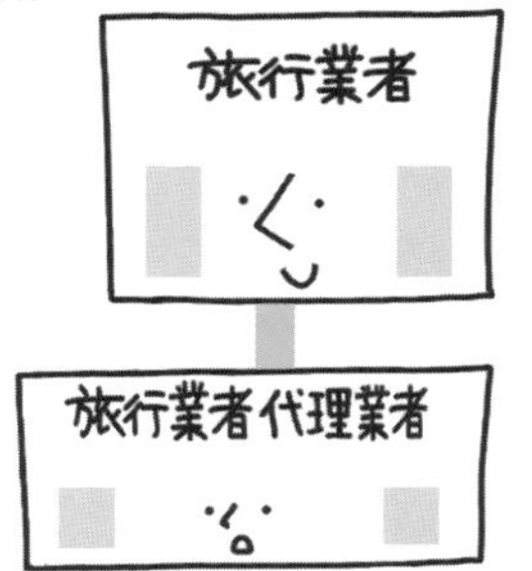

上記以外の項目で、「旅行サービス手配業」に関するものには（㊢　　）・㊢・㊢で表示をしています。

確認問題

次の文章が正しいものには○を、誤っているものには×をつけなさい。

問 登録行政庁は、旅行業者等が旅行業法に違反したときは、１年以内の期間を定めて業務の全部若しくは一部の停止を命じ、又は登録を取り消すことができる。

答 ☞× 業務停止は６ヶ月以内である。

11 受託契約・旅行業者代理業者

1 受託契約

旅行業者は、他の旅行業者との間で受託契約を結ぶことで、旅行業者代理業の登録を受けなくても、他の旅行業者を代理して募集型企画旅行契約を締結することができます。

第14条の2【企画旅行を実施する旅行業者の代理】

1　旅行業者は、他の旅行業者が実施する企画旅行〔参加する旅行者の募集をすることにより実施するものに限る。〕について、当該他の旅行業者を代理して企画旅行契約を締結することを内容とする契約〔以下「受託契約」という。〕を締結したときは、第3条の規定にかかわらず、旅行業者代理業の登録を受けなくても、当該受託契約の相手方〔以下「委託旅行業者」という。〕を代理して企画旅行契約を締結することができる。

2　前項の規定により委託旅行業者と受託契約を締結した旅行業者〔以下「受託旅行業者」という。〕が、当該受託契約において、当該受託旅行業者を所属旅行業者とする旅行業者代理業者のうち当該委託旅行業者を代理して企画旅行契約を締結することができるものを定めたときは、その受託契約において定められた旅行業者代理業者〔以下「受託旅行業者代理業者」という。〕は、当該委託旅行業者を代理して企画旅行契約を締結することができる。

3　委託旅行業者及び受託旅行業者は、受託契約において、委託旅行業者を代理して企画旅行契約を締結することができる受託旅行業者又はその受託旅行業者代理業者の営業所を定めておかなければならない。

企画旅行を実施する旅行業者の代理

旅行業者は他の旅行業者が実施する募集型企画旅行〔条文上は企画旅行で「参加する旅行者の募集をすることにより実施するものに限る。」〕について、受託契約を結べば、旅行業者代理業の登録を受けなくても、他の旅行業者を代理して募集型企画旅行契約を締結することができます。

受託契約は、第1種・第2種・第3種・地域限定旅行業に関係なく結ぶことができますので、第1種と第3種旅行業者でも可能です。

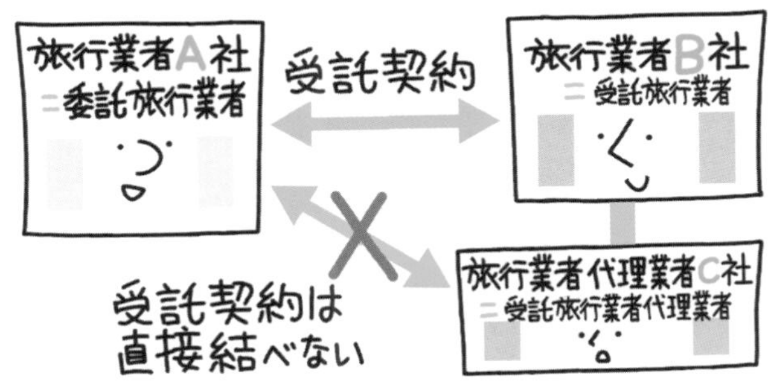

受託契約を結ぶことにより、他社の募集型企画旅行〔パッケージツアー〕を販売することができますが、旅行を企画・募集する方を「委託旅行業者」、企画者を代理して販売〔契約〕する方を「受託旅行業者」といいます。

また、その受託契約の際に受託旅行業者Ｂ社の旅行業者代理業者Ｃ社も委託旅行業者Ａ社の商品を販売できると定めておけば、旅行業者代理業者Ｃ社〔受託旅行業者代理業者〕でもＡ社のパッケージツアーを販売できます。ただし、旅行業者代理業者は自ら（みずか）受託契約を結べないという点には注意してください。

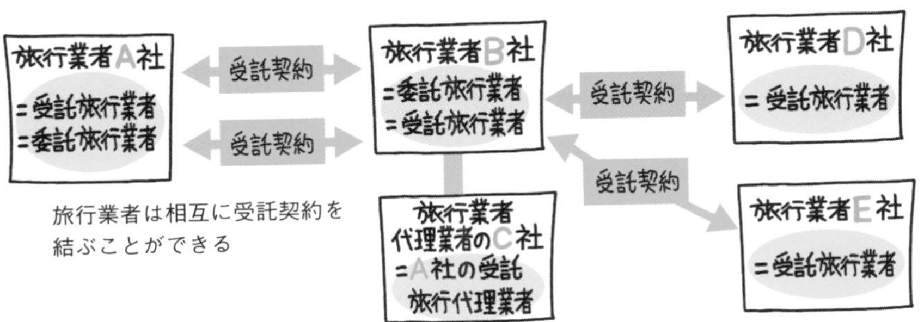

旅行業者は相互に受託契約を結ぶことができる

旅行業者相互に受託契約を結ぶことも可能です。それにより、旅行業者Ａ社でＢ社のパッケージツアーを販売でき、旅行業者Ｂ社でＡ社のパッケージツアーを販売できます。

また、何社とでも受託契約を結ぶことができます。旅行業者Ｂ社は、Ｄ社とＥ社とも結ぶことができます。ただし、販売できる受託旅行業者又はその受託旅行業者代理業者の営業所を定めておかなければなりません。

POINT 受託契約

①受託契約を結べば、他の旅行業者の募集型企画旅行契約を締結できる。〔旅行業者代理業者の登録不要〕
②第１種・第２種・第３種・地域限定旅行業に関係なく、何社と結んでもよい。
③旅行業者代理業者は自ら結ぶことはできない。
④販売できる受託旅行業者・受託旅行業者代理業者の営業所は定めておかなければならない。

2 旅行業者代理業者

旅行業者代理業者は、所属旅行業者が受託契約を結んだ場合を除いて、所属旅行業者以外の旅行業者のために旅行業務を取り扱うことはできません。

第14条の３【旅行業者代理業者の旅行業務等】

1　旅行業者代理業者は、前条（P.56）第２項の規定により代理して企画旅行契約を締結する場合を除き、その所属旅行業者以外の旅行業者のために旅行業務を取り扱ってはならない。

2　旅行業者代理業者は、旅行業務に関し取引をしようとするときは、所属旅行業者の氏名又は名称及び旅行業者代理業者である旨を取引の相手方に明示しなければならない。

3　旅行業者代理業者は、その行う営業が旅行業であると誤認させ、又は所属旅行業者を誤認させるような表示、広告その他の行為をしてはならない。

4　観光庁長官〔登録行政庁〕は、旅行業者代理業者に対し、その行う営業が旅行業であると誤認させまたは所属旅行業者を誤認させないようにするための措置をとるべきことを命ずることができる。

5　所属旅行業者は、旅行業者代理業者が旅行業務につき旅行者に加えた損害を賠償する責めに任ずる。ただし、当該所属旅行業者がその旅行業者代理業者への委託につき相当の注意をし、かつ、その旅行業者代理業者の行う旅行業務につき旅行者に加えた損害の発生の防止に努めたときは、この限りではない。

旅行業者代理業者

旅行業者代理業者の旅行業務等について、旅行業法では次のように規定されています。

POINT 旅行業者代理業者

①所属旅行業者以外の旅行業者のための旅行業務は取り扱えない。
〔所属旅行業者が受託契約を結んだ場合を除く〕
②取引の相手方に所属旅行業者の氏名または名称および旅行業者代理業者である旨を明示
③旅行業であると誤認させ、または所属旅行業者を誤認させるような表示、広告その他の行為をしてはならない。
④旅行業者代理業者が旅行者に加えた損害⇒所属旅行業者が賠償責任
〔相当の注意をし、損害の発生の防止に努めたとき等は除く〕

旅行業者代理業者の注意点

混同しやすいポイントをまとめました。注意してください。

登録	自ら登録
財産的基礎	なし
営業保証金	自ら供託しない
登録の有効期間	一定の期日なし
旅行業約款・旅行業務取扱料金	所属旅行業者のものを使用
外務員証・旅行業務取扱管理者証	自ら発行
受託契約	自ら結べない

⑫ 旅行業協会

1 旅行業協会

観光庁長官から指定を受けた旅行業協会には日本旅行業協会（JATA）と全国旅行業協会（ANTA）の2つがあります。

旅行業協会

旅行業協会とは、旅行業者によって組織され、観光庁長官から一定の業務を行う者として指定を受けた団体のことをいいます。現在、指定を受けている旅行業協会には次の２つがあります。

①一般社団法人日本旅行業協会(JATA)
②一般社団法人全国旅行業協会(ANTA)

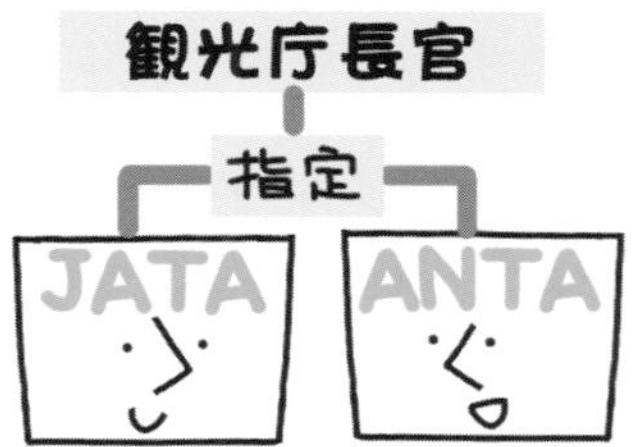

旅行業法の目的を達成するための手段の１つに「旅行業者等で組織する団体の適正な活動の促進」がありますが、その旅行業者等で組織する団体が旅行業協会です。

社員の資格

旅行業協会に加入している旅行業者等および旅行サービス手配業者のことを「社員」といいます。旅行業協会は、社員の資格について、旅行業者、旅行業者代理業者または旅行サービス手配業者の別以外の制限を加えてはなりません。登録から１年以上の者とか資本金の額とかそういう加入制限をしてはいけません。

また、旅行業協会は、社員としての資格を有する旅行業者等または旅行サービス手配業者が旅行業協会に加入しようとするときは、正当な理由がないのに、その加入を拒み、またはその加入につき現在の社員が加入の際に付されたよりも困難な条件を付してはなりません。

2 旅行業協会の業務

旅行業協会には5つの業務がありますが、旅行業協会はこれを適正かつ確実に実施しなければなりません。

POINT 旅行業協会の業務

①旅行者および旅行に関するサービスを提供する者からの旅行業者等または旅行サービス手配業者の取り扱った旅行業務または旅行サービス手配業務に対する苦情の解決

注：運送・宿泊業者からの苦情も対象

②旅行業務または旅行サービス手配業務の取扱いに従事する者に対する研修

③旅行業務に関し社員である旅行業者または当該旅行業者を所属旅行業者とする旅行業者代理業者と取引をした旅行者に対しその取引によって生じた債権に関し弁済をする業務

注：弁済対象は旅行者のみで運送・宿泊業者は対象外

④旅行業務または旅行サービス手配業務の適切な運営を確保するための旅行業者等または旅行サービス手配業者に対する指導

⑤旅行業務および旅行サービス手配業務に関する取引の公正の確保または旅行業、旅行業者代理業および旅行サービス手配業の健全な発達を図るための調査、研究および広報

第45条【苦情の解決】

1　旅行業協会は、旅行者又は旅行に関するサービスを提供する者から旅行業者等又は旅行サービス手配業者が取り扱った旅行業務又は旅行サービス手配業務に関する苦情について解決の申出があったときは、その相談に応じ、申出人に必要な助言をし、当該苦情に係る事情を調査するとともに、当該旅行業者等又は旅行サービス手配業者に対し当該苦情の内容を通知してその迅速な処理を求めなければならない。

2　旅行業協会は、前項の申出に係る苦情の解決について必要があると認めるときは、当該旅行業者等又は旅行サービス手配業者に対し、文書若しくは口頭による説明を求め、又は資料の提出を求めることができる。

3　社員は、旅行業協会から前項の規定による求めがあったときは、正当な理由

がないのに、これを拒んではならない。
4　旅行業協会は、第１項の申出、当該苦情に係る事情及びその解決の結果について社員に周知させなければならない。

苦情の解決

旅行業協会の業務の１つに苦情の解決があります。旅行業協会への苦情の申出（もうしで）は、旅行者だけでなく、運送機関や宿泊機関等の旅行に関するサービスを提供する者も行うことができます。また、旅行業協会の社員に対しての苦情だけでなく、社員以外の旅行業者等や旅行サービス手配業者が扱った業務に関する苦情についても解決していかなければなりません。

POINT 旅行業協会の苦情解決の手順

①苦情解決の申出の相談に応じる。

注：旅行者の他、旅行に関するサービスを提供する者からの申出も該当
社員以外の旅行業者等や旅行サービス手配業者への苦情も該当

②申出人に必要な助言

③苦情に係る事情を調査・苦情を発生させた旅行業者等または旅行サービス手配業者に苦情の内容を通知・迅速（じんそく）な処理を求める。

④必要があると認めるときは、苦情を発生させた旅行業者等または旅行サービス手配業者に文書もしくは口頭による説明を求め、または資料の提出を求めることができる。

⇒旅行業協会の社員は、正当な理由がないのに拒んではならない。

注：拒めないのは社員だけで、社員以外は拒むことは可能。

⑤苦情解決の申出、苦情に係る事情・解決の結果を社員に周知

注：社員にのみ周知すればよい。社員以外に周知する必要はない。

確認問題

次の文章が正しいものには○を、誤っているものには×をつけなさい。

問　旅行業協会は、旅行者からの苦情申出に限り、旅行業者の取り扱った旅行業務に対する苦情の解決をする。

答　☞×　旅行者からの苦情に限定されていない。旅行に関するサービスを提供する者からの苦情も含む。

3 弁済業務

旅行業者は旅行業協会に弁済業務保証金分担金を納付し、旅行業協会は最寄りの供託所に弁済業務保証金を供託します。

弁済業務

旅行業協会の業務の１つである弁済業務は、旅行業協会の社員に対してのみ行えばよいものです。営業保証金の額は高く、旅行業者にとって負担となるため、その代わりに弁済業務保証金分担金という営業保証金より少ない額〔現在は営業保証金の５分の１の額〕を旅行業協会に納付して旅行業協会が弁済業務を行うものです。営業保証金制度の代わりとなるものです。

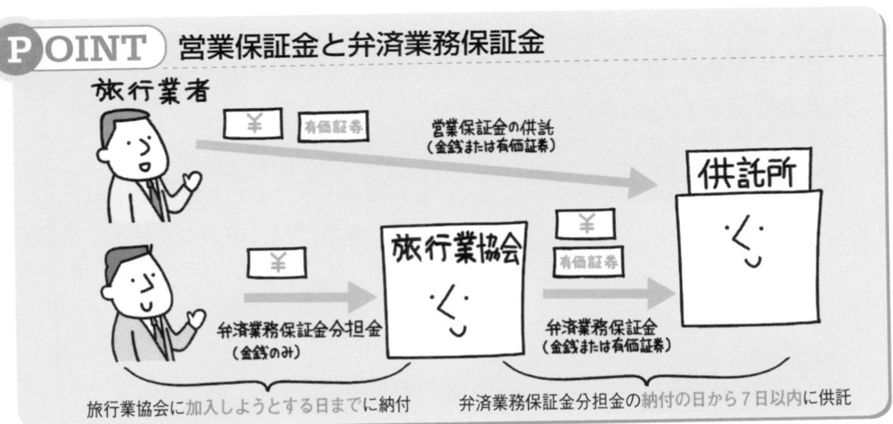

旅行業者は弁済業務保証金分担金を旅行業協会に加入しようとする日までに納付し、旅行業協会はその納付の日から７日以内に旅行業協会の最寄りの供託所に弁済業務保証金を供託します。つまり、一時的に営業保証金と弁済業務保証金分担金の両方を払っていることになります。

旅行業者は登録後、営業保証金を供託していますので、弁済業務保証金分担金を納付後に営業保証金を取り戻すこととなります。ただし、すぐに取り戻すことはできません。６ヶ月以上の一定期間内に申し出るよう公告を行った後でないと取り戻すことはできませんので、注意してください。

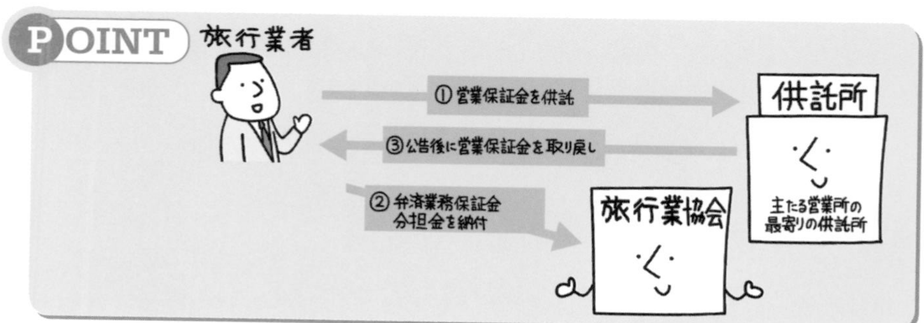

弁済業務保証金分担金の納付

旅行業協会に加入しようとする場合は、旅行業協会に弁済業務保証金分担金を納付しないといけません。納付した旅行業者を「保証社員」といいます。以下は、弁済業務保証金分担金の納付期限です。②③④は弁済業務保証金分担金が増加する場合に、その増加額を期限までに納付します。

●弁済業務保証金分担金の納付期限

納付事由	納付期限
①新たに旅行業協会に加入	旅行業協会に加入しようとする日まで
②事業年度ごとの取引額が前年より増加	事業年度終了日の翌日から起算して100日以内
③変更登録 例 第３種旅行業→第１種旅行業	変更登録を受けた日から14日以内 注：営業保証金（P.21）の場合と混同しないこと
④弁済業務規約の変更により、弁済業務保証金分担金の額が増加	弁済業務規約で定める期日まで

弁済業務保証金の還付

弁済業務保証金から弁済を受けることができるのは、営業保証金と同様、旅行者に限られています。運送・宿泊業者等は、弁済対象外です。

●還付手順

①弁済を受けようとする債権者は、旅行業協会の認証を受けるための申出
②旅行業協会の認証
③認証後、供託所に還付の請求

旅行業協会は弁済業務保証金の還付を行った場合、その原因である旅行業者に還付した額を通知し、その額の「還付充当金」を納付するよう求めます。旅行業者は通知を受けた日から７日以内に還付充当金を旅行業協会に納付しなければいけません。期日までに納付しない場合は、旅行業協会の保証社員としての地位を失います。その後の流れは営業保証金を参照。

旅行業協会は、旅行業者からの還付充当金の納付の有無にかかわらず、還付をした日から21日以内に還付した額分の弁済業務保証金を供託所に供託しなければなりません。

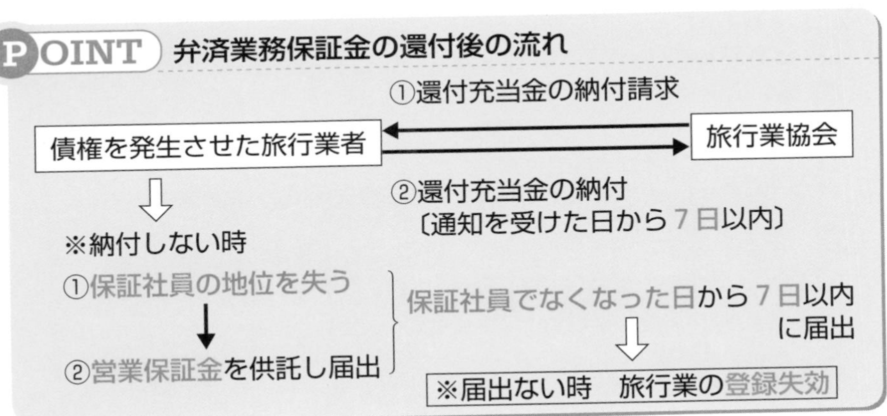

弁済限度額

弁済限度額は、当該旅行業者が保証社員でないとした場合に供託すべき営業保証金の額以上〔条文上は「営業保証金の額を下ることができない」という表記〕です。旅行業者が実際に旅行業協会に納付している弁済業務保証金分担金は営業保証金の約５分の１の額ですが、弁済限度額は営業保証金の額以上となっています。

例	営業保証金	弁済業務保証金分担金
第２種旅行業者	1,100万円	220万円

上の例では、実際に220万円しか弁済業務保証金分担金を納付していなくても、弁済限度額は営業保証金なら供託するはずの1,100万円以上であるということを示しています。

解答はP.70

以下の各設問について、それぞれの選択肢の中から答を１つ選びなさい。

1 法第１条（目的）の条文の［　　］の中に入る語句の組み合わせで正しいものはどれか。

この法律は、旅行業等を営む者について登録制度を実施し、あわせて旅行業等を営む者の［①］を確保するとともに、その組織する団体の適正な活動を促進することにより、旅行業務に関する取引の［②］、旅行の［③］及び旅行者の［④］を図ることを目的とする。

ア	①業務の適正な運営	②活性化	③円滑な実施	④利便の増進
イ	①業務の適正な運営	②公正の維持	③安全の確保	④利便の増進
ウ	①適正な利潤	②公正の維持	③安全の確保	④保護
エ	①適正な利潤	②活性化	③円滑な実施	④保護

2 次の行為のうち、報酬を得て事業として行う場合、旅行業等の登録を受けることを要しないものはどれか。

ア　バス会社が自社のバスを使用し、他人の経営するホテルを利用して宿泊を伴う場合

イ　航空会社が、系列の旅行業者の実施する企画旅行（参加する旅行者の募集をすることにより実施するものに限る。）について、当該旅行業者を代理して旅行者と契約を締結する行為

ウ　観光案内所が旅行者からの依頼により、宿泊施設の予約をし、当該旅行者から手数料を収受する行為

エ　コンビニエンスストアが航空会社を代理して、その航空券を販売する行為

3 旅行業等の登録に関する次の記述のうち、誤っているものはどれか。

ア　新たに第１種旅行業を営もうとする者は、観光庁長官に新規登録の申請をしなければならない。

イ　第２種旅行業者がその登録の有効期間満了の後、引き続き第２種旅行業を営もうとするときは、その主たる営業所の所在地を管轄する都道府県知事に有効期間の更新登録の申請をしなければならない。

ウ　企画旅行（参加する旅行者の募集をすることにより実施するものに限る。）を実施する第３種旅行業を営もうとする者は、観光庁長官に新規登録の申請をしなければならない。

エ　旅行業者代理業者を営もうとする者は、その主たる営業所の所在地を管轄する都道府県知事に新規登録の申請をしなければならない。

4 次の記述から、旅行業等の登録の拒否事由のみをすべて選んでいるのはどれか。

a 旅行業若しくは旅行業者代理業又は旅行サービス手配業の登録を取り消され、その取消しの日から5年を経過していない者

b 法人であって、その役員のうちに登録申請の2年前に道路交通法に違反して、罰金の刑に処せられた者があるもの

c 申請前5年以内に旅行業務に関し不正な行為をした者

d 第2種旅行業を営もうとする者であって、その基準資産額が700万円であるもの

ア a、c　　イ a、d　　ウ b、c　　エ b、d

5 旅行業務取扱管理者の選任に関する次の記述のうち、正しいものはどれか。

ア 第1種旅行業者の営業所においては、その取り扱う旅行業務が本邦内のみであっても、総合旅行業務取扱管理者試験に合格した者を旅行業務取扱管理者として選任しなければならない。

イ 旅行業者等は、旅行業務取扱管理者として選任した者のすべてが欠けるに至ったときは、新たに旅行業務取扱管理者を選任するまでの間、当該営業所において一切の旅行業務を取り扱うことができない。

ウ 旅行業者等は、旅行業務取扱管理者に旅行業務に関する法令、旅程管理その他の旅行業務取扱管理者の職務に関し必要な知識及び能力の向上を図るため、旅行業協会が実施する研修を受けさせなければならない。

エ 旅行業務取扱管理者は、旅行契約の締結に際し、所定の様式による旅行業務取扱管理者の証明書を必ず提示しなければならない。

6 旅行業務の取扱いの料金（企画旅行に係るものを除く。）に関する次の記述のうち、誤っているものはどれか。

ア 旅行業者は、事業の開始前に、旅行者から収受する旅行業務の取扱いの料金を定め、登録行政庁へ届け出なければならない。

イ 旅行業者は、旅行業務の取扱い料金を、その営業所において旅行者に見やすいように掲示しなければならない。

ウ 旅行業務の取扱いの料金は、契約の種類及び内容に応じて定率、定額その他の方法により定められ、旅行者にとって明確なものでなければならない。

エ 旅行業者代理業者は、その営業所において、所属旅行業者の定めた旅行業務の取扱いの料金を旅行者に見やすいように掲示しなければならない。

7 取引条件の説明に関する次の記述のうち、誤っているものはどれか。

ア 旅行業者等は、旅行者と企画旅行契約を締結しようとする場合は、旅行中の損害の補償に関する事項を説明しなければならない。

イ 旅行業者等は、旅行者と企画旅行契約以外の旅行業務に関する契約（旅行に関する相談に応ずる行為に係るものを除く。）を締結しようとする場合は、旅行業務の取扱いの料金に関する事項を説明しなければならない。

ウ　旅行業者等は、旅行者と企画旅行契約を締結しようとする場合は、企画者以外の者が企画者を代理して契約を締結する場合にあっては、その旨を説明しなければならない。

エ　旅行業者等は、旅行者と企画旅行契約を締結しようとする場合は、旅程管理業務を行う者が同行しない場合にあっては、旅行地における企画者との連絡方法を説明しなければならない。

8　外務員に関する次の記述のうち、誤っているものはどれか。

ア　第１種旅行業者の役員又は使用人が携帯する外務員の証明書は､観光庁長官が、その他の旅行業者等の役員又は使用人が携帯する外務員の証明書は、その主たる営業所の所在地を管轄する都道府県知事が、それぞれ発行する。

イ　外務員とは、勧誘員、販売員、外交員その他いかなる名称を有する者であるかを問わず、旅行業者等の役員又は使用人のうち、その営業所以外の場所でその旅行業者等のために旅行業務について取引を行う者をいう。

ウ　旅行業者等は、その役員又は使用人に外務員の証明書を携帯させなければ、その者を外務員としての業務に従事させてはならない。

エ　外務員は、その業務を行うときは、旅行者の請求の有無にかかわらず、外務員の証明書を提示しなければならない。

9　標識に関する次の記述のうち、誤っているものはどれか。

ア　旅行業者等は、営業所において、国土交通省令で定める様式の標識を、公衆に見やすいように掲示しなければならない。

イ　旅行業者等以外の者は、国土交通省令で定める様式の標識又はこれに類似する標識を掲示してはならない。

ウ　標識には、旅行業務取扱管理者の氏名を記載する必要はない。

エ　旅行業者の標識の様式は、本邦内のみの旅行業務を取扱う営業所とそれ以外の営業所で異なる。

10　次の記述から、旅行業者等の禁止行為として法令に定められているもののみをすべて選んでいるものはどれか。

a　旅行者に対し、旅行地において施行されている法令に違反するサービスの提供を受けることに関し便宜を供与すること

b　旅行者に対し、旅行地において特定のサービスの提供を受けることを強要する行為

c　旅行者に対し、特定の物品を購入することを強要する行為

d　営業所に掲示した旅行業務の取扱いの料金を超えて料金を収受する行為

ア　a、d　　イ　a、b、c　　ウ　a、b、c、d　　エ　b、c、d

11 旅行業者代理業者に関する次の記述のうち、誤っているものはどれか。

ア 旅行業者代理業者は、その行う営業が旅行業であると誤認させ、又は所属旅行業者を誤認させる表示、広告その他の行為をしてはならない。

イ 旅行業者代理業者は、自ら旅行業約款を定め、所属旅行業者の承認を得て、その営業所において、旅行者に見やすいように掲示し、又は旅行者が閲覧することができるように備え置かなければならない。

ウ 旅行業者代理業者は、所属旅行業者が受託契約を締結している旅行業者を代理して企画旅行契約（参加する旅行者の募集をすることにより実施するものに限る。）を締結する場合を除き、その所属旅行業者以外の旅行業者のために旅行業務を取り扱ってはならない。

エ 旅行業者代理業者は、旅行業務に関し取引をしようとするときは、所属旅行業者の氏名又は名称及び旅行業者代理業者である旨を取引の相手方に明示しなければならない。

12 旅行業協会の業務に関する次の記述のうち、誤っているものはどれか。

ア 旅行業務に関する取引の公正の確保又は旅行業、旅行業者代理業及び旅行サービス手配業の健全な発達を図るための調査、研究及び広報の業務を実施しなければならない。

イ 旅行業者等又は旅行サービス手配業者の取り扱った旅行業務又は旅行サービス手配業務に対して旅行者から申し出のあった苦情に限り、その相談に応じ、申出人に必要な助言をする等の解決の業務を実施しなければならない。

ウ 旅行業務又は旅行サービス手配業務の取扱いに従事する者に対する研修は、社員以外の旅行業者等又は旅行サービス手配業者の従業員も受けることができるようにしなければならない。

エ 旅行業協会は、旅行業務に関し社員である旅行業者又は当該旅行業者を所属旅行業者とする旅行業者代理業者と取引をした旅行者に対しその取引によって生じた債権に関し弁済する業務を実施しなければならない。

13 営業保証金及び弁済業務保証金分担金に関する次の記述のうち、誤っているものはどれか。

ア 保証社員である旅行業者の弁済限度額は、その者が保証社員でなければ供託すべきこととなる営業保証金の額を下ることができない。

イ 旅行業協会に加入しようとする旅行業者は、主たる営業所の最寄りの供託所に弁済業務保証金分担金を供託しなければならない。

ウ 旅行業協会から還付額に相当する額の還付充当金を納付するよう通知を受けた保証社員が、所定の期日までに当該還付充当金を納付しない場合には、旅行業協会の社員の地位を失う。

エ 旅行業者又は当該旅行業者を所属旅行業者とする旅行業者代理業者と旅行業務に関し取引をした旅行者は、その取引によって生じた債権に関し、当該旅行業者が供託している営業保証金について、弁済を受ける権利を有する。

解答と解説

1 イ

2 エ　運送機関の代理のみの場合は例外的に旅行業等の登録は必要ない。

3 ウ　第３種旅行業者の登録申請先は観光庁長官でなく、主たる営業所の所在地を管轄する都道府県知事。

4 ア　ｂ＝道路交通法では禁錮刑以上の場合に登録拒否となる。旅行業法の場合は罰金刑以上。

5 ウ　2018年の改正より、研修は義務となっている。

ア　本邦内の旅行のみしか扱わない営業所では、国内旅行業務取扱管理者試験の合格者でもよい。また、拠点区域限定の旅行のみの営業所では地域限定旅行業務取扱管理者試験の合格者でもよい。

イ　一切の旅行業務を取り扱うことができないわけでなく、旅行業務に関する契約を締結することができない。それ以外の手配や営業所の整理整頓などは行える。

エ　旅行業務取扱管理者の証明書は必ず提示でなく、旅行者から請求があったときに提示をすればよい。

6 ア　旅行業務取扱料金は国土交通省令で定める基準に従って定められていればよく、登録行政庁への届け出は必要としていない。

イ　旅行業務取扱料金は必ず掲示する。

ウ　契約の種類〔手配旅行契約、旅行相談契約など〕に応じて定率〔例：旅行代金の10%〕、定額〔例：１件500円〕に定める。

エ　旅行業者代理業者は所属旅行業者の旅行業務取扱料金を掲示。自ら定めることはしない。

7 エ　旅行地における企画者との連絡方法は取引条件の説明事項でなく、〔契約〕書面に記載しなければいけない事項である。ただし、記載が必要なのは企画旅行契約のみで、企画旅行契約以外の場合には〔契約〕書面にも記載する必要はない。

8 ア　外務員の証明書は各旅行業者等自身で発行する。登録の申請先と混同しないように注意。

9 ウ　標識には旅行業務取扱管理者の氏名を記載しなければならない。

エ　本邦内〔国内〕のみの旅行業務を取り扱う営業所は地の色が白、それ以外の営業所は地の色が青。

10 ウ　すべて禁止行為に定められている。

11 イ　旅行業者代理業者は自ら旅行業約款を定めることはできず、所属旅行業者のものを使用する。旅行業務の取扱いの料金も同様に所属旅行業者のものを使用する。

12 イ　旅行者からの苦情に限定されていない。旅行サービス提供者からの苦情も含む。

13 イ　弁済業務保証金分担金は旅行業協会に納付する。営業保証金と混同しない。

PART2

旅行業約款、運送約款及び宿泊約款

出題範囲

旅行業約款　20問（1問4点・計80点）

運送・宿泊約款　5問（1問4点・計20点）

①一般貸切旅客自動車運送事業標準運送約款
②フェリー標準運送約款　③モデル宿泊約款
④ＪＲ旅客営業規則*　⑤国内航空運送約款*

合格ライン…60点以上

旅行業約款に力を入れよう

旅行業約款は100点中80点を占めていますので、旅行業約款をしっかり学習すれば合格ライン(15問60点以上)に届きます。旅行業約款の中でも募集型企画旅行契約の部に力を入れ、受注型企画旅行と手配旅行は募集型企画旅行と異なる部分について特に注意しておけばよいでしょう。

募集型企画旅行と受注型企画旅行とでは共通部分が多いため、本書では企画旅行という形で一緒に学習します。条文では募集型企画旅行(募集型・募)を基本に、異なる部分は受注型・受で表しました。このマークの後ろの説明は受注型企画旅行についてのものであり、募集型とは違うものと理解してください。旅行業約款は毎年同じような問題が出題されています。過去問題を解き、出題傾向をつかみましょう。

*本書ではJRと国内航空については、PART3・国内運賃料金（P.159～）で運賃料金と共に学習します。

旅行業約款 標準旅行業約款

1 旅行業約款

約款のなかでも旅行業約款からの出題が８割を占めます。最近は、国内旅行実務でも出題されています。

標準旅行業約款

旅行業法の中で「旅行業者は旅行業約款を定め、観光庁長官〔登録行政庁〕の認可を受けなければならない」となっていますが、ほとんどの旅行業者は観光庁長官および消費者庁長官が定めて公示した標準旅行業約款を使用し、国家試験は、この約款から出題されます。

旅行業約款は次の５つから成り立っています。

①募集型企画旅行契約の部
②受注型企画旅行契約の部
③手配旅行契約の部
④渡航手続代行契約の部
⑤旅行相談契約の部

国内旅行業務取扱管理者の試験では、④渡航手続代行契約の部を除いた４つからの出題となります。

学習にあたって

本書は、①条文、②説明、③Pointの順に構成してありますが、最初は条文をとばして読んでください。最近の国家試験では、条文通りに出題される傾向にあります。問題を解いていく中で説明に記載されていないものや、条文での言い方を確認する際に条文を活用してください。①募集型企画旅行契約の部と②受注型企画旅行契約の部は共通する部分が多く、条文もほとんど同じですので、本書では一緒に学習をしていきます。

2 旅行業約款
企画旅行契約　1.総則

1 適用範囲

旅行業者が旅行者との間で特約を結んだ場合は、旅行業約款より特約が優先します。

第１条【適用範囲】

1　旅行業者が旅行者との間で締結する募集型（受注型）企画旅行契約は、この約款の定めるところによります。この約款に定めのない事項については、法令又は一般に確立された慣習によります。

2　旅行業者が法令に反せず、かつ、旅行者の不利にならない範囲で書面により特約を結んだときは、その特約が優先します。

適用範囲

旅行業者が旅行者と契約を結ぶ場合、旅行業約款に基づいて契約を結んでいきますが、特約を結ぶこともできます。特約を結んだ場合は旅行業約款より特約が優先します。

特約を結ぶには、次の３つの条件を満たさなければなりません。

POINT　特約が旅行業約款に優先する条件（３つ）

①法令に反しないこと
②旅行者の不利にならないこと
③書面で結んでいること

→ ３つの条件すべてがそろわないと無効

●優先順位

①特約⇒②旅行業約款⇒③法令または一般に確立された慣習

①特約

②旅行業約款

③法令

2 用語の定義

「募集型企画旅行」は、旅行業者が旅行者を募集するためにあらかじめ、「受注型企画旅行」は、旅行業者が旅行者からの依頼により、旅行の内容や旅行代金を定めて計画を作成し、実施するもの。

第2条【用語の定義】

1 「募集型企画旅行」とは、旅行業者が、旅行者の募集のためにあらかじめ、旅行の目的地及び日程、旅行者が提供を受けることができる運送又は宿泊のサービスの内容並びに旅行者が旅行業者に支払うべき旅行代金の額を定めた旅行に関する計画を作成し、これにより実施する旅行をいいます。

「受注型企画旅行」とは、旅行業者が、旅行者からの依頼により、旅行の目的地及び日程、旅行者が提供を受けることができる運送又は宿泊のサービスの内容並びに旅行者が旅行業者に支払うべき旅行代金の額を定めた旅行に関する計画を作成し、これにより実施する旅行をいいます。

2 この約款で「国内旅行」とは、本邦内のみの旅行をいい、「海外旅行」とは、国内旅行以外の旅行をいいます。

募集型企画旅行と受注型企画旅行

「募集型企画旅行」は旅行業者が旅行者を募集するために、あらかじめ旅行の内容や旅行代金を定めて計画を作成し、実施するものです。旅行会社の店頭にあるパンフレットのツアーなどが該当します。

「受注型企画旅行」は、旅行業者が旅行者からの依頼により、旅行の内容や旅行代金を定めて計画を作成し、実施するものです。学校の修学旅行や会社の社員旅行などが該当します。両者の違いに注意しましょう。

国内旅行と海外旅行

「国内旅行」とは、本邦内（ほんぽう）〔国内〕のみの旅行をいい、「海外旅行」とは、国内旅行以外の旅行をいいます。よって、国内も海外も両方入るような旅行の場合には、全体は海外旅行となります。

例 静岡―東京都内観光―米国―静岡⇒全体は海外旅行となる

POINT

●募集型企画旅行と受注型企画旅行の違い

募集型企画旅行	旅行業者が旅行者を募集するために、あらかじめ旅行の内容や旅行代金を定めて計画を作成し、実施するもの
受注型企画旅行	旅行業者が旅行者からの依頼により、旅行の内容や旅行代金を定めて計画を作成し、実施するもの

※本書では、募集型企画旅行（契約）を㋮または募集型、受注型企画旅行（契約）を㋜または受注型で表します。

●国内旅行と海外旅行

国内旅行	本邦内〔国内〕のみの旅行
海外旅行	国内旅行以外の旅行

第2条【用語の定義】 ～～は募集型のみ

〔第1、2項はP.74〕

3　この部で「通信契約」とは、旅行業者が、旅行業者又は旅行業者の募集型企画旅行を旅行業者を代理して販売する会社が提携するクレジットカード会社〔以下「提携会社」といいます。〕のカード会員との間で電話、郵便、ファクシミリ、インターネットその他の通信手段による申込みを受けて締結する募集型（受注型）企画旅行契約であって、旅行業者が旅行者に対して有する募集型（受注型）企画旅行契約に基づく旅行代金等に係る債権又は債務を、当該債権又は債務が履行されるべき日以降に別に定める提携会社のカード会員規約に従って決済することについて、旅行者があらかじめ承諾し、かつ当該募集型（受注型）企画旅行契約の旅行代金等を定める方法により支払うことを内容とする募集型（受注型）企画旅行契約をいいます。

4　この約款で「カード利用日」とは旅行者又は旅行業者が募集型（受注型）企画旅行契約に基づく旅行代金等の支払又は払戻債務を履行すべき日をいいます。

通信契約

「通信契約」を結ぶことができるのは、旅行業者が提携するクレジットカード会社の会員に限られます。どのクレジットカードでも契約ができるわけではありません。「通信契約」のポイントは、次の２点です。

POINT 通信契約

①通信手段〔電話・郵便・ＦＡＸ・インターネット等〕による申込み
②クレジットカードによる支払い・決済

注：上記の①②の両方を満たさないと通信契約ではない。

カード利用日

「カード利用日」は旅行者または旅行業者が旅行代金等の支払または払戻債務を履行すべき日をいいます。実際に銀行口座等から代金が引き落とされる日ではなく、カード利用の手続きを行う日です。

3 旅行契約の内容・手配代行者

旅行業者は自ら旅行サービスを提供するものではありません。

第３条【旅行契約の内容】

旅行業者は、募集型（受注型）企画旅行契約において、旅行者が旅行業者の定める旅行日程に従って、運送・宿泊機関等の提供する運送、宿泊その他の旅行に関するサービス〔以下「旅行サービス」といいます。〕の提供を受けることができるように、手配し、旅程を管理することを引き受けます。

旅行契約の内容

運送・宿泊機関等の提供する運送、宿泊その他の旅行に関するサービスのことを「旅行サービス」といいます。旅行業者は旅行サービスの提供を受けることができるように、手配し、旅程を管理することを引き受けるもので、旅行業者が自ら旅行サービスを提供するものではありません。

第４条【手配代行者】

旅行業者は、募集型（受注型）企画旅行契約の履行に当たって、手配の全部又は一部を本邦内又は本邦外の他の旅行業者、手配を業として行う者その他の補助者に代行させることがあります。

手配代行者

旅行業者は旅行を実施するにあたり、手配の全部または一部を手配代行者に代行させることがあります。一部のみでなく、全部を代行させてもよいことになっています。また、本邦外〔海外〕の旅行ではなく本邦内の旅行であっても代行させることができます。

代行させるのは、他の旅行業者とは限らず、ホテルやバスなどの地上手配を専門に行う手配業者であるツアーオペレーターやランドオペレーターでも構いません。

POINT 旅行契約の内容・手配代行者

①旅行業者は、旅行者が「旅行サービス」の提供を受けることができるように、手配し、旅程を管理することを引き受けるもの

注：自ら旅行サービスを提供するものではない。

②手配の全部または一部を手配代行者に代行させることは可能〔ただし、手配代行者の手配行為は旅行業者の責任〕

③本邦内または本邦外の旅行どちらでも手配代行者に代行可能

3 旅行業約款

企画旅行契約　2.契約の締結

1 契約の申込み

契約の申込みをする場合、旅行者は申込書と申込金を旅行業者に提出します。2013年4月より第3種旅行業者による募集型企画旅行の申込金〔旅行代金の20%以内〕の制限が撤廃されています。

募集型 第5条・受注型 第6条【契約の申込み】

旅行業約款では契約の申込みについて、募集型企画旅行契約は第5条、受注型企画旅行契約では第6条にそれぞれ定められています。

募集型 第5条・受注型 第6条

1　旅行業者に募集型（受注型）企画旅行契約の申込みをしようとする旅行者は、旅行業者所定の申込書〔以下「申込書」といいます。〕に所定の事項を記入の上、旅行業者が別に定める金額の申込金とともに、旅行業者に提出しなければなりません。

2　通信契約の申込みをしようとする旅行者は、前項の規定にかかわらず、申込みをしようとする募集型企画旅行の名称、旅行開始日、会員番号その他の事項〔以下次条において「会員番号等」といいます。〕を旅行業者に通知しなければなりません。（受注型⇒会員番号その他の事項を旅行業者に通知）

3　申込金は旅行代金又は取消料若しくは違約料の一部として取り扱います。（受注型⇒旅行代金にはその内訳として金額が明示された企画料金を含みます。）

4　募集型（受注型）企画旅行の参加に際し、特別な配慮を必要とする旅行者は、契約の申込時に申し出てください。旅行業者は可能な範囲内でこれに応じます。

5　前項の申出に基づき、旅行業者が旅行者のために講じた特別な措置に要する費用は、旅行者の負担とします。

契約の申込み

募集型企画旅行と受注型企画旅行ではほぼ共通の内容となっています。

契約の申込みをする場合、旅行者は**申込書**と**申込金**を旅行業者に提出します。申込金は旅行業者の定める額なので、旅行代金100%でも構いません。

2013年4月より地域限定旅行業者が導入され、それに伴い第3種旅行業者による募集型企画旅行の申込金額の制限が撤廃されています。改正前までは申込金は旅行代金の20%以内、残金は旅行開始日以降となっていたため、過去問題を解く際には注意してください。

POINT 契約の申込み

①旅行者は、**申込書**と**申込金**を旅行業者に提出

旅行代金・**取消料**・**違約料**の一部

②通信契約の場合⇒**会員番号等**を旅行業者に通知

募集型　会員番号の他、募集型企画旅行の名称・旅行開始日

③特別な配慮を必要とする旅行者

契約の**申込時**に申し出⇒旅行業者は**可能な範囲**で応じる

特別な措置に要する費用⇒**旅行者**負担

第5条【企画書面の交付】 受注型のみ

1　旅行業者は、旅行業者に**受注型**企画旅行契約の申込みをしようとする旅行者からの依頼があったときは、旅行業者の業務上の都合があるときを除き、当該依頼の内容に沿って作成した旅行日程、旅行サービスの内容、旅行代金その他の旅行条件に関する企画の内容を記載した書面〔以下「**企画書面**」といいます。〕を**交付**します。

2　旅行業者は、前項の企画書面において、旅行代金の内訳として企画に関する取扱料金〔以下「**企画料金**」といいます。〕の金額を明示することがあります。

企画書面　受注型のみ

受注型企画旅行契約のみの規定です。受注型企画旅行契約の申込みをしようとしている旅行者から依頼のあった場合に、旅行日程、旅行サービスの内容、旅行代金その他の条件を記載した企画書面を交付します。行程表・見積りに該当するのが企画書面です。募集型企画旅行でいうと旅行パンフレットに相当するものです。ただし、旅行者から依頼があった場合に必ず企画書面を交付しなければならないわけではなく、業務上の都合がある場合は交付しなくてもよいです。

その企画書面で旅行代金の内訳として企画料金〔企画に関する取扱料金〕を明示することがあります。企画料金を明示しておけば、契約の締結後に旅行者が任意に契約を解除したとしても、企画料金は収受できます。〔「契約の解除」（P.94）参照〕

第6条【電話等による予約】　募集型のみ

1　旅行業者は、電話、郵便、ファクシミリ、インターネットその他の通信手段による募集型企画旅行契約の予約を受け付けます。この場合、予約の時点では契約は成立しておらず、旅行者は、旅行業者が予約の承諾の旨を通知した後、旅行業者が定める期間内に、旅行業者に申込書と申込金を提出又は会員番号等を通知しなければなりません。

2　前項の定めるところにより申込書と申込金の提出があったとき又は会員番号等の通知があったときは、募集型企画旅行契約の締結の順位は、当該予約の受付の順位によることとなります。

3　旅行者が第1項の期間内に申込金を提出しない場合又は会員番号等を通知しない場合は、旅行業者は、予約がなかったものとして取り扱います。

電話等による予約　募集型のみ

募集型企画旅行契約のみの規定です。受注型企画旅行は旅行者からの依頼により企画して実施するものであるので、募集型企画旅行のように募集定員はなく、電話による予約受付という考え方がありません。

募集型企画旅行では、電話などの通信手段による予約を受け付け、旅行者は旅行業者が定める期間内に申込書と申込金を提出〔通信契約では会員番号等を通知〕します。申込金を提出しない〔会員番号等を通知しない〕場合は、予約がなかったものとして取り扱います。

予約の時点では契約は成立していません。〔「契約の成立時期」（P.83）参照〕さらに、締結の順位は、予約の受付の順位によります。

●締結順位の例

申込金を払ったのはBさんが早いが、締結順位は予約順になるので、Aさんが上位。

POINT 募集型と受注型の違い〔申込み〕

1　企画書面　受注型のみ

旅行者から依頼⇒企画書面を交付〔業務上の都合がある場合を除く〕

①企画料金を明示できる

②交付の時点ではまだ契約は成立していない

2　電話等の予約　募集型のみ

流れ①通信手段による予約

②期間内に申込書と申込金を提出〔通信契約は会員番号等を通知〕　注：提出・通知しない⇒予約がなかったものとする

③締結順位＝予約受付順

確認問題

問　電話で募集型企画旅行の予約をしたが、申込金を支払う前にキャンセルをした。取消料がかかる場合は支払わないといけないか？

答　☞×　予約の時点では契約は成立してないので支払う必要はない。

2 契約の締結

旅行業者が契約の締結を承諾し、申込金を受理した時に契約は成立します。旅行者から申込みがあっても、旅行業者は契約に応じないことがあります。

契約締結の拒否

旅行者から申込みがあったとしても、旅行業者は契約に応じないことがあります。募集型企画旅行契約の場合は8項目、受注型企画旅行契約の場合は6項目が契約締結の拒否権として約款に定められています。

POINT 契約締結の拒否権

募集型の場合⇒①～⑧　受注型の場合⇒③～⑧（①②除く）

①旅行業者があらかじめ明示した性別、年齢、資格、技能その他の参加旅行者の条件を満たしていないとき
②応募旅行者数が募集予定数に達したとき
③旅行者が他の旅行者に迷惑を及ぼし、または団体行動の円滑な実施を妨げるおそれがあるとき
④旅行業者の業務上の都合があるとき
⑤通信契約を締結しようとする場合で、旅行者の有するクレジットカードが無効である等、旅行者が旅行代金等に係る債務の一部または全部を提携会社のカード会員規約に従って決済できないとき
⑥旅行者が、暴力団員、暴力団準構成員、暴力団関係者、暴力団関係企業または総会屋等その他の反社会的勢力であると認められるとき
⑦旅行者が、旅行業者に対して暴力的な要求行為、不当な要求行為、取引に関して脅迫的な言動もしくは暴力を用いる行為またはこれらに準ずる行為を行ったとき
⑧旅行者が、風説（ふうせつ）を流布（るふ）し、偽計（ぎけい）を用い、もしくは威力（いりょく）を用いて旅行業者の信用を毀損（きそん）し、もしくは業務を妨害する行為またはこれらに準ずる行為を行ったとき

次の２つは募集型のみですので注意してください。

●募集型のみの契約締結の拒否権

①あらかじめ明示した参加条件を満たしていないとき

例　20歳以上の女性限定ツアーに20歳未満や男性が参加希望した場合

②応募旅行者数が募集予定数に達したとき〔満席・満員の場合〕

後で学習する手配旅行契約の場合は、④～⑧が契約締結の拒否権となっています。その違いには気をつけておきましょう。

第８条【契約の成立時期】

1　募集型（受注型）企画旅行契約は、旅行業者が契約の締結を承諾し、申込金を受理した時に成立するものとします。

2　通信契約は、前項の規定にかかわらず、旅行業者が契約の締結を承諾する旨の通知が旅行者に到達した時に成立するものとします。

契約の成立時期

契約の成立時期はしっかり覚えておきましょう。原則は、旅行業者が契約の締結を承諾し、申込金を受理した時に成立します。

通信契約の場合は、旅行業者が契約の締結を承諾する旨の通知が旅行者に到達した時に成立します。

注意しなければならないのは、電話・郵便等の通信手段で申込みをしたら、必ず通信契約というわけではないことです。通信契約とは通信手段で申込みをし、クレジットカードで決済をする場合です。よって、クレジットカード払いでなければ通常の契約ですので、その際の契約成立は原則の「旅行業者が契約の締結を承諾し、申込金を受理した時」になります。

POINT 契約の成立時期

① 原則　旅行業者が契約の締結を承諾し、申込金を受理した時
② 通信契約　旅行業者が契約の締結を承諾する旨の通知が旅行者に到達した時

第９条【契約書面の交付】

1　旅行業者は、契約の成立後速やかに、旅行者に、旅行日程、旅行サービスの内容、旅行代金その他の旅行条件及び旅行業者の責任に関する事項を記載した書面〔以下「契約書面」といいます。〕を交付します。
2　旅行業者が募集型（受注型）企画旅行契約により手配し旅程を管理する義務を負う旅行サービスの範囲は、契約書面に記載するところによります。
※ 受注型 のみの追加⇒旅行業者は、企画書面において企画料金の金額を明示した場合は、当該金額を契約書面において明示します。

第10条【確定書面】

1　契約書面において、確定された旅行日程、運送若しくは宿泊機関の名称を記載できない場合には、当該契約書面において利用予定の宿泊機関及び表示上（㊫旅行計画上）重要な運送機関の名称を限定して列挙した上で、当該契約書面交付後、旅行開始日の前日〔旅行開始日の前日から起算してさかのぼって7日目に当たる日以降に募集型（受注型）企画旅行契約の申込みがなされた場合にあっては、旅行開始日〕までの当該契約書面に定める日までに、これらの確定状況を記載した書面〔以下「確定書面」といいます。〕を交付します。
2　前項の場合において、手配状況の確認を希望する旅行者から問い合わせがあったときは、確定書面の交付前であっても、旅行業者は迅速かつ適切に回答します。
3　第１項の確定書面を交付した場合には、旅行業者が手配し旅程を管理する義務を負う旅行サービスの範囲は、当該確定書面に記載するところに特定されます。

契約書面と確定書面

旅行業者は、契約成立後速(すみ)やかに「契約書面」を交付します。「契約書面」には旅行日程・旅行サービスの内容・旅行代金・旅行条件・旅行業者

の責任に関する事項が記載されています。さらに受注型企画旅行では、企画書面に企画料金を明示した場合は、契約書面にも明示します。

契約書面交付の段階で旅行日程が確定し、ホテルや利用航空会社・便名等を記載できる場合は契約書面だけを交付すればよいのですが、できない場合は、後に確定した状況を記載した「確定書面」を交付します。その際は、契約書面に「ＡホテルまたはＢホテル　Ｘ航空・Ｙ航空・Ｚ航空のいずれか」といったように利用予定の宿泊機関・表示上重要な運送機関の名称を限定して列挙し、確定書面で「Ａホテル　Ｙ航空」というように決定します。（受注型企画旅行契約の場合は、表示上ではなく旅行計画上重要な運送機関）

例

契約書面
利用ホテル
　ＡホテルまたはＢホテル
利用航空会社
　Ｘ航空・Ｙ航空・Ｚ航空
　のいずれか
出発１週間前までに
確定書面を交付します。

確定書面
利用ホテル
　Ａホテル
利用航空会社
　Ｙ航空

確定書面の交付前でも確認の問い合わせに旅行業者は迅速かつ適切に回答する。

旅行業者が手配し旅程を管理する義務を負う旅行サービスの範囲は、契約書面に記載するところによりますが、確定書面を交付後は、確定書面に記載するところに特定されます。

POINT 契約書面と確定書面

①契約成立後速やかに、契約書面を交付

〔旅行日程、運送・宿泊機関名を確定できない場合〕

利用予定の宿泊機関・表示上重要な運送機関名を限定して列挙

後日、確定書面を交付

②旅行業者が手配し旅程を管理する義務を負う範囲は確定書面交付後契約書面→確定書面に記載するところに特定される。

確定書面の交付期限

契約書面交付後、旅行開始日の前日までの契約書面に定める日までに確定書面を交付します。

ただし、間際の申込みの場合は旅行開始日当日〔出発日〕でもよいです。旅行開始日の前日から起算してさかのぼって7日目に当たる日以降に企画旅行契約の申込みがされた場合は、旅行開始日までの契約書面に定める日までとなっています。

POINT 確定書面の交付期限

交付期限は契約書面に記載した期日まで

交付は遅くとも次の期日が定められている

申 込 み	確定書面交付期限
①旅行開始日の8日前まで	旅行開始日の前日まで
②旅行開始日の7日前から当日まで	旅行開始日まで

確定書面交付前に手配状況の確認の問い合わせがあったときは、旅行業者は迅速かつ適切に回答する。

第11条【情報通信の技術を利用する方法】

1 旅行業者は、あらかじめ旅行者の承諾を得て、(受注型企画書面)、募集型(受注型)企画旅行契約を締結しようとするときに旅行者に交付する旅行日程、旅行サービスの内容、旅行代金その他の旅行条件及び旅行業者の責任に関する事項を記載した書面、契約書面又は確定書面の交付に代えて、情報通信の技術を利用する方法により当該書面に記載すべき事項〔以下この条において「記載事項」といいます。〕を提供したときは、旅行者の使用する通信機器に備えられたファイルに記載事項が記録されたことを確認します。

2 前項の場合において、旅行者の使用に係る通信機器に記載事項を記録するためのファイルが備えられていないときは、旅行業者の使用する通信機器に備えられたファイル〔専ら当該旅行者の用に供するものに限ります。〕に記載事項を記録し、旅行者が記載事項を閲覧したことを確認します。

情報通信の技術を利用する方法

企画書面・取引条件の説明書面・契約書面・確定書面の交付は、あらかじめ旅行者の承諾を得れば、メール等の情報通信技術を利用する方法で行うこともできます。

ただし、旅行業者は旅行者の使用する通信機器に備えられたファイルに記載事項が記録されたことを、記録のためのファイルが備えられていないときは、旅行業者の使用する通信機器の旅行者専用ファイルに記録し、旅行者が閲覧したことを確認します。

第12条【旅行代金】

1　旅行者は、旅行開始日までの契約書面に記載する期日までに、旅行業者に対し、契約書面に記載する金額の旅行代金を支払わなければなりません。

2　通信契約を締結したときは、旅行業者は、提携会社のカードにより所定の伝票への旅行者の署名なくして契約書面に記載する金額の旅行代金の支払いを受けます。また、カード利用日は旅行契約成立日とします。

旅行代金

旅行代金〔残金〕は、旅行開始日までの契約書面に記載する期日までに支払わなければなりません。クレジットカード払いの際は、通常、伝票への署名が必要ですが、通信契約の場合には署名不要です。その際のカード利用日は旅行契約成立日とします。

POINT 旅行代金

（1）支払い期限―旅行開始日までの契約書面に記載する期日まで

（2）通信契約―カード伝票への署名不要

カード利用日＝旅行契約成立日

旅行業者が承諾する旨の通知が旅行者に到達した時

旅行業約款

企画旅行契約　3.契約の変更

1 契約内容の変更

受注型企画旅行では旅行者から契約内容の変更を求めることができ、旅行業者は可能な限り旅行者の求めに応じます。一方で、募集型企画旅行の場合は、旅行者からの契約内容変更の申し出はできません。

第13条【契約内容の変更】

旅行業者は、天災地変、戦乱、暴動、運送・宿泊機関等の旅行サービスの提供の中止、官公署の命令、当初の運行計画によらない運送サービスの提供その他の旅行業者の関与し得ない事由が生じた場合において、旅行の安全かつ円滑な実施を図るためやむを得ないときは、旅行者にあらかじめ速やかに当該事由が関与し得ないものである理由及び当該事由との因果関係を説明して、旅行日程、旅行サービスの内容その他の募集型(受注型)企画旅行契約の内容を変更することがあります。ただし、緊急の場合において、やむを得ないときは、変更後に説明します。

※受注型のみの追加

旅行者は、旅行業者に対して、旅行日程、旅行サービスの内容その他の受注型企画旅行契約の内容を変更するよう求めることができます。この場合において、旅行業者は、可能な限り旅行者の求めに応じます。

旅行者からの変更　受注型のみ

受注型企画旅行は旅行者からの依頼により計画し実施する旅行ですので、旅行者から契約内容の変更を求めることができます。この場合、旅行業者は可能な限り旅行者の求めに応じます。満室等で変更できないという場合もありますので、可能な限りとなっています。

しかし、募集型企画旅行の場合は、旅行者からの契約内容変更の申し出はできません。募集型と受注型の違いに注意してください。

旅行業者からの変更

募集型・受注型共、基本的に旅行業者から契約内容の変更はできません。

ただし、旅行業者の関与し得ない事由が生じ、旅行の安全かつ円滑な実施を図るためやむを得ないときは、契約内容を変更することができます。その際には、旅行者にあらかじめ当該事由が関与し得ないものである理由及び因果関係の説明をします。これは、説明をすればよく、旅行者の承諾を得る必要はありません。変更前にあらかじめ説明をするのが原則ですが、緊急でやむを得ないときは変更後に説明をすることもできます。

●旅行業者の関与し得ない事由の例

①天災地変

例 地震・台風・火山の噴火

②戦乱　③暴動　④官公署の命令

⑤運送・宿泊機関等の旅行サービスの提供の中止

例 ストライキや機材故障による欠航

⑥当初の運行計画によらない運送サービスの提供

例 列車や航空機の大幅な遅延・到着空港の変更

POINT 契約内容の変更

●旅行者からの契約内容の変更

受注型　旅行者からの変更可⇒旅行業者は可能な限り応じる。

募集型　旅行者からの変更不可

●旅行業者からの契約内容の変更

原則、旅行業者からの変更不可

ただし、次の場合は変更可

(1)　旅行業者の関与し得ない事由で旅行の安全かつ円滑な実施を図るためやむを得ないとき

例 ①天災地変、②戦乱、③暴動、④官公署の命令、⑤運送・宿泊機関等の旅行サービスの提供の中止、⑥当初の運行計画によらない運送サービスの提供

(2)　あらかじめ理由と因果関係を説明

注：緊急時は変更後でも可。承諾を得る必要はない。

第14条【旅行代金の額の変更】

1　募集型（受注型）企画旅行を実施するに当たり利用する運送機関について適用を受ける運賃・料金〔以下本条では「適用運賃・料金」といいます。〕が、著しい経済情勢の変化等により、募集型企画旅行の募集の際（受注型 受注型企画旅行の企画書面の交付の際）に明示した時点において有効なものとして公示されている適用運賃・料金に比べて、通常想定される程度を大幅に超えて増額又は減額される場合においては、旅行業者は、その増額又は減額される金額の範囲内で旅行代金の額を増加し、又は減少することができます。

2　旅行業者は、前項の定めるところにより旅行代金を増額するときは、旅行開始日の前日から起算してさかのぼって15日目に当たる日より前に旅行者にその旨を通知します。

3　旅行業者は、第1項の定める適用運賃・料金の減額がなされるときは、同項の定めるところにより、その減少額だけ旅行代金を減額します。

4　旅行業者は、前条の規定に基づく契約内容の変更により旅行の実施に要する費用〔当該契約内容の変更のためにその提供を受けなかった旅行サービスに対して取消料、違約料その他既に支払い、又はこれから支払わなければならない費用を含みます。〕の減少又は増加が生じる場合〔費用の増加が、運送・宿泊機関等が当該旅行サービスの提供を行っているにもかかわらず、運送・宿泊機関等の座席、部屋その他の諸設備の不足が発生したことによるものは除きます。〕には、当該契約内容の変更の際にその範囲内において旅行代金の額を変更することがあります。

5　旅行業者は、運送・宿泊機関等の利用人員により旅行代金が異なる旨を契約書面に記載した場合において、募集型（受注型）企画旅行契約の成立後に旅行業者の責に帰すべき事由によらず当該利用人員が変更となったときは、契約書面に記載したところにより旅行代金の額を変更することがあります。

旅行代金の額を変更できる場合

旅行業者は、次の３つの場合は旅行代金の額を変更できます。

●旅行代金の額を変更できる場合

①運送機関の適用運賃・料金の大幅な増減があった場合

②契約内容の変更により旅行の実施に要する費用に増減が生ずる場合〔運送・宿泊機関の過剰予約受付、座席・部屋等の不足による増額は除く〕

③運送・宿泊機関の利用人員により旅行代金が異なる旨を契約書面に記載してある場合で、旅行業者の責任によらないで人員が変更となった場合

運送機関の適用運賃・料金の大幅な増減

旅行代金の額を変更できるのは、著しい経済情勢の変化等により、募集や企画書面の交付時点に比べて、通常想定される程度を大幅に超えて増減される場合のみとなります。大幅な増減であり、小幅では変更はできません。また、運送機関の適用運賃・料金に限られるため、宿泊料金の値上げでは旅行代金の増額はできません。

適用運賃・料金の増額の場合	・増額の範囲内で旅行代金を値上げ〔値上げしてもしなくてもよい〕 ・旅行開始日の前日から起算してさかのぼって15日目に当たる日より前〔＝16日前〕までに旅行者に通知
適用運賃・料金の減額の場合	・減額分必ず旅行代金を値下げ ・通知期限なし

また、旅行代金を増額する場合は、旅行開始日の前日から起算してさかのぼって15日目に当たる日より前〔16日前〕までに旅行者に通知をするという期限がありますが、減額する場合には通知期限はありません。

たとえ、出発当日でも代金が安くなって怒る人はいないでしょう。そう考えると旅行代金の減額の場合に通知期限がない理由が納得できます。

契約内容の変更により旅行の実施に要する費用が増減

天災地変等で旅行業者が関与し得ない事由、または受注型企画旅行で旅行者の希望による契約内容の変更で旅行の実施に要する費用が増減した場合、増減の範囲内で旅行代金を変更できます。〔旅行の実施に要する費用の中に、提供を受けなかった旅行サービスに対しての取消料、違約料その他すでに支払い、またはこれから支払わなければならない費用も含みます。〕

注意が必要なのは、運送・宿泊機関の過剰予約〔オーバーブッキング・オーバーフロー〕の場合には、座席・部屋等の不足により契約内容を変更したことに伴い費用が増額しても旅行代金を増額することはできません。旅行業者が関与し得ない事由なので、契約内容の変更はできますが、旅行代金の増額はできません。

運送・宿泊機関の利用人員により旅行代金が異なる場合

運送・宿泊機関等の利用人員により旅行代金が異なる旨を契約書面に記載した旅行を旅行者の都合で人員変更の場合は、旅行代金を変更できます。

例　旅行代金　2名1室1人25,800円
　　　　　　　3名1室1人22,800円
　　　　　　　4名1室1人19,800円

①2名で申し込みをしていたものを3名に変更
　1人25,800円⇒1人22,800円に旅行代金が変更

②4名で申し込みをしていたが、1名取消で3名に変更
　1人19,800円⇒1人22,800円に旅行代金が変更

＊取消料のかかる時期の取消なら、さらに1人分の取消料も必要。

POINT 旅行代金の変更

変更理由	旅行代金の増減額	通知期限
運送の適用運賃料金 大幅な増額＊	増額の範囲内	旅行開始日の前日から起算してさかのぼって15日目に当たる日より前〔16日前〕まで
運送の適用運賃料金 大幅な減額＊	〔必ず〕減額分	通知期限なし
契約内容の変更※ 旅行費用の増減	増減の範囲内	通知期限なし

注：＊宿泊機関の料金の増減は不可。
　※運送・宿泊機関の過剰予約、座席・部屋の不足に伴う旅行代金の増額は不可。

第15条【旅行者の交替】

1　旅行業者と募集型（受注型）企画旅行契約を締結した旅行者は、旅行業者の承諾を得て、契約上の地位を第三者に譲り渡すことができます。

2　旅行者は、前項に定める旅行業者の承諾を求めようとするときは、旅行業者所定の用紙に所定の事項を記入の上、所定の金額の手数料とともに、旅行業者に提出しなければなりません。

3　第1項の契約上の地位の譲渡は、旅行業者の承諾があったときに効力を生ずるものとし、以後、旅行契約上の地位を譲り受けた第三者は、旅行者の当該募集型（受注型）企画旅行契約に関する一切の権利及び義務を承継するものとします。

旅行者の交替

旅行者は、旅行業者の承諾を得れば、取消料を支払うことなく契約上の地位を第三者に譲渡することができます。その際、旅行業者所定の用紙に所定事項を記入の上、所定の金額の手数料とともに、旅行業者に提出しなければなりません。

譲渡された第三者は契約に関する一切の権利および義務を承継するものとします。よって、旅行代金をまだ全額支払っていない場合は、譲渡された者が残金を支払うことになります。

POINT　旅行者の交替

①旅行業者の承諾を得れば、契約上の地位を第三者に譲渡可〔交替可〕
〔取消料不要、所定の用紙と手数料を旅行業者に提出〕

②譲渡された第三者は契約に関する一切の権利および義務を承継
〔地位の譲渡⇒旅行業者の承諾があったときに効力を生ずる〕

確認問題

次の文章が、正しいものには○を、誤っているものには×をつけなさい。

問1 当初の運行計画によらない運送サービスの提供その他の旅行業者の関与し得ない事由が生じた場合において、旅行の安全かつ円滑な実施を図るためやむを得ないときは、旅行者にあらかじめ承諾をとってから募集型企画旅行契約の内容を変更する。

答 ☞× 承諾を得る必要はなく、理由とその因果関係を説明すればよい。通常は事前に、緊急でやむを得ない場合は事後でもよい。

問2 契約書面に記載した運送機関が運行しているにもかかわらず、当該機関の過失により予定していた等級の座席の不足が発生したため、同じ便のより高い料金の等級の座席を利用した場合は、旅行業者は旅行代金の額を増加することができる。

答 ☞× 運送・宿泊機関の座席・部屋の不足による増額の場合は旅行代金を増額できない。

旅行業約款

企画旅行契約　4.契約の解除

1 旅行者の解除権

旅行者は、いつでも取消料を支払えば契約を解除できますが、一定の場合は、旅行開始前に取消料を支払うことなく契約を解除できます。

第16条【旅行者の解除権】

1　旅行者は、いつでも別表第１に定める取消料を旅行業者に支払って募集型（受注型）企画旅行契約を解除することができます。通信契約を解除する場合にあっては、旅行業者は、提携会社のカードにより所定の伝票への旅行者の署名なくして取消料の支払いを受けます。

2　旅行者は次に掲げる場合において、前項の規定にかかわらず、旅行開始前に取消料を支払うことなく募集型（受注型）企画旅行契約を解除することができます。

⑴　旅行業者によって契約内容が変更されたとき。ただし、その変更が別表第２の変更補償金に掲げるものその他の重要なものであるときに限ります。

⑵　運送機関の適用運賃・料金の大幅な増額に基づいて旅行代金が増額されたとき。

⑶　天災地変、戦乱、暴動、運送・宿泊機関等の旅行サービス提供の中止、官公署の命令その他の事由が生じた場合において、旅行の安全かつ円滑な実施が不可能となり、又は不可能となるおそれが極めて大きいとき。

⑷　旅行業者が旅行者に対し、契約書面に定める期日までに確定書面を交付しなかったとき。

⑸　旅行業者の責に帰すべき事由により、契約書面に記載した旅行日程に従った旅行の実施が不可能となったとき。

旅行者の旅行開始前の解除

旅行者は、いつでも取消料を支払えば契約を解除することができます。

募集型企画旅行で国内旅行の場合、21日前〔日帰りは11日前〕までの取消なら取消料はかかりませんが、受注型企画旅行では、企画・契約書面に企画料金を明示した場合は、それ以前であっても企画料金に相当する額の取消料がかかります。

国内旅行実務の科目の中で、募集型企画旅行を取り消した際の取消料を求める問題が出題されることがあります。国内旅行の取消料の表は覚えておくとよいでしょう。

POINT 国内旅行の取消料

取　消　日	取　消　料
受注型のみ　下記以外の場合 契約書面に企画料金を明示した場合	企画料金に相当する金額
旅行開始日の20日～８日前 〔日帰り旅行10日～８日前〕	旅行代金の20%以内
７日～２日前	30%
前日	40%
当日	50%
旅行開始後・無連絡不参加	100%

POINT 海外旅行の取消料

取　消　日	取　消　料
受注型のみ　下記以外の場合 契約書面に企画料金を明示した場合	企画料金に相当する金額
募集型・ピーク時のみ 旅行開始日の40日～31日前	旅行代金の10%以内
30日～３日前	20%
前々日以降	50%
旅行開始後・無連絡不参加	100%

注：ピーク時とは、旅行開始日が12月20日～１月７日、４月27日～５月６日、７月20日～８月31日の場合

取消料不要の場合

旅行者は旅行開始前に取消料を支払うことなく契約を解除できる場合があります。５つの事項について定められていますが、そのうちの２つについては次のことに注意してください。

●取消料不要の場合

①契約内容に重要な変更があった場合

ここでいう重要な変更とは、後に出てくる変更補償金の支払い対象（P.109）となるような変更の場合です。

②運送機関の適用運賃・料金の大幅な増額に伴い、旅行代金が増額された場合

旅行代金の増額でも運送機関の適用運賃・料金の大幅な増額による場合に限られます。天災地変等で契約内容を変更し、旅行代金が増額になったからという理由では認められません。

旅行者が取消料なしで契約解除できるのは、旅行開始前に限られます。旅行開始後の旅行者からの契約解除は、原則、旅行者の任意解除となります。

POINT 取消料を払わず契約を解除できる場合（旅行開始前）

①契約内容に重要な変更があった場合〔変更補償金の支払い対象となるような変更〕

②運送機関の適用運賃・料金の大幅な増額に伴い、旅行代金が増額された場合

注：天災地変等で契約内容を変更し、増額となった場合は不可。

③天災地変、戦乱、暴動、運送・宿泊機関等の旅行サービス提供の中止、官公署の命令その他の事由により、旅行の安全かつ円滑な実施が不可能または不可能となるおそれが極めて大きい場合

④契約書面に定める期日までに確定書面が交付されない場合

⑤旅行業者の責に帰すべき事由で契約書面に記載した旅行日程に従った旅行の実施が不可能となった場合〔旅行業者の手配ミスなど〕

●取消料の計算

例1 旅行代金10万円の国内募集型企画旅行を出発前日に旅行者の都合で取り消した場合の取消料

国内旅行で前日の取消なので、旅行代金の40%の取消料

10万円×0.4＝ 4 万円

例2 8月22日出発、旅行代金10万円の国内募集型企画旅行に申込みをしたが、契約書面に定められた8月15日になっても確定書面が交付されなかったので、その翌日に取り消した場合の取消料

取消料　0円〔契約書面に定める期日までに確定書面が交付されない場合は取消料なしで契約を解除できる。〕

第16条【旅行者の解除権】〔第１、２項はP.94〕

3　旅行者は、旅行開始後において、当該旅行者の責に帰すべき事由によらず契約書面に記載した旅行サービスを受領することができなくなったとき又は旅行業者がその旨を告げたときは、第１項の規定にかかわらず、取消料を支払うことなく、旅行サービスの当該受領することができなくなった部分の契約を解除することができます。

4　前項の場合において、旅行業者は、旅行代金のうち旅行サービスの当該受領することができなくなった部分に係る金額を旅行者に払い戻します。ただし、前項の場合が旅行業者の責に帰すべき事由によらない場合においては、当該金額から、当該旅行サービスに対して取消料、違約料その他の既に支払い、又はこれから支払わなければならない費用に係る金額を差し引いたものを旅行者に払い戻します。

旅行者の旅行開始後の解除

旅行者が、旅行開始後に旅行サービスの受領ができなくなった場合は、その受領できなくなった部分の金額が払い戻されます。ただし、その受領できなくなった事由が、天災地変など旅行業者の責任でない場合は、旅行業者が旅行サービス提供者〔運送・宿泊業者等〕に支払う取消料・違約料などを差し引いて払い戻します。旅行サービス提供者に支払う取消料・違約料等は、旅行者の負担です。

2 旅行業者の解除権

旅行者は取消料を払えば、いつでも契約を解除できますが、旅行業者からは一定の事由に該当しないと解除できません。

旅行業者の旅行開始前の解除権

旅行者は取消料を払えば、いつでも契約を解除できますが、旅行業者からは一定の事由に該当しないと解除できません。旅行業者の旅行開始前の解除権は募集型企画旅行では10項目、受注型企画旅行では８項目です。解除する際には、旅行者が期日までに旅行代金を支払わないとき以外は旅行者に理由を説明し、全額払い戻します。

POINT 旅行業者の解除権（旅行開始前）

⑩以外は旅行者に理由の説明が必要、全額払い戻し

注：㊏は募集型企画旅行のみとなる。

㊏ ①旅行者が、旅行業者があらかじめ明示した性別、年齢、資格、技能その他の参加旅行者の条件を満たしていないことが判明したとき

②旅行者が病気、必要な介助者の不在その他の事由で当該旅行に耐えられないと認められるとき

③旅行者が他の旅行者に迷惑を及ぼし、または団体旅行の円滑な実施を妨げるおそれがあると認められるとき

④旅行者が、契約内容に関し合理的な範囲を超える負担を求めたとき

㊏ ⑤旅行者の数が契約書面に記載した最少催行人員に達しなかったとき

通知期限

	旅行開始日の前日よりさかのぼって
国内旅行〔日帰り〕	3日目に当たる日より前〔4日前〕まで
国内旅行〔宿泊伴う〕	13日目に当たる日より前〔14日前〕まで
海外旅行	23日目に当たる日より前〔24日前〕まで
海外旅行〔ピーク時〕	33日目に当たる日より前〔34日前〕まで

＊海外旅行のピーク時は取消料で出てきたピーク時と同じ
旅行開始日が12月20日～１月７日、４月27日～５月６日、７月20日～８月31日の場合

⑥スキーを目的とする旅行における必要な降雪量などの旅行実施条件であって契約締結の際に明示したものが成就（じょうじゅ）しないおそれが極めて大きいとき
⑦天災地変、戦乱、暴動、運送・宿泊機関等の旅行サービス提供の中止、官公署の命令その他の事由により、旅行の安全かつ円滑な実施が不可能または不可能となるおそれが極めて大きいとき
⑧通信契約で、旅行者の有するクレジットカードが無効になる等、提携会社のカード会員規約に従って決済できなくなったとき
⑨契約締結の拒否権（P.82）⑥～⑧暴力団排除事由のいずれかに該当することが判明したとき
⑩旅行者が契約書面に記載する期日までに旅行代金を支払わないとき
⇒期日の翌日をもって旅行者が解除したものとみなす。
違約料〔取消料と同額〕を旅行業者に支払う。

旅行業者の旅行開始後の解除権

旅行開始後の解除権は 4 項目。解除には旅行者に理由の説明が必要。

POINT 旅行業者の解除権（旅行開始後）

①旅行者が病気、必要な介助者の不在その他の事由により旅行の継続に耐えられないとき
②旅行者が旅行の安全かつ円滑に実施するための添乗員その他の者による旅行業者の指示への違背（いはい）、これらの者または同行する他の旅行者に対する暴行または脅迫等により団体行動の規律を乱し、当該旅行の安全かつ円滑な実施を妨げるとき
③契約締結の拒否権（P.82）⑥～⑧暴力団排除事由のいずれかに該当することが判明したとき
④天災地変、戦乱、暴動、運送・宿泊機関等の旅行サービス提供の中止、官公署の命令その他の旅行業者の関与し得ない事由が生じた場合であって、旅行の継続が不可能となったとき

旅行開始後の解除権４つのうち、①病気等の場合と④天災地変等の場合については、旅行者の求めがあれば、出発地に戻るための手配を引き受けます。その際の出発地に戻るための旅行に要する一切の費用は、旅行者の負担とします。

②旅行者が安全かつ円滑な実施を妨げる理由による場合と③暴力団等判明の場合は、旅行者が悪い場合による解除のため、旅行者から帰路の手配を求められても応じる必要はありません。

第18条【旅行業者の解除権―旅行開始後の解除】

1　〔省略〕

2　旅行業者と旅行者との間の契約関係は、将来に向かってのみ消滅します。この場合において、旅行者が既に提供を受けた旅行サービスに関する旅行業者の債務については、有効な弁済がなされたものとします。

3　旅行業者は、旅行代金のうち旅行者がいまだその提供を受けていない旅行サービスに係る部分に係る金額から、当該旅行サービスに対して取消料、違約料その他既に支払い、又はこれから支払わなければならない費用に係る金額を差し引いたものを旅行者に払い戻します。

旅行業者が旅行開始後に解除した場合の扱い

①旅行業者と旅行者との契約関係は、将来に向かってのみ消滅する。

②旅行者が既に提供を受けた旅行サービスについては、有効な弁済がなされたものとする〔この部分は払戻ししない〕。

③未提供の旅行サービスに係る金額から、旅行サービス提供者への取消料・違約料等を差し引いて旅行者に払い戻す。

POINT 旅行業者が解除した場合の払戻し

	払　戻　額
旅行開始前	全額払い戻し〔旅行代金を支払わない場合を除く〕
旅行開始後	未提供の旅行サービスの対価　―　旅行サービス提供者への取消料・違約料等

3 旅行代金の払戻し

旅行代金の払戻期限は、旅行開始前の解除と旅行開始後の解除とでは異なります。

旅行代金の払戻し

旅行者に払戻しをする場合は次の期限内に払い戻します。通信契約の場合は、提携会社のカード会員規約に従って、その期限内に払戻額を通知するものとし、旅行者に通知を行った日をカード利用日とします。

また、払戻しをしても損害賠償請求権を行使することを妨げるものではありません。

POINT 旅行代金の払戻期限

①旅行開始前の解除	解除の翌日から起算して7日以内
②旅行開始後の解除 旅行代金の減額	契約書面に記載した※旅行終了日の翌日から起算して30日以内

注：※契約書面に記載した旅行終了日の翌日であり、実際の旅行終了日ではない。

確認問題

次の文章が正しいものには○を、誤っているものには×をつけなさい。

問1 旅行開始前に、旅行契約の内容の変更により旅行代金を減額した場合、旅行業者は、旅行者に対し当該減額した金額を、旅行契約の内容を変更する旨を説明した日の翌日から起算して7日以内に払い戻さなければならない〔通信契約によるものではない〕。

答 ☞× 旅行開始前・開始後にかかわらず、減額の場合は、契約書面に記載した旅行終了日の翌日から起算して30日以内に払い戻す。

問2 旅行業者は、通信契約が解除された場合において、旅行者に対して払い戻すべき金額が生じたときは、提携するクレジットカード会社のカード会員規約に従って旅行者に対し当該金額を払い戻しする。

答 ☞○

企画旅行契約　5.団体・旅程管理

1 団体・グループ契約

団体・グループ契約の場合、契約責任者はその団体・グループの構成者の契約締結に関する一切の代理権を有しているものとみなします。

第21条【団体・グループ契約】

旅行業者は、同じ行程を同時に旅行する複数の旅行者がその責任ある代表者〔以下「契約責任者」といいます。〕を定めて申し込んだ募集型（受注型）企画旅行契約の締結については、団体・グループ契約の規定を適用します。

第22条【契約責任者】

1　旅行業者は、特約を結んだ場合を除き、契約責任者はその団体・グループを構成する旅行者〔以下「構成者」といいます。〕の募集型（受注型）企画旅行契約の締結に関する一切の代理権を有しているものとみなし、当該団体・グループに係る旅行業務に関する取引（受注型及び添乗業務）は、当該契約責任者との間で行います。

2　契約責任者は、旅行業者が定める日までに、構成者の名簿を旅行業者に提出しなければなりません。

3　旅行業者は、契約責任者が構成者に対して現に負い、又は将来負うことが予測される債務又は義務については、何らの責任を負うものではありません。

4　旅行業者は、契約責任者が団体・グループに同行しない場合、旅行開始後においては、あらかじめ契約責任者が選任した構成者を契約責任者とみなします。

団体・グループ契約

同じ行程を同時に旅行する複数の旅行者がその責任ある代表者「契約責任者」を定めて申し込んだ場合は、団体・グループ契約になります。複数とは２名以上ですので、２名でも適用できます。

特約を結んだ場合を除き、契約責任者はその団体・グループの構成者の契約締結に関する一切の代理権を有しているものとみなし、旅行業者との取引は契約責任者との間で行います。また、旅行業者が定める日までに、構成者の名簿を旅行業者に提出しなければなりません。

旅行業者は、契約責任者が構成者に対して負う債務または義務について、何らの責任を負いません。契約責任者と構成者とのトラブルまでは関与できません。契約責任者は団体・グループの契約締結に関する一切の代理権を有しているため、もしも、その者が旅行に同行しない場合は代わりの者を決める必要があります。旅行開始後は、あらかじめ契約責任者が選任した構成者を契約責任者とみなします。

第23条【契約成立の特則】受注型のみ

1　旅行業者は、契約責任者と受注型企画旅行契約を締結する場合において、申込金の支払いを受けることなく受注型企画旅行契約の締結を承諾することがあります。

2　前項の規定に基づき申込金の支払いを受けることなく受注型企画旅行契約を締結する場合には、旅行業者は、契約責任者にその旨を記載した書面を交付するものとし、受注型企画旅行契約は、旅行業者が当該書面を交付した時に成立するものとします。

契約成立の特則　受注型のみ

受注型企画旅行のみの規定です。受注型企画旅行の場合は、申込金なしで締結を承諾させることがあります。その場合の契約成立時期は、旅行業者が契約責任者にその旨を記載した書面を交付した時になります。

POINT 団体・グループ契約と契約責任者

複数〔2名以上〕の旅行者で契約責任者を定めて申し込んだ場合は、団体・グループ契約となる。

●契約責任者

①団体・グループの契約締結に関する一切の代理権を有する。

②旅行業者との取引は契約責任者との間で行う。

③旅行業者が定める日までに、構成者の名簿を提出する。

④旅行業者は、契約責任者が構成者に対して負う債務または義務について責任を負わない。

⑤契約責任者が同行しない場合、旅行開始後は、あらかじめ契約責任者が選任した構成者を契約責任者とみなす。

2 旅程管理

旅行業者は、旅行者が旅行サービスの提供を確実に受けられるために必要な措置を講じ、契約内容を変更せざるを得ないときは、代替サービスの手配を行わなければなりません。

募集型 第23条・受注型 第24条【旅程管理】

旅行業者は、旅行者の安全かつ円滑な旅行の実施を確保することに努力し、旅行者に対し、次に掲げる業務を行います。ただし、旅行業者が旅行者とこれと異なる特約を結んだ場合には、この限りではありません。

(1)旅行者が旅行中旅行サービスを受けることができないおそれがあると認められるときは、募集型（受注型）企画旅行契約に従った旅行サービスの提供を確実に受けられるために必要な措置を講ずること。

(2)前号の措置を講じたにもかかわらず、契約内容を変更せざるを得ないときは、代替サービスの手配を行うこと。この際、旅行日程を変更するときは、変更後の旅行日程が当初の旅行日程の趣旨にかなうものとなるよう努めること、また、旅行サービスの内容を変更するときは、変更後の旅行サービスが当初の旅行サービスと同様のものとなるよう努めること等、契約内容の変更を最小限にとどめるよう努力すること。

募集型 第24条・受注型 第25条【旅行業者の指示】

旅行者は、旅行開始後旅行終了までの間において、団体で行動するときは、旅行を安全かつ円滑に実施するための旅行業者の指示に従わなければなりません。

募集型 第25条・受注型 第26条【添乗員等の業務】

1　旅行業者は、旅行の内容により添乗員その他の者を同行させて㊙第23条（㊛第24条）各号に掲げる業務その他当該募集型（受注型）企画旅行に付随して旅行業者が必要と認める業務の全部又は一部を行わせることがあります。

2　前項の添乗員その他の者が同項の業務に従事する時間帯は、原則として8時から20時までとします。

※㊙は募集型企画旅行、㊛は受注型企画旅行。

旅程管理

旅行業者は、旅行者の安全かつ円滑な旅行の実施を確保するために下記の旅程管理業務を行います。〔旅程管理業務を他の旅行業者に代行させる旨を契約書面に明示したとしても、旅行業者は旅程管理責任を免れることはできません。〕

企画旅行に添乗員等を同行させて旅程管理業務を行わせることもあります。その際、旅行者は旅行開始後終了まで団体で行動するときは、旅行業者の指示に従わなければなりません。また、原則として添乗員の業務時間は、8時から20時までとなっています。

POINT 旅程管理業務

①旅行サービスを受けることができないおそれがあるときは、旅行サービスの提供を確実に受けられるために必要な措置を講ずること。

②契約内容を変更せざるを得ないときは、代替サービスの手配を行うこと。〔契約内容の変更を最小限にとどめるよう努力する〕

募集型 第26条・受注型 第27条【保護措置】

旅行業者は、旅行中の旅行者が、疾病、傷害等により保護を要する状態にあると認めたときは、必要な措置を講ずることがあります。この場合において、これが旅行業者の責に帰すべき事由によるものでないときは、当該措置に要した費用は旅行者の負担とし、旅行者は当該費用を旅行業者が指定した期日までに旅行業者の指定する方法で支払わなければなりません。

保護措置

旅行業者は、旅行中に旅行者が疾病・傷害等により保護措置を講じた場合、旅行業者の責任でないときは、措置に要した費用は旅行者の負担となります。旅行者は旅行業者が指定した期日までに、指定する方法で支払わなければなりません。

7 旅行業約款
企画旅行契約　6.責任

1 責任

旅行業者や手配代行者が故意又は過失により旅行者に損害を与えたときは、旅行業者はその損害を賠償しなければなりません。

募集型 第27条・受注型 第28条【旅行業者の責任】

1　旅行業者は、募集型（受注型）企画旅行契約の履行に当たって、旅行業者又は旅行業者が手配を代行させた者〔以下「手配代行者」といいます。〕が故意又は過失により旅行者に損害を与えたときは、その損害を賠償する責に任じます。ただし、損害発生の翌日から起算して２年以内に旅行業者に対して通知があったときに限ります。

2　旅行者が天災地変、戦乱、暴動、運送・宿泊機関等の旅行サービス提供の中止、官公署の命令その他の旅行業者又は旅行業者の手配代行者の関与し得ない事由により損害を被ったときは、旅行業者は、前項の場合を除き、その損害を賠償する責任を負うものではありません。

3　旅行業者は、手荷物について生じた損害については、損害発生の翌日から起算して、国内旅行にあっては14日以内に、海外旅行にあっては21日以内に旅行業者に対して通知があったときに限り、旅行者１名につき15万円を限度〔旅行業者に故意又は重大な過失がある場合を除きます。〕として賠償します。

旅行業者の責任

旅行業者や手配代行者が故意または過失により旅行者に損害を与えたときは、旅行業者はその損害を賠償します。ただし、損害発生の翌日から起算して２年以内に通知しなければなりません。ここで注意したいことは、旅行業者ではなく、手配代行者の故意・過失であっても手配をさせた旅行業者に損害賠償の責任があることです。当然ですが、旅行業者・手配代行者の関与し得ない事由によるものは除きます。

手荷物については、損害発生の翌日から起算して、国内旅行は14日以内、海外旅行は21日以内に旅行業者に通知があったときに限り、旅行者１名につき15万円を限度として賠償します。ただし、旅行業者に故意または重大な過失がある場合は、15万円という限度はありません。
後で学習する特別補償規程と混同しないように注意しましょう。

POINT 旅行業者の損害賠償〔責任〕

損害対象	旅行業者への通知期限	支払限度額	
手荷物以外	損害発生の翌日から起算して2年以内	制限なし	
手荷物	損害発生の翌日から起算して 国内旅行　14日以内 海外旅行　21日以内	故意 重大な過失	制限なし
		上記以外	1名15万円

注：手配代行者の故意・過失による旅行者への損害も旅行業者が損害賠償する。

2 旅程保証

旅行業者は、契約内容の重要な変更が生じた場合には、変更補償金を旅行終了日の翌日から起算して30日以内に支払わなければなりません。

募集型 第29条・受注型 第30条【旅程保証】

1　旅行業者は、別表第2（P.109）左欄に掲げる契約内容の重要な変更〔次の各号に掲げる変更（運送・宿泊機関等が当該旅行サービスの提供を行っているにもかかわらず、運送・宿泊機関等の座席・部屋その他の諸設備の不足が発生したことによるものを除きます。）を除きます。〕が生じた場合は、旅行代金に同表右欄に記載する率を乗じた額以上の変更補償金を旅行終了日の翌日から起算して30日以内に支払います。ただし、当該変更について旅行業者に㊮第27条（㊫第28条）第1項の規定に基づく責任が発生することが明らかである場合には、この限りではありません。

(1)　次に掲げる事由による変更

イ　天災地変
ロ　戦乱
ハ　暴動
ニ　官公署の命令
ホ　運送・宿泊機関等の旅行サービス提供の中止
ヘ　当初の運行計画によらない運送サービスの提供

ト　旅行参加者の生命又は身体の安全確保のため必要な措置

(2)（受注型　旅行者からの変更の求めに基づいて受注型企画旅行契約が変更された部分及び）第16条から第18条までの規定に基づいて募集型（受注型）企画旅行契約が解除されたときの当該解除された部分に係る変更

2　旅行業者が支払うべき変更補償金の額は、旅行者1名に対して1募集型（受注型）企画旅行につき旅行代金に15%以上の旅行業者が定める率を乗じた額をもって限度とします。また、旅行者1名対して1募集型（受注型）企画旅行につき支払うべき変更補償金の額が1,000円未満であるときは、旅行業者は、変更補償金を支払いません。

3　旅行業者が第1項の規定に基づき変更補償金を支払った後に、当該変更について旅行業者に㋲第27条（㋴第28条）第1項の規定に基づく責任が発生することが明らかになった場合には、旅行者は当該変更に係る変更補償金を旅行業者に返還しなければなりません。この場合、旅行業者は、同項の規定に基づき旅行業者が支払うべき損害賠償金の額と旅行者が返還すべき変更補償金の額とを相殺した残額を支払います。

旅程保証

旅行業約款の別表第2〔変更補償金〕に記載の変更が生じた場合は、旅行業者は変更補償金を旅行終了日の翌日から起算して30日以内に支払わなければなりません。次の場合は免責となり、変更補償金は支払われません。

POINT　変更補償金を支払わなくてもよい変更事由

①旅行業者・手配代行者の故意・過失　⇒　損害賠償金で対応

②受注型　旅行者の依頼により変更

③解除された部分に係る変更〔契約解除後の変更〕

④旅行業者の関与し得ない事由

イ　天災地変　ロ　戦乱　ハ　暴動　ニ　官公署の命令

ホ　運送・宿泊機関等の旅行サービス提供の中止

ヘ　当初の運行計画によらない運送サービスの提供

ト　旅行参加者の生命又は身体の安全確保のため必要な措置

注：旅行業者の関与し得ない事由でも、運送・宿泊機関等が旅行サービスの提供を行っているにもかかわらず、運送・宿泊機関等の座席、部屋その他の諸設備の不足が発生したことによるものは除く。
〔過剰予約受付の場合は、変更補償金を支払う〕

変更補償金の額

変更補償金は旅行者からの請求がなくても支払われますが、旅行者１名に対して１企画旅行につき旅行代金に15%以上の旅行業者が定める率を乗じた額をもって限度とします。また、1,000円未満であるときは、変更補償金を支払いません。

旅行業者が変更補償金を支払った後に、旅行業者の損害賠償責任が明らかになった場合は、変更補償金を返還します。旅行業者は、損害賠償金の額と旅行者が返還すべき変更補償金の額とを相殺（そうさい）した残額を支払います。

POINT 変更補償金の額と支払期限

変更補償金の額	旅行代金の15%以上の旅行業者が定める率を乗じた額が限度。〔ただし、１企画旅行につき変更補償金の合計が1,000円未満の場合は支払われない。〕
変更補償金の支払期限	旅行終了日の翌日から起算して30日以内

● 変更補償金 別表第２

変更補償金の支払いが必要となる変更	一件あたりの率（%）	
	旅行開始前	旅行開始後
1　契約書面に記載した旅行開始日又は旅行終了日の変更	1.5	3.0
2　契約書面に記載した入場する観光地又は観光施設〔レストランを含む。〕その他の旅行の目的地の変更	1.0	2.0
3　契約書面に記載した運送機関の等級又は設備のより低い料金のものへの変更〔変更後の等級及び設備の料金の合計額が契約書面に記載した等級及び設備のそれを下回った場合に限る。〕	1.0	2.0
4　契約書面に記載した運送機関の種類又は会社名の変更	1.0	2.0
5　契約書面に記載した本邦内の旅行開始地たる空港又は旅行終了地たる空港の異なる便への変更	1.0	2.0
6　契約書面に記載した本邦内と本邦外との間における直行便の乗継便又は経由便への変更	1.0	2.0

7　契約書面に記載した宿泊機関の種類又は名称の変更	1.0	2.0
8　契約書面に記載した宿泊機関の客室の種類、設備、景観その他の客室の条件の変更	1.0	2.0
9　募集型のみ 前各号に掲げる変更のうち契約書面のツアー・タイトル中に記載があった事項の変更	2.5	5.0

注１：「旅行開始前」とは、当該変更について旅行開始日の前日までに旅行者に通知した場合をいい、「旅行開始後」とは、当該変更について旅行開始当日以降に旅行者に通知した場合をいいます。

注２：確定書面が交付された場合には、「契約書面」とあるのを「確定書面」と読み替えた上で、この表を適用します。この場合において、契約書面の記載内容と確定書面の記載内容との間又は確定書面の記載内容と実際に提供された旅行サービスの内容との間に変更が生じたときは、それぞれの変更につき１件として取り扱います。

注３：３又は４に掲げる変更に係る運送機関が宿泊設備の利用を伴うものである場合は、１泊につき１件として取り扱います。

注４：４に掲げる運送機関の会社名の変更については、等級又は設備がより高いものへの変更を伴う場合には適用しません。

注５：４又は７若しくは８に掲げる変更が１乗車船等又は１泊の中で複数生じた場合であっても、１乗車船等又は１泊につき１件として取り扱います。

注６：９に掲げる変更については、１から８までの率を適用せず、９によります。募集型のみ

POINT 変更補償金の注意点

①運送機関の等級・設備の変更

低いものへの変更〔ランクが下がった場合〕のみが対象

注：新幹線の普通車からグリーン車への変更　⇒　支払い対象外

②運送機関の会社名の変更

会社名の変更により等級・設備が高いものへの変更は対象外

例　A航空のエコノミークラスからB航空のビジネスクラスへの変更
⇒航空会社が変更になったが、高いクラスへの変更なので支払い対象外

③宿泊機関の変更

ランクの高いものへの変更でも支払い対象

④旅行開始前と旅行開始後

旅行開始前	旅行開始日の前日までに旅行者に通知した場合
旅行開始後	旅行開始当日以降に旅行者に通知した場合

例　旅行当日に変更を通知した場合 ⇒ 旅行出発前でも旅行開始後

3 旅行者の責任

旅行業者だけでなく、旅行者も旅行業者に損害を与えたときは損害賠償責任を負うことになります。

募集型 第30条・受注型 第31条【旅行者の責任】

1 旅行者の故意又は過失により旅行業者が損害を被ったときは、当該旅行者は、損害を賠償しなければなりません。

2 旅行者は、募集型（受注型）企画旅行契約を締結するに際しては、旅行業者から提供された情報を活用し、旅行者の権利義務その他の募集型（受注型）企画旅行契約の内容について理解するよう努めなければなりません。

3 旅行者は、旅行開始後において、契約書面に記載された旅行サービスを円滑に受領するため、万が一契約書面と異なる旅行サービスが提供されたと認識したときは、旅行地において速やかにその旨を旅行業者、旅行業者の手配代行者又は当該旅行サービス提供者に申し出なければなりません。

旅行者の責任

旅行者の故意または過失で旅行業者が損害を被(こうむ)ったときは、旅行者は損害賠償しなければなりません。旅行業者だけでなく、旅行者も旅行業者に損害を与えたときは損害賠償責任を負うということになります。

旅行者は旅行業者から提供された情報を活用し、旅行者の権利義務、旅行契約の内容について理解するよう努めなければなりません。

また、旅行開始後に契約書面と異なる旅行サービスが提供されたときは、旅行地において速やかに申し出なければなりません。旅行地で申し出てくれれば契約書面に沿うように対処(たいしょ)できますが、帰宅してから申し出てもどうしようもないことから、現地で速やかにとなっています。

POINT 旅行者の責任

①旅行者は提供された情報を活用し、旅行者の権利義務、旅行契約の内容について理解するよう努める。

②旅行開始後に契約書面と異なると認識したときは、旅行地において速やかに申し出る。

8 旅行業約款 特別補償規程

1 特別補償

特別補償金には、①死亡補償金、②後遺障害補償金、③入院見舞金、④通院見舞金、⑤携帯品損害補償金があり、①〜④をまとめて「補償金等」といいます。

募集型 第28条・受注型 第29条【特別補償】

1　旅行業者は、前条（P.106）第１項の規定に基づく旅行業者の責任が生ずるか否かを問わず、別紙特別補償規程で定めるところにより、旅行者が募集型（受注型）企画旅行参加中にその生命、身体又は手荷物の上に被った一定の損害について、あらかじめ定める額の補償金及び見舞金を支払います。

2　前項の損害について旅行業者が前条（P.106）第１項の規定に基づく責任を負うときは、その責任に基づいて支払うべき損害賠償金の額の限度において、旅行業者が支払うべき前項の補償金は、当該損害賠償金とみなします。

3　前項に規定する場合において、第１項の規定に基づく旅行業者の補償金支払義務は、旅行業者が前条第１項の規定に基づいて支払うべき損害賠償金〔前項の規定により損害賠償金とみなされる補償金を含みます。〕に相当する額だけ縮減するものとします。

4　旅行業者の募集型（受注型）企画旅行参加中の旅行者を対象として、別途の旅行代金を収受して旅行業者が実施する募集型企画旅行については、主たる募集型（受注型）企画旅行契約の内容の一部として取り扱います。

第１条【旅行業者の支払責任】 別紙　特別補償規程

1　旅行業者は、旅行業者が実施する企画旅行に参加する旅行者が、その企画旅行参加中に急激かつ偶然な外来の事故〔以下「事故」といいます。〕によって身体に傷害を被ったときに、旅行者又はその法定相続人に死亡補償金、後遺障害補償金、入院見舞金及び通院見舞金〔以下「補償金等」といいます。〕を支払います。

2　前項の傷害には、身体外部から有毒ガス又は有毒物質を偶然かつ一時に吸入、吸収又は摂取したときに急激に生ずる中毒症状〔継続的に吸入、吸収又は摂取した結果生ずる中毒症状を除きます。〕を含みます。ただし、細菌性食物中毒は含みません。

特別補償

旅行業者の責任が生ずるか否かを問わず、旅行者が企画旅行参加中に急激かつ偶然な外来の事故によって、生命・身体・手荷物に損害を被ったときは、旅行業者は旅行者に補償金・見舞金を支払います。

有毒ガス・有害物質を吸入したことによる中毒症状は含みますが、継続的に吸入した中毒症状は含みません。また、細菌性食物中毒〔食中毒〕は特別補償の対象外です。

補償金と損害賠償金

見舞金を除いた死亡補償金・後遺障害補償金と損害賠償金は重複して支払いません。補償金は損害賠償金とみなされ、補償金は損害賠償金の額だけ縮減します。

例	死亡補償金	損害賠償金		実際の支払額
	1,500万円	2,000万円	⇒	2,000万円
	1,500万円	500万円	⇒	1,500万円

2 企画旅行参加中

旅行者が途中での離脱及び復帰の予定日時をあらかじめ届け出ていれば、離脱の時から復帰の予定の時までは「企画旅行参加中」となります。

第2条（用語の定義） 別紙　特別補償規程

1　〔省略〕

2　この規定において「企画旅行参加中」とは、旅行者が企画旅行に参加する目的をもって旅行業者があらかじめ手配した乗車券類等によって提供される当該企画旅行日程に定める最初の運送・宿泊機関等のサービスの提供を受けることを開始した時から最後の運送・宿泊機関等のサービスの提供を受けることを完了した時までの期間をいいます。ただし、旅行者があらかじめ定められた企画旅行の行程から離脱する場合において、離脱及び復帰の予定日時をあらかじめ旅行業者に届け出ていたときは、離脱の時から復帰の予定の時までの間は「企画旅行参加中」とし、また、旅行者が離脱及び復帰の予定日時をあらかじめ旅行業者に届け出ることなく離脱したとき又は復帰の予定なく離脱したときは、その離脱の時から復帰の時までの間又はその離脱した時から後は「企画旅行参加中」とはいたしません。また、当該企画旅行日程に、旅行者が旅行業者の手配に係る運送・宿泊機関等のサービスの提供を一切受けない日〔旅行地の標準時によります。〕が定められている場合において、その旨及び当該日に生じた事故によって旅行者が被った損害に対しこの規定による補償金及び見舞金の支払いが行われない旨を契約書面に明示したときは、当該日は「企画旅行参加中」とはいたしません。

3　前項の「サービスの提供を受けることを開始した時」とは、次の各号のいずれかの時をいいます。

(1)　添乗員、旅行業者の使用人又は代理人が受付を行う場合は、その受付完了時

(2)　前号の受付が行われない場合において、最初の運送・宿泊機関等が、

イ　航空機であるときは、乗客のみが入場できる飛行場構内における手荷物の検査等の完了時

ロ　船舶であるときは、乗船手続の完了時

ハ　鉄道であるときは、改札の終了時又は改札のないときは当該列車乗車時

ニ　車両であるときは、乗車時

ホ　宿泊機関であるときは、当該施設への入場時

ヘ　宿泊機関以外の施設であるときは、当該施設の利用手続終了時

とします。

4　第２項の「サービスの提供を受けることを完了した時」とは、次の各号のいずれかの時をいいます。

(1)　添乗員、旅行業者の使用人又は代理人が解散を告げる場合は、その告げた時

(2)　前号の解散の告知が行われない場合において、最後の運送・宿泊機関等が、

イ　航空機であるときは、乗客のみが入場できる飛行場構内からの退場時

ロ　船舶であるときは、下船時

ハ　鉄道であるときは、改札終了時又は改札のないときは当該列車降車時

ニ　車両であるときは、降車時

ホ　宿泊機関であるときは、当該施設からの退場時

ヘ　宿泊機関以外の施設であるときは、当該施設からの退場時

とします。

企画旅行参加中

募集型・受注型企画旅行のどちらに参加中でも特別補償規程の対象になりますが、企画旅行参加中とは企画旅行日程に定める「最初の運送・宿泊機関等のサービスの提供を受けることを開始した時」から「最後の運送・宿泊機関等のサービスの提供を受けることを完了した時」までをいいます。

企画旅行の開始時期と終了時期は次のとおりです。

POINT 企画旅行参加「開始時期」

添乗員等の受付がある			受付完了時
添乗員等の受付がない	最初の運送機関等	航空機	乗客のみが入場できる飛行場構内における手荷物検査等の完了時
		船舶	乗船手続完了時
		鉄道	改札終了時
			改札がないとき⇒列車乗車時
		車両	乗車時
	最初の宿泊機関等	宿泊機関	施設への入場時
		宿泊機関以外の施設	施設の利用手続終了時

注：航空機・宿泊機関の場合は間違えやすいので注意する。チェックイン完了時ではない。
航空機は2014年7月に変更となっている。

POINT 企画旅行参加「終了時期」

添乗員等が解散を告げる場合			解散を告げた時
解散の告知がない	最後の運送機関等	航空機	乗客のみが入場できる飛行場構内からの退場時
		船舶	下船時
		鉄道	改札終了時
			改札がないとき⇒列車降車時
		車両	降車時
	最後の宿泊機関等	宿泊機関	施設からの退場時
		宿泊機関以外の施設	施設からの退場時

注：航空機の場合は間違えやすいので注意する。降機時ではない。

企画旅行参加中の注意点

企画旅行参加中とは「最初の旅行サービスの提供を受けることを開始した時」から「最後の旅行サービスの提供を受けることを完了した時」までをいいますので、自由行動中も企画旅行参加中となります。

ただし、企画旅行日程中に運送・宿泊機関等のサービスの提供を一切受けない日で、補償金等の支払いが行われない旨を契約書面に明示したときは、その日は「企画旅行参加中」とはならず、特別補償の対象外となります。

また、企画旅行の行程から離脱する場合の扱いは、次のようになります。違いに注意してください。

POINT 企画旅行の離脱

離脱・復帰の予定がある	予定日時を届け出	離脱から復帰まで企画旅行参加中
	予定日時を届け出ることなく離脱	離脱から復帰まで企画旅行参加中でない
復帰の予定なく離脱		離脱した時から後、企画旅行参加中でない

●現地で参加する募集型企画旅行〔オプショナルツアー〕の扱い

企画旅行参加中の自由行動中を利用して、別途旅行代金を払い任意で参加する募集型企画旅行を通常「オプショナルツアー」と呼んでいます。主たる企画旅行と同じ旅行業者のオプショナルツアーに参加しても、それは主たる企画旅行契約の内容の一部として扱います。よって、その場合は特別補償が二重に払われることはありません。

3 補償金等を支払わない場合

旅行者の故意、脳疾患・妊娠によるものなど一定の場合は特別補償対象外となり、補償金等の支払いは行われません。

補償金等を支払わない場合　その1

次の場合は特別補償対象外で、補償金等の支払いは行われません。支払われない場合について、特にしっかり覚えておきましょう。

POINT 補償金等を支払わない場合　その1

①旅行者の故意
②死亡補償金を受け取るべき者の故意
③旅行者の自殺行為・犯罪行為・闘争行為
④無免許運転・飲酒運転による事故
⑤法令違反による事故
⑥旅行者の脳疾患・心神喪失
⑦旅行者の妊娠・出産・早産・流産・外科的手術
⑧旅行者の刑の執行・拘留・入監中に生じた事故
⑨戦争・外国の武力行使・革命・政権奪取・内乱・武装反乱・暴動
⑩核燃料物質による事故・放射能汚染
⑪頸部（けいぶ）症候群〔むちうち症〕・腰痛で他覚症状のないもの
⑫地震・噴火・津波による事故〔国内旅行限定〕

注：旅行者本人は支払対象外であるが、巻き添えになった旅行者については支払われます。

補償金等を支払わない場合　その2

危険な行為に該当する山岳登はん〔ピッケル・アイゼン・ザイル等の登山用具を使用するもの〕・スカイダイビング・ハンググライダー搭乗・リュージュ・ボブスレーなどによる傷害は免責対象です。補償金等は支払いません。しかし、あらかじめ旅行日程に含まれている場合は、旅行日程外の企画旅行参加中に同種の行為によって生じた傷害も補償対象で、自由行動中に起きた場合でも支払われます。

例 スカイダイビングで死亡した場合

全日程フリープラン	スカイダイビング体験ツアー	
自由行動中にスカイダイビングで死亡	体験中にスカイダイビングで死亡	自由行動日にスカイダイビングで死亡
危険な行為なので補償対象外	あらかじめ日程に含むので補償対象	日程外の自由行動日でも補償対象

補償金等を支払わない場合　その3

旅行業者は、旅行者または死亡補償金を受け取るべき者が次のいずれかに該当する場合は、補償金等を支払わないことがあります。

ただし、その者が死亡補償金の一部の受取人である場合は、他の者が受け取るべき金額については支払われます。

〔暴力団排除規定として2014年7月の改正で追加された部分です。〕

POINT　補償金等を支払わない場合　その3

①反社会的勢力〔暴力団、暴力団員、暴力準備構成員、暴力団関係企業〕に該当すると認められること

②反社会的勢力に対して資金等を提供し、または便宜(べんぎ)を供与(きょうよ)する等の関与をしていると認められること

③反社会的勢力を不当に利用していると認められること

④その他反社会的勢力と社会的に非難されるべき関係を有していると認められること

●特別補償金　国内旅行と海外旅行の違い〔参考〕

死亡補償金　海外旅行2,500万円〔国内旅行1,500万円〕

入院見舞金
通院見舞金　} 海外旅行は国内旅行の2倍の金額

例 入院見舞金　7日未満の場合
国内旅行　2万円
海外旅行　4万円

4 補償金等の種類と支払額

死亡補償金と後遺障害補償金は重複して支払われません。

●国内旅行の特別補償の概要

補償金等の種類	支払要件〔企画旅行中の事故による場合〕	補償金等の額	
死亡補償金	事故の日から180日以内に死亡	1,500万円	
後遺障害補償金	事故の日から180日以内に後遺障害が生じた場合注3	程度に応じ、死亡補償金の3%〜100%	
入院見舞金	事故の日から180日以内に入院した場合注4	入院日数	金額
		180日以上	20万円
		90日〜180日未満	10万円
		7日〜 90日未満	5万円
		7日未満	2万円
通院見舞金	事故の日から180日以内に3日以上通院した場合注5	通院日数	金額
		90日以上	5万円
		7日〜90日未満	2万5,000円
		3日〜7日未満	1万円
携帯品損害補償金	旅行者所有・身回品の損害の場合〔託送は対象外〕注8	旅行者1名につき15万円まで 1個・1対につき10万円まで 〔1事故3,000円までは支払われない〕	

注1：死亡補償金と後遺障害補償金は重複して支払われません。
注2：死亡補償金・後遺障害補償金と入院見舞金・通院見舞金は重複可
　例 死亡補償金＋入院見舞金　後遺障害補償金＋入院見舞金　後遺障害補償金＋通院見舞金
注3：180日を超えてなお治療を要する状態にあるときは、181日目の医師の診断に基づき障害の程度を認定して、後遺障害補償金を支払う。
注4：入院しなくても医師の治療を受け、平常の業務に従事・生活できない状態にある期間は入院日数とみなす。
注5：通院しなくてもギプス等装着で平常の業務・生活に著しい支障があり、旅行業者が認めたときは、その期間を通院日数とみなす。
注6：入院見舞金と通院見舞金は重複して支払われません。
　次のどちらか金額の大きいもののみの支払い
　①入院日数に対する入院見舞金
　②通院日数に入院日数を加えた日数を通院日数とみなし、その日数に対する通院見舞金
　例 国内旅行で3日間入院し、その後5日間通院する。
　　①入院見舞金　3日で2万円
　　②通院見舞金　3日＋5日＝8日で2万5,000円
　　②の方が金額が大きいので、2万5,000円の支払い
注7：死亡の推定
　旅行者が搭乗する航空機や船舶が行方不明や遭難してから30日を経過しても旅行者が発見されない場合は、行方不明となった日または遭難した日に死亡したものとします。
注8：携帯品損害補償金は損害補償品の地および時における価額または修繕費のいずれか低い金額

5 携帯品損害補償金

旅行者が企画旅行参加中に生じた偶然な事故によって、所有の身の回り品に損害を被ったときは携帯品損害補償金が支払われます。

損害補償金を支払わない場合　その1

次の事由で生じた損害に対しては、携帯品損害補償金は支払われません。特に⑥～⑪は注意が必要です。

POINT　携帯品損害補償金を支払わない場合　その1

①旅行者の故意　②旅行者と世帯を同じくする親族の故意
③旅行者の自殺行為・犯罪行為・闘争行為
④無免許運転・飲酒運転による事故
⑤法令違反による事故
⑥差押え・没収・破壊等国や公共団体の公権力の行使
⑦瑕疵（かし）
⑧自然の消耗・さび・かび・変色・ねずみ食い・虫食い
⑨単なる外観の損傷で機能に支障をきたさない損害
⑩液体の流出〔ただし、流出によって他の物に生じた損害は対象〕
例　ワインが割れ、バッグ内にあったパソコンが損害
⇒ワインは対象外だが、パソコンは対象
⑪置き忘れ・紛失
⑫地震・噴火・津波による事故〔国内旅行限定〕

注：⑥～⑪以外はP.117補償金等を支払わない場合その1とほぼ同様

補償金等を支払わない場合　その2

補償金等を支払わない場合　その3（P.118）と同様に2014年7月の改正で追加された部分です。内容はほぼ同様ですが、携帯損害補償金には⑤が追加されています。

POINT 損害補償金を支払わない場合　その2

①反社会的勢力〔暴力団等〕に該当すると認められること
②反社会的勢力に対して資金等を提供し、または便宜(べんぎ)を供与(きょうよ)する等の関与をしていると認められること
③反社会的勢力を不当に利用していると認められること
④その他反社会的勢力と社会的に非難されるべき関係を有していると認められること
⑤法人である場合において、反社会的勢力がその法人を支配し、またはその法人の経営に実質的に関与していると認められること

注：補償金等（P.118）は①～④だが、携帯品損害補償金には⑤が追加されている。

損害補償の対象品外

支払いの補償対象品は、旅行者が企画旅行参加中に携行する旅行者所有の身の回り品に限ります。ただし、次のものは補償対象品に含まれません。

POINT 携帯品損害補償の対象品外

①現金・小切手・有価証券・印紙・切手
②クレジットカード・クーポン券・航空券・パスポート
③稿本(こうほん)・設計書・図案・帳簿〔磁気テープ・CD-ROM等記録媒体(ばいたい)に記録されたものを含む〕
④船舶〔ヨット・モーターボート・ボートを含む〕・自動車・原動機付自転車およびこれらの付属品
⑤山岳登(と)はん用具・探検用具
⑥義肢(ぎし)・義歯(ぎし)・コンタクトレンズ
⑦動物・植物

注：損害に対して保険金を支払うべき保険契約がある場合は、支払われる場合であったとしても損害補償金の額を減額することがあります。

●身体に対する補償金と携帯品損害補償金の違い

	第三者に対する損害賠償請求権
身体に対する補償金	旅行業者に移転しない
携帯品損害補償金	旅行業者に移転する

旅行業約款

手配旅行契約　1.契約の締結

1 用語の定義

手配旅行契約と企画旅行契約は多くの共通点があります。試験では異なる部分についての出題が多いので、この項では相違点についてあげておきます。両者の相違点について特に注意しておきましょう。

第２条【用語の定義】

1　「手配旅行契約」とは、旅行業者が旅行者の委託により、旅行者のため代理、媒介又は取次をすること等により旅行者が運送・宿泊機関等の提供する運送・宿泊その他の旅行に関するサービス〔以下「旅行サービス」といいます。〕の提供を受けることができるように、手配することを引き受ける契約をいいます。

2　〔省略〕

3　この約款で「旅行代金」とは、旅行業者が旅行サービスを手配するために、運賃、宿泊料その他の運送・宿泊機関等に対して支払う費用及び旅行業者所定の旅行業務取扱料金〔変更手続料金及び取消手続料金を除きます。〕をいいます。

手配旅行契約

企画旅行は旅行業者が旅行の計画を作成し、実施するものですが、「手配旅行」は旅行者の委託により旅行業者が旅行サービスの手配をするものです。旅行の内容は旅行者が決めるというのが企画旅行との大きな違いです。

たとえば、「宿の予約を取ってください。航空券の予約をお願いします」と旅行者が旅行業者に頼んでくるものが手配旅行です。

旅行代金

手配旅行の「旅行代金」には、運賃や宿泊料金など運送や宿泊機関に払う費用の他に、宿１件を予約したら500円などといった旅行業者の手数料にあたる旅行業務取扱料金も旅行代金の一部です。企画旅行には旅行業務取扱料金は存在しないので、注意しましょう。問題文の中に企画旅行と旅行業務取扱料金が一緒になっている選択肢があれば、それは誤りです。

POINT

●手配旅行と企画旅行

手配旅行	旅行業者が旅行者の委託により、旅行者が旅行サービスの提供を受けることができるように、手配するもの
募集型企画旅行	旅行業者が旅行者を募集するために、あらかじめ旅行の内容や旅行代金を定めて計画を作成し、実施するもの
受注型企画旅行	旅行業者が旅行者からの依頼により、旅行の内容や旅行代金を定めて計画を作成し、実施するもの

●手配旅行の旅行代金

旅行代金＝運送・宿泊機関等に対して支払う費用＋旅行業務取扱料金〔変更手続料金・取消手続料金除く〕

第３条【手配債務の終了】

旅行業者が善良な管理者の注意をもって旅行サービスの手配をしたときは、手配旅行契約に基づく旅行業者の債務の履行は終了します。したがって、満員、休業、条件不適当等の事由により、運送・宿泊機関等との間で旅行サービスの提供をする契約を締結できなかった場合であっても、旅行業者がその義務を果たしたときは、旅行者は、旅行業者に対し、旅行業者所定の旅行業務取扱料金〔以下「取扱料金」といいます。〕を支払わなければなりません。通信契約を締結した場合においては、カード利用日は、旅行業者が運送・宿泊機関等との間で旅行サービスの提供をする契約を締結できなかった旨、旅行者に通知した日とします。

手配債務の終了

旅行業者が善良な管理者の注意をもって旅行サービスの手配をしたときは、旅行業者の債務(さいむ)の履行(りこう)は終了します。旅行業者は手配をすることを引き受けるものであって、予約が取れることまで保証するものではありません。よって、精一杯手配してみたが、満員・休業等の理由で旅行サービスの手配ができなかったとしても、旅行者は旅行業務取扱料金を支払わなければなりません。

2 契約の締結・成立

手配旅行契約では申込金なしで契約を成立させることができます。その場合の契約成立はいつかを覚えておきましょう。

契約締結の拒否

手配旅行契約の旅行業者の契約締結の拒否権は、次の5項目のみです。

●旅行業者の契約締結の拒否権

①旅行業者の業務上の都合があるとき
②通信契約の場合、クレジットカードが無効等で決済できないとき
③旅行者が、暴力団員、暴力団準構成員、暴力団関係者、暴力団関係企業または総会屋その他の反社会的勢力であると認められるとき
④旅行者が、旅行業者に対して暴力的な要求行為、不当な要求行為、取引に関して脅迫的な言動もしくは暴力を用いる行為またはこれらに準ずる行為を行ったとき
⑤旅行者が、風説（ふうせつ）を流布（るふ）し、偽計（ぎけい）を用い、もしくは威力（いりょく）を用いて旅行業者の信用を毀損（きそん）し、もしくは業務を妨害する行為またはこれらに準ずる行為を行ったとき

契約成立の特則

手配旅行契約も企画旅行契約と同様、基本は申込金の受理で契約が成立するのですが、申込金の支払なしでも契約を成立させることがあります。旅行業者は書面による特約をもって、申込金の支払いを受けることなく、契約の締結の承諾のみにより手配旅行契約を成立させることがあります。

その場合の契約成立時期は書面において明らかにします。

乗車券および宿泊券等の特則

旅行業者は運送サービスまたは宿泊サービスの手配のみを目的とする手配旅行契約であって旅行代金と引換えに当該旅行サービスの提供を受ける権利を表示した書面〔＝乗車券、航空券、宿泊券など〕を交付するものについては、口頭による申込みを受け付けることがあります。

その場合の契約成立時期は旅行業者が契約の締結を承諾した時です。

POINT 申込金なしでの契約の成立時期

	契約成立時期
書面による特約	書面において明らかにする
運送または宿泊サービスの手配のみで、旅行代金と引換えに乗車券類を交付	〔口頭で申込みの受け付け〕 旅行業者が契約の締結を承諾した時
団体・グループ手配	契約責任者に契約書面を交付した時

契約書面

旅行業者は、契約成立後速やかに契約書面を交付します。これは企画旅行と同様です。ただし、手配旅行では契約書面を交付しないこともあります。これが企画旅行との違いなので注意しておきましょう。

旅行業者が手配するすべての旅行サービスについて乗車券類、宿泊券その他の旅行サービスの提供を受ける権利を表示した書面を交付するときは、契約書面の交付は不要です。それらが、契約書面と同様となります。

POINT 契約書面〔企画旅行との相違点〕

契約書面を交付しなくてもよい場合⇒旅行サービスの提供を受ける権利を表示した書面〔乗車券・宿泊券等〕をすべて交付するとき

確認問題

次の文章のうち、正しいものには○を、誤っているものには×をつけなさい。

問 手配旅行契約で「旅行代金」とは、旅行業者が旅行サービスを手配するために、運賃・宿泊料その他の運送・宿泊機関等に対して支払う費用をいい、旅行業務取扱料金は含まれない。

答 ☞× 手配旅行の旅行代金には旅行業務取扱料金も含む〔変更手続料金、取消手続料金は除く〕。

旅行業約款
手配旅行契約　2.契約の変更・解除、団体

1 変更

手配旅行では、旅行者は契約内容の変更を求めることができますが、旅行業者は可能な限り、この旅行者の求めに応じなければなりません。

第12条【契約内容の変更】

1　旅行者は、旅行業者に対し、旅行日程、旅行サービスの内容その他の手配旅行契約の内容を変更するよう求めることができます。この場合において、旅行業者は、可能な限り旅行者の求めに応じます。

2　前項の旅行者の求めにより手配旅行契約の内容を変更する場合、旅行者は、既に完了した手配を取り消す際に運送・宿泊機関等に支払うべき取消料、違約料その他の手配の変更に要する費用を負担するほか、旅行業者に対し、旅行業者所定の変更手続料金を支払わなければなりません。また、当該手配旅行契約の内容の変更によって生ずる旅行代金の増加又は減少は、旅行者に帰属するものとします。

契約内容の変更

受注型企画旅行と同様、手配旅行は旅行者からの依頼により手配するものであることから、旅行者は契約内容の変更を求めることができます。この場合、旅行業者は可能な限り旅行者の求めに応じます。

変更する際には旅行者は次のものを負担しなければなりません。

POINT　契約内容の変更での旅行者の負担

①運送・宿泊機関等に対しての取消料・違約料、変更に要する費用
②旅行業者所定の変更手続料金
③変更に伴う旅行代金の増減分

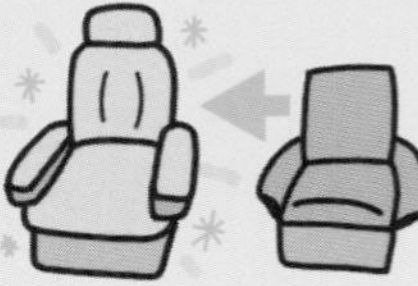

2 解除

旅行者は、いつでも、手配旅行契約の全部または一部を解除することができます。

第13条【旅行者による任意解除】

1　旅行者はいつでも手配旅行契約の全部又は一部を解除することができます。

2　前項の規定に基づいて手配旅行契約が解除されたときは、旅行者は、既に旅行者が提供を受けた旅行サービスの対価として、又はいまだ提供を受けていない旅行サービスに係る取消料、違約料その他の運送・宿泊機関等に対して既に支払い、又はこれから支払う費用を負担するほか、旅行業者に対し、旅行業者所定の取消手続料金及び旅行業者が得るはずであった取扱料金を支払わなければなりません。

第14条【旅行者の責に帰すべき事由による解除】

1　旅行業者は、次に掲げる場合において、手配旅行契約を解除することがあります。

(1)旅行者が所定の期日までに旅行代金を支払わないとき

(2)通信契約を締結した場合であって、旅行者の有するクレジットカードが無効になる等、旅行者が旅行代金等に係る債務の一部又は全部を提携会社のカード会員規約に従って決済できなくなったとき

2　〔省略〕

第15条【旅行業者の責に帰すべき事由による解除】

1　旅行者は、旅行業者の責に帰すべき事由により旅行サービスの手配が不可能となったときは、手配旅行契約を解除することができます。

2　前項の規定に基づいて手配旅行契約が解除されたときは、旅行業者は、旅行者が既にその提供を受けた旅行サービスの対価として、運送・宿泊機関等に対して既に支払い、又はこれから支払わなければならない費用を除いて、既に収受した旅行代金を旅行者に払い戻します。

3　前項の規定は、旅行者の旅行業者に対する損害賠償の請求を妨げるものではありません。

解除

1　旅行者の任意解除

旅行者は、いつでも契約の全部または一部を解除することができます。

2　旅行業者からの解除

次の場合、旅行業者は契約を解除することができます。

①旅行者が所定の期日までに旅行代金を支払わないとき ②通信契約で、クレジットカードが無効等、旅行代金を決済できなくなったとき ③手配旅行契約の旅行業者の契約締結拒否権（P.124）③～⑤暴力団排除事由のいずれかに該当することが判明したとき

3　旅行業者の責に帰すべき事由による解除

手配ミス等、旅行業者の責に帰すべき事由により旅行サービスの手配が不可能となったときは、旅行者は旅行開始前・開始後に関係なく、契約を解除することができます。その際、既（すで）に提供を受けた旅行サービスの対価以外は旅行者に払い戻します。旅行業者が悪いので、取消手続料金・旅行業務取扱料金等を旅行業者が収受することはできません。しかし、既に提供を受けた旅行サービスの対価分については旅行者負担となります。開始後は全額払い戻しではありませんので注意してください。

払い戻したからといって、損害賠償の請求を妨げるものではありません。

●解除での旅行者の負担

契約を解除した場合、旅行者の負担は次のようになります。

POINT　解除での旅行者の負担

1　旅行者の任意解除　⇒①～④
2　旅行業者からの解除　⇒①～③
3　旅行業者の責に帰すべき事由による解除　⇒④

①未提供の運送・宿泊機関等に対しての取消料・違約料 ②旅行業者所定の取消手続料金 ③旅行業者が得るはずであった旅行業務取扱料金 ④既に提供を受けた旅行サービスの対価〔旅行開始後の場合〕

3 旅行代金

旅行者は、旅行開始前の旅行業者が定める期日までに旅行代金を支払わなければなりません。

第16条【旅行代金】

1　旅行者は、旅行開始前の旅行業者が定める期日までに、旅行業者に対し、旅行代金を支払わなければなりません。

2　通信契約を締結したときは、旅行業者は、提携会社のカードにより所定の伝票への旅行者の署名なくして旅行代金の支払いを受けます。この場合において、カード利用日は、旅行業者が確定した旅行サービスの内容を旅行者に通知した日とします。

3　旅行業者は、旅行開始前において、運送・宿泊機関等の運賃・料金の改訂、為替相場の変動その他の事由により旅行代金の変動が生じた場合は、当該旅行代金を変更することがあります。

4　前項の場合において、旅行代金の増加又は減少は、旅行者に帰属するものとします。〔第５項省略〕

第17条【旅行代金の精算】

1　旅行業者は、旅行業者が旅行サービスを手配するために、運送・宿泊機関等に対して支払った費用で旅行者の負担に帰すべきもの及び取扱料金〔以下「精算旅行代金」といいます。〕と旅行代金として既に収受した金額とが合致しない場合において、旅行終了後、次項及び第３項に定めるところにより速やかに旅行代金の精算をします。

2　精算旅行代金が旅行代金として既に収受した金額を超えるときは、旅行者は、旅行業者に対し、その差額を支払わなければなりません。

3　精算旅行代金が旅行代金として既に収受した金額に満たないときは、旅行業者は、旅行者にその差額を払い戻します。

旅行代金

旅行代金は旅行開始前の旅行業者が定める期日までに支払わなければなりません。通信契約では、カード伝票への旅行者の署名なしで取り扱います。ここまでは、企画旅行と同様です。手配旅行の場合のカード利用日は、旅行業者が確定した旅行サービスの内容を旅行者に通知した日とします。

また、手配旅行は旅行者の依頼に基づいて手配するため、旅行の実施に要する費用は当然、旅行者の負担になります。よって、企画旅行と異なり、運送・宿泊機関等の運賃・料金の改訂、為替相場(かわせそうば)の変動などがあれば旅行代金を変更することができますし、旅行開始前の旅行代金と旅行終了後の旅行代金が異なれば、旅行終了後、速やかに旅行代金の精算をします。

POINT 手配旅行の旅行代金

①旅行の実施に要する費用	旅行者の負担〔旅行者に帰属〕
②運送・宿泊機関等の運賃・料金の改訂、為替相場の変動など	旅行代金を変更
③旅行開始前と終了後で旅行代金が異なる	旅行終了後、速やかに旅行代金の精算

4 団体・グループ手配

団体・グループの手配旅行では、契約責任者は構成者の名簿の提出ではなく、人数の通知でも構いません。また、受注型企画旅行と同様、申込金なしでの契約締結も可能です。

第19条【契約責任者】〔第1項及び第3項以降省略〕

2 契約責任者は、旅行業者が定める日までに、構成者の名簿を旅行業者に提出し、又は人数を旅行業者に通知しなければなりません。

第20条【契約成立の特則】

1 旅行業者は、契約責任者と手配旅行契約を締結する場合において、申込金の支払を受けることなく手配旅行契約の締結を承諾することがあります。

2 前項の規定に基づき申込金の支払を受けることなく手配旅行契約を締結する場合には、旅行業者は、契約責任者にその旨を記載した書面を交付するものとし、手配旅行契約は、旅行業者が当該書面を交付した時に成立するものとします。

団体・グループ手配

企画旅行とほぼ同様ですが、契約責任者は構成者の名簿の提出または人数を旅行業者に通知します。企画旅行の場合は必ず名簿を提出しなければいけませんが、手配旅行の場合は名簿の提出ではなく、人数の通知でも構いません。

また、受注型企画旅行と同様、申込金なしで締結を承諾させることがあります。その場合の契約成立時期は、旅行業者が契約責任者にその旨を記載した書面を交付した時になります。手配旅行の場合は、団体・グループ手配でなくても申込金なしで契約を締結させることができますが、その場合の契約成立時期の違いに注意してください。

POINT 団体・グループの手配旅行と企画旅行との違い

募集型企画旅行	名簿の提出	申込金なしの特則なし
受注型企画旅行	名簿の提出	申込金なしで契約締結可能
手　配　旅　行	名簿の提出または人数の通知	申込金なしで契約締結可能

POINT 申込金なしでの契約の成立時期

	契約成立時期
書面による特約	書面において明らかにする
運送または宿泊サービスの手配のみで、旅行代金と引換えに乗車券類を交付	〔口頭で申込みの受け付け〕 旅行業者が契約の締結を承諾した時
団体・グループ手配	契約責任者に契約書面を交付した時

手配旅行では契約責任者からの求めにより、添乗員を同行させ、添乗サービスを提供することがあります。その際は、旅行業者に所定の添乗サービス料を支払わなければいけません。

旅行業約款

旅行相談契約

1 旅行相談契約

旅行相談契約とは、旅行者が旅行の計画を作成するための助言や、旅行の計画の作成、必要な経費の見積りなどを行ったりするもので、相談料金を収受しない場合は旅行相談契約ではありません。

旅行相談契約

旅行相談契約とは、相談料金の収受を約束して、次の業務を行う契約です。相談料金を収受しない場合は旅行相談契約ではありません。相談料金は旅行業者が定める期日までに支払わなければなりません。

第2条【旅行相談契約の定義】

この約款で「旅行相談契約」とは、旅行業者が相談に対する旅行業務取扱料金〔以下「相談料金」といいます。〕を収受することを約して、旅行者の委託により、次に掲げる業務を行うことを引き受ける契約をいいます。

(1)旅行者が旅行の計画を作成するために必要な助言
(2)旅行の計画の作成
(3)旅行に必要な経費の見積り
(4)旅行地及び運送・宿泊機関等に関する情報提供
(5)その他旅行に必要な助言及び情報提供

第4条【相談料金】

旅行業者は第2条に掲げる業務を行ったときは、旅行者は、旅行業者に対し、旅行業者が定める期日までに、旅行業者所定の相談料金を支払わなければなりません。

POINT 旅行相談契約の業務

①旅行者が旅行の計画を作成するために必要な助言
②旅行の計画の作成
③旅行に必要な経費の見積り
④旅行地および運送・宿泊機関等に関する情報提供
⑤その他旅行に必要な助言および情報提供

第3条【契約の成立】

1　旅行業者と旅行相談契約を締結しようとする旅行者は、所定の事項を記入した申込書を旅行業者に提出しなければなりません。

2　旅行相談契約は、旅行業者が契約の締結を承諾し、前項の申込書を受理した時に成立するものとします。

3　旅行業者は、前2項の規定にかかわらず、申込書の提出を受けることなく電話、郵便、ファクシミリ、インターネットその他の通信手段による旅行相談契約の申込みを受け付けることがあります。この場合において、旅行相談契約は、旅行業者が契約の締結を承諾した時に成立するものとします。

4　旅行業者は、次に掲げる場合において、旅行相談契約の締結に応じないことがあります。

(1)旅行者の相談内容が公序良俗に反し、若しくは旅行地において施行されている法令に違反するおそれがあるとき

(2)〜(4)省略

(5)旅行業者の業務上の都合があるとき

PART 2 旅行業約款、運送約款及び宿泊約款

契約の成立

旅行相談契約を締結しようとする旅行者は、申込書を旅行業者に提出しなければなりません。企画旅行契約や手配旅行契約と異なり、申込金は必要ありません。申込金がないため、旅行相談契約の成立時期は「旅行業者が契約の締結を承諾し、申込書を受理した時」となります。

また、申込書の提出を受けることなく、電話等の通信手段により申込みを受け付けることがありますが、この場合は、旅行業者が契約の締結を承諾した時に契約は成立します。

POINT　契約の成立時期

①原　則 ⇒ 旅行業者が契約の締結を承諾し、申込書を受理した時

②申込書がない通信手段による申込み
⇒ 旅行業者が契約の締結を承諾した時

契約締結の拒否

旅行業者は、次の場合には契約の締結に応じないことがあります。また、④～⑥暴力団等判明した場合は、契約後でも解除できます。

POINT 旅行業者の契約締結の拒否権

①旅行業者の業務上の都合があるとき
②旅行者の相談内容が公序良俗に反するとき
③旅行地において施行されている法令に違反するおそれがあるとき
④旅行者が、暴力団員、暴力団準構成員、暴力団関係者、暴力団関係企業または総会屋その他の反社会的勢力であると認められるとき
⑤旅行者が、旅行業者に対して暴力的な要求行為、不当な要求行為、取引に関して脅迫的な言動もしくは暴力を用いる行為またはこれらに準ずる行為を行ったとき
⑥旅行者が、風説(ふうせつ)を流布(るふ)し、偽計(ぎけい)を用い、もしくは威力(いりょく)を用いて旅行業者の信用を毀損(きそん)し、もしくは業務を妨害する行為またはこれらに準ずる行為を行ったとき

第6条【旅行業者の責任】

1　旅行業者は、旅行相談契約の履行に当たって、旅行業者が故意又は過失により旅行者に損害を与えたときは、その損害を賠償する責に任じます。ただし、損害発生の翌日から起算して6ヶ月以内に旅行業者に対して通知があったときに限ります。

2　旅行業者は、旅行業者が作成した旅行の計画に記載した運送・宿泊機関等について、実際に手配が可能であることを保証するものではありません。したがって、満員等の事由により、運送・宿泊機関等との間で当該機関が提供する運送、宿泊その他の旅行に関するサービスの提供をする契約を締結できなかったとしても、旅行業者はその責任を負うものではありません。

旅行業者の責任

旅行業者が故意または過失により旅行者に損害を与えたときは、損害発

生の翌日から起算して6ヶ月以内に通知したときに限り、損害賠償責任を負います。旅行業者は、旅行の計画に記載した運送・宿泊機関等について、実際に手配が可能であることを保証するものではありません。したがって、満員や休業等で手配できなかったとしても、旅行業者はその責任を負うものではありません。

POINT 損害賠償通知期限

旅行相談契約　損害発生の翌日から起算して6ヶ月以内

注：企画・手配旅行契約は2年以内

POINT 旅行業者の責任

旅行計画に記載した運送・宿泊機関等について、実際に手配が可能であることを保証するものではない⇒満員や休業等で手配できなかったとしても、旅行業者は責任を負わない。

確認問題

次の文章が正しいものには○を、誤っているものには×をつけなさい。

問1 旅行業者は、申込書の提出を受けることなく電話による旅行相談契約の申込みを受け付けることができる。

答 ☞○　申込書の提出なくして通信手段によって契約の申込みを受け付けることがある。この場合、旅行業者が契約の締結を承諾した時に成立する。

問2 相談料金を収受することを約して、旅行者からの委託により、旅行に必要な経費の見積りを行うことは、旅行相談契約の業務の1つである。

答 ☞○　旅行に必要な経費の見積りは旅行相談契約の業務の1つ。他にどういうものがあるかも確認しておくこと。

問3 旅行業者は、旅行相談契約の履行に当たって、当該旅行業者が故意又は過失により旅行者に損害を与えたときは、損害発生の翌日から起算して6ヶ月以内に当該旅行業者に対して通知があったときに限り、その賠償する責任を負う。

答 ☞○　企画・手配旅行契約では通知期限は6ヶ月でなく、2年以内。

⑫ 一般貸切旅客自動車運送事業標準運送約款

1 運送の引受け

約款の科目のなかで毎年必ず1問は出題されています。最近は国内旅行実務でも出題されることがあります。

運送の引受けおよび継続の拒絶

バス会社は、運送の引受けや継続を拒絶、制限をすることがあります。

POINT 運送の引受け（継続）の拒絶

①運送の申し込みが約款によらないもの
②運送に適する設備がないとき
③運送に関し、申込者から特別な負担を求められたとき
④運送が法令の規定または公の秩序もしくは善良の風俗に反するものであるとき
⑤天災その他やむを得ない事由による運送上の支障があるとき
⑥旅客が乗務員の行う措置、乗務員の指示に従わないとき
⑦持込みを禁止された刃物その他の物品を携帯しているとき
⑧持込みを拒絶された物品を携帯しているとき
⑨泥酔（でいすい）した者または不潔な服装をした者で、他の旅客の迷惑となるおそれのあるとき
⑩監護者に伴われていない小児　⑪付添人を伴わない重病者
⑫感染症患者（一類・二類感染症、新型インフルエンザ感染症、もしくは指定感染症患者）、または新感染症の所見のあるもの

※運送の継続を拒絶　⇒　運送の全部が終了（⑤除く）

係員の指示

旅客は、バス会社の運転者、車掌その他の係員が安全確保と車内秩序の維持のために行う職務上の指示に従わなければなりません。

運送の申込み

バス会社に運送を申し込む者は、次の事項を記載した運送申込書を提出しなければなりません。

POINT 運送申込書の記載事項

①申込者の氏名（名称）・住所（連絡先）
②契約責任者の氏名（名称）・住所
③旅客の団体の名称
④乗車申込人員
⑤乗車定員別または車種別車両数
⑥配車日時・場所
⑦旅行日程
⑧運賃の支払方法
⑨運賃の割引を受けるときは、その旨
⑩特約事項の内容

注：乗客の氏名・名簿は不要

運送契約の成立

バス会社は、運送申込書の提出があり、運送を引き受けることとするときは、契約責任者に対し運賃および料金の支払いを求めます。

運賃・料金の20%以上の支払いがあったときに乗車券を発行し、その乗車券を契約責任者に交付したときに運送契約が成立します。（特別の定めをしたときは、運送を引き受けることとしたときに乗車券を発行）

POINT 運送契約の成立（原則）

①運賃・料金の20%以上の支払い	乗車券の発行
②乗車券を契約責任者に交付したとき	契約成立

運賃・料金の支払い（原則）

バス会社は、契約責任者に対し、運送申込書を提出する時に運賃及び料金の20%以上を、配車日の前日までに残額をそれぞれ支払うよう求めます。

POINT 運賃・料金の支払い（原則）

①運賃・料金の20%以上の支払い	運送申込書の提出時
②運賃・料金の残額の支払い	配車日の前日まで

運送契約の内容の変更

運送契約の成立後において、契約責任者が契約内容を変更しようとするときは、あらかじめ書面によりバス会社の承諾を求めなければなりません。ただし、緊急の場合、バス会社の認める場合は、書面の提出を要しません。

また、変更しようとする事項が当初と著しく相違する場合、その他運行上の支障がある場合は変更を承諾しないことがあります。

乗車券の再発行

乗車券を紛失・滅失した場合は、契約責任者の請求により配車日の前日に再発行に応じます。再発行された乗車券の券面には紛失または滅失（めっしつ）による再発行である旨を明示して、原券を無効とします。

2 責任・旅行業者との関係

企画旅行ではバス会社は契約責任者として旅行業者と運送契約を結びますが、手配旅行では旅行業者に手配旅行の実施を依頼した者と運送契約を結びます。

責任

バス会社は、自動車の運行によって、旅客の生命または身体を害したときは、生じた損害を賠償する責任があります。その場合の旅客に対する責任は、損害が車内において、または旅客の乗降中に生じた場合に限ります。

POINT バス会社の損害賠償の責任範囲

①車内　②旅客の乗降中

天災その他バス会社の責に帰することができない事由により輸送の安全の確保のため一時的に運行中止その他の措置をしたときは、これによって旅客が受けた損害を賠償する責任はありません。

旅客の責任

旅客の故意もしくは過失によりまたは旅客が法令もしくはこの運送約款の規定を守らないことによりバス会社が損害を受けたときは、その旅客に対し、その損害の賠償を求めます。

旅行業者との関係

旅行業者が企画旅行の実施のために運送を申し込む場合は、旅行業者を契約責任者として運送契約を結びます。手配旅行の実施のために申し込む場合は、旅行業者に手配旅行の実施を依頼した者と運送契約を結びます。この場合に、旅行業者が手配旅行の実施を依頼した者の代理人となるときは、当該旅行業者に対し、代理人である立証を求めることがあります。

POINT バス会社と旅行業者・旅客との関係

	運送契約者（契約責任者）
① 企 画 旅 行	旅行業者
② 手 配 旅 行	旅行業者に手配旅行の実施を依頼した者（旅客）

3 運賃・料金

運賃・料金及び違約料は「PART 3 ⑯ 貸切バス 運賃・料金」を参照。

バスの運賃・料金のほか、ガイド料・有料道路利用料・航送料・駐車料・乗務員の宿泊費等運送に関連する費用は、契約責任者（旅客）の負担とします。

13 フェリー標準運送約款

1 旅客運送の部

フェリー約款は、①旅客運送の部、②受託手荷物および小荷物運送の部、③特殊手荷物運送の部、④自動車航送の部の4つから成り立っています。約款の科目で毎年必ず1問は出題されていますが、ほとんど旅客運送の部から出題されています。

❶ 定　義

旅客等

旅　客	徒歩客及び自動車航送を行う場合にあっては、自動車の運転者、乗務員、乗客その他の乗車人
大　人	12歳以上の者（小学生を除く）
小　児	12歳未満の者及び12歳以上の小学生

注：12歳以上でも小学生であれば小児になるので注意。

手回り品

手回り品とは、旅客が自ら携帯または同伴して船室に持ち込む物で次のいずれかに該当するものをいいます。

POINT 手回り品

旅客が自ら携帯または同伴して船室に持ち込む次のいずれかの物

手　回　り　品	手回り品の中で無料のもの
3辺の長さの和が2m以下で、重量が30kg以下のもの	重量の和が20kg以下
車いす（旅客が使用するもの）	車いす
身体障害者補助犬（盲導犬・介助犬・聴導犬）	身体障害者補助犬

手回り品の船内持込みは2個に限ります（上記の車いす、身体障害者補助犬を除く）。ただし、フェリー会社が支障がないと認めたときは、2個を超えて持ち込むことができます。

❷ 運送の引き受け

運送申込みの拒絶・契約解除

フェリー会社は、次のいずれかに該当する場合は、運送契約の申込みを拒絶し、または締結した運送契約を解除することがあります。

POINT 運送申込みの拒絶・契約解除

①運航中止等の措置をとった場合
②旅客が次のいずれかに該当する場合
ア　一類・二類感染症、指定感染症の患者または新感染症の所見がある者
イ　泥酔者、薬品中毒者、他の乗船者の迷惑となるおそれのある者
ウ　重傷病者または小学校に修学していない小児で付添人のない者
エ　年齢、健康上その他の理由によって生命が危険にさらされ、または健康が著しく損なわれるおそれのある者
③旅客が、法令もしくはこの運送約款の規定に違反する行為を行い、または行うおそれがある場合
④運送契約の申込みがこの運送約款と異なる運送条件によるもの
⑤運送に関し、申込者から特別な負担を求められた場合

運航の中止等

フェリー会社は、法令の規定によるほか、次のいずれかに該当する場合は、予定した船便の発航の中止、または使用船舶、発着日時、航行経路もしくは発着港の変更の措置をとることがあります。

①気象または海象が船舶の航行に危険を及ぼすおそれがある場合
②天災、火災、海難、使用船舶の故障その他のやむを得ない事由が発生した場合
③災害時における円滑な避難、緊急輸送その他これらに類する旅客または貨物の輸送を行う場合
④船員その他運送に携（たずさ）わる者の同盟罷業（どうめいひぎょう）（ストライキ）その他の争議行為（そうぎこうい）が発生した場合

⑤乗船者の疾病（しっぺい）が発生した場合など生命が危険にさらされ、または健康が著しく損なわれるおそれがある場合
⑥使用船舶の奪取（だっしゅ）、破壊等の不法行為が発生した場合
⑦旅客が禁止行為に該当する行為をし、またはしようとしていると信ずるに足りる相当な理由がある場合
⑧官公署の命令または要求があった場合

③ 運賃・料金

運賃・料金

運賃・料金は地方運輸局長（運輸管理部長を含む）に届け出たものによります。また、運賃及び料金には旅客の食事代金は含まれていません。

（運賃・料金については、「PART 3 ⑭ フェリー　運賃・料金」を参照）

払戻し

（1）旅客の都合での払戻し

旅客の都合は、「PART 3 ⑭ フェリー　運賃・料金、②払戻し」を参照。

（2）旅客の都合以外での払戻し

①死亡・疾病等不可抗力の場合 通用期間後30日以内払戻し可能	払戻手数料200円
②船舶の故障等運行中止の場合	払戻手数料不要
③※所定時間以上の遅延（ちえん）到着の場合	特別急行料金・急行料金の払戻し （運賃の払戻し不可）

※正式には「急行便の所定の所要時間以内の時間でフェリー会社が定める時間以上」

④ 乗船券

乗船券の効力と通用期間

乗船券は、券面記載の乗船区間、通用期間、指定便、等級及び船室に限り使用することができます。（連絡運輸に係る運送は、全運送区間の連絡乗車船券を発行する。）

乗船券の通用期間は、指定便を除いて次のとおりとなります。

POINT 通用期間

	通用期間（有効期間）	
片道乗船券	100キロ未満	発売当日限り
	100キロ以上200キロ未満	2日間
	200キロ以上400キロ未満	4日間
	400キロ以上	7日間
往復乗船券	片道の2倍	
回数券	発売当日含めて2ヶ月間	

病気や旅客の不可抗力の場合、7日間を限度として通用期間の延長ができる。

旅客の乗船後に乗船券の通用期間が経過した場合は、そのまま継続して乗船する間に限り、乗船券の通用期間はその間延長されたものとみなします。

つまり、通用期間終了前に乗船すれば、乗船中に通用期間が経過しても乗船券に記載の目的地までそのまま乗船できます。

運賃及び料金の変更の取扱い

運賃及び料金が変更された場合に、変更前に発行された乗船券は、通用期間内に限り有効とします。

すなわち、運賃・料金の値上げ前に購入した乗船券は、通用期間内であればそのまま使用できます。

乗船変更と指定便発航後の特例

旅客が乗船券の通用期間の終了前（指定便の発航前）に変更を申し出た場合は、1回に限り変更できます。変更の手数料は無料です。

指定便の発航後に乗船船便の変更を申し出た場合は、フェリー会社は乗船券の券面記載の乗船日に発航する他の船便の輸送力に余裕がある場合に限り、2等船室への乗船変更の取扱いに応じます。

指定便に乗り遅れたりなどしての発航後の変更は、たとえ1等の乗船券を持っていたとしても、後続の船便の2等への変更に限ります。

乗越し等

乗船後に変更を申し出た場合には、輸送力に余裕があり、かつ、乗越しまたは上位の等級への変更となる場合に限り、その変更の取扱いに応じます。

乗船後は金額が安くなるような変更はできないと考えてください。

POINT 乗船変更

指定便の発航前	1回限り変更可
指定便の発航後	指定便の乗船日の2等に限り変更可
乗船後	乗越しまたは上位の等級への変更に限り可

乗船券の紛失

乗船券を紛失したときは、乗船券を再購入しなくてはいけません。その際に再購入した旨の証明書の発行を受けておけば、紛失した乗船券を通用期間経過後1年以内に発見したときに限り、再購入した旨の証明書を添えて運賃・料金の払戻しを請求することができます。

POINT 乗船券の紛失した場合の流れ

乗船券の紛失⇒再購入⇒通用期間経過後1年以内に発見⇒払戻し

不正乗船

旅客が、無効乗船券・不正乗船券・乗船券を持っていないでの乗船など不正に乗船した場合は、正規の運賃・料金のほかにこれらの2倍に相当する額の増運賃・料金を収受することがあります。この場合、乗船港が不明のときは始発港から乗船したとみなし、乗船した等級が不明のときは船舶の最上等級に乗船したものとみなします。

POINT 不正乗船

不正乗船の場合　⇒　正規の運賃・料金　＋　2倍の増運賃・料金

　＊乗船港不明　→　始発港から乗船とみなす

　＊等級不明　→　最上等級に乗船とみなす

5 賠償責任

旅客の身体に関する賠償責任

旅客が船長または係員の指示に従い、乗船港の乗降施設（改札口がある場合にあっては、改札口）に達した時から下船港の乗降施設（改札口）を離れた時までの間に、その生命または身体を害した場合は、運送人が運送に関し注意を怠らなかったことを証明した場合を除き、これにより生じた損害について賠償する責任を負います。

ただし、大規模な災害、震災の発生、生命または身体に重大な危険が及ぶおそれがある者の運送を行う場合は、フェリー会社は責任を負わないことがあります。

手回り品に関する賠償責任

船室に持ち込んだ手回り品は自己責任において保管しなければなりませんので、手回り品その他旅客の保管する物品の滅失、き損等により生じた損害については、フェリー会社またはその使用人に過失があったことが証明された場合に限り、これを賠償する責任を負います。

POINT 賠償責任範囲

旅客の身体	乗船港の乗降施設（改札口）に達した時から下船港の乗降施設（改札口）を離れた時まで
手回り品	自己責任　フェリー会社の過失の場合に限り賠償責任がある

2 受託手荷物及び小荷物運送の部

受託手荷物及び小荷物運送の部は旅客運送の部と共通点があります。

定義

受託手荷物	旅客が乗船区間について運送を委託するもので次のいずれかに該当するもの ①３辺の長さの和が２ｍ以下で、重量が30kg以下のもの ②車いす（旅客が使用するもの） ③身体障害者補助犬（盲導犬・介助犬・聴導犬）
小　荷　物	３辺の長さの和が２ｍ以下で、重量が30kg以下のものであって、フェリー会社が運送の委託を受けるもの

その他

運　賃	運賃には積卸し料は含まれているが、集荷(しゅうか)配達料は含まれていません。
損害賠償請求権	受託手荷物または小荷物の損害賠償請求は、引渡しの日より14日以内に文書で行わなければなりません。

3 特殊手荷物運送の部

特殊手荷物とは、旅客が乗船区間の運送を委託する、自動二輪車、原動機付自転車、自転車、乳母車、荷車などとその積載物品です。

特 殊 手 荷 物	旅客が乗船区間について運送を委託するもので次に掲げるもの及びその積載物品 ①道路運送車両法第２条第２項に規定する自動車であって、二輪のもの ②原動機付自転車 ③自転車、乳母車(うばぐるま)、荷車その他の軽車両であって人力で移動するもの

4 自動車航送の部

自動車の積込みおよび陸揚げは、自動車の運転者が行います。

積込みおよび陸揚げ	自動車の積込みおよび陸揚げは、船長または係員の指示に従い自動車の運転者が行うものとします。

確認問題

次の文章が正しいものには○を、誤っているものには×を記入しなさい。

問1 旅客は、手回り品を3個に限り、船室に持ち込むことができる。

答 ☞× 手回り品は3個でなく、2個に限り持ち込むことができる。ただし、手回り品の大きさ、乗船する船舶の輸送力等を勘案し、当該フェリー会社が支障ないと認めたときは、3個を超えて持ち込むことができる。

問2 小学校に修学していない小児で、付添人のない者は運送契約の申込みを拒絶されることがある。

答 ☞○ その他、泥酔者、薬物中毒者、他の乗船者の迷惑となるおそれのある者も申込みを拒絶されることがある。

問3 旅客の疾病により、フェリー会社が乗客の乗船を延長する措置をとった場合は、当該フェリー会社は乗船券の未使用区間について、30日間を限度として、その通用期間を延長する取扱いに応じる。

答 ☞× 7日を限度として延長することができる。

問4 旅客が指定便に係る乗船券について当該指定便の発航後に乗船船便の変更を申し出た場合には、フェリー会社は、当該乗船券の券面記載の乗船日に発航する他の船便の輸送力に余裕がある場合に限り、当該乗船券による2等船室への乗船変更の取扱いに応じる。

答 ☞○ 乗り遅れなどの発航後の変更は、その日の他の船便の2等船室への変更に限る。1等の乗船券を持っていても2等にしか変更できない。

問5 フェリー会社は、旅客が、船長又はフェリー会社の係員の指示に従い、乗船港の乗降施設（改札口がある場合にあっては、改札口。以下同じ。）に達した時から下船港の乗降施設を離れた時までの間に、その生命又は身体を害した場合は、これにより生じた損害について賠償する責任を負う。

答 ☞○ 乗船港の乗降施設（改札口）に達した時から下船港の乗降施設（改札口）を離れた時までの間が責任範囲。

14 モデル宿泊約款

1 モデル宿泊約款

宿泊約款は、毎年1～2問出題されています。問題数は少なく、出題されるところは限られていて、比較的、点数は取りやすいといえます。

❶ 宿泊契約の申込みと成立

宿泊契約の申込みと宿泊中の継続の申し入れ

宿泊契約の申込みをしようとする者は、次の事項をホテル（旅館）に申し出なければなりません。

①宿泊者名
②宿泊日および到着予定時刻
③宿泊料金
④その他、ホテル（旅館）が必要と認める事項

宿泊客が宿泊中に宿泊日を超えて宿泊の継続を申し入れた場合、ホテル（旅館）はその申し出がなされた時点で新たな宿泊契約の申込みがあったものとして処理します。注：変更や延長扱いではなく、新しい契約の申込みとします。

宿泊契約の成立

宿泊契約は、ホテル（旅館）が宿泊契約の申込みを承諾した時に成立します。

宿泊契約が成立したときは、宿泊期間の基本宿泊料を限度（3日を超えるときは3日間の基本宿泊料が限度）としてホテル（旅館）が定める申込金を指定する日までに支払わなければなりません。

POINT 宿泊契約の成立

ホテル（旅館）が申込みを承諾した時に成立⇒申込金の支払い
申込金＝宿泊期間の基本宿泊料を限度（3日を超えるときは3日間の基本宿泊料が限度）

申込金の支払い

宿泊客が申込金を指定した日までに支払わない場合、宿泊契約はその効力を失います。ただし、申込金の支払期日を指定するに当たり、ホテル（旅館）が宿泊客に告知した場合に限ります。

ホテル（旅館）は、契約の成立後、申込金の支払いを要しないこととする特約に応じることがあります。また、宿泊契約の申込みを承諾するに当たり、ホテル（旅館）が申込金の支払いを求めなかった場合及び申込金の支払期日を指定しなかった場合は、申込金の支払いを要しないこととする特約に応じたものとして取り扱います。

ホテル（旅館）の契約締結の拒否・契約解除権

次の者は、宿泊契約の締結に応じない、または契約後に解除できます。

POINT ホテル（旅館）の契約締結の拒否・契約解除権

①～⑩は契約締結の拒否、③～⑪は契約締結後に解除できる場合

①宿泊の申込みが、この約款によらないとき

②満室（満員）により客室の余裕がないとき

③宿泊客が、宿泊に関し、法令の規定、公の秩序もしくは善良の風俗に反する行為をするおそれがあると認められるとき

④宿泊客が次のイからハに該当すると認められるとき

イ　暴力団、暴力団員・準構成員、暴力団関係者その他の反社会的勢力

ロ　暴力団・暴力団員が事業活動を支配する法人その他の団体であるとき

ハ　法人でその役員のうちに暴力団員に該当する者があるもの

⑤宿泊客が他の宿泊客に著しい迷惑を及ぼす言動をしたとき

⑥宿泊客が特定感染症（一類・二類・新型インフルエンザ等・指定及び新感染症）の患者等であるとき

⑦宿泊に関し暴力的要求行為が行われ、または合理的な範囲を超える負担を求められたとき

PART 2 旅行業約款、運送約款及び宿泊約款

⑧宿泊客が、ホテル（旅館）に対し、その実施に伴う負担の過重であって他の宿泊客に対する宿泊に関するサービスの提供を著しく阻害するおそれのある要求等の行為を繰り返したとき
⑨天災、施設の故障、その他やむを得ない事由により宿泊させることができないとき
⑩都道府県の条例の規定に当てはまるとき
⑪寝室での寝たばこ、消防用設備等に対するいたずら、その他ホテル（旅館）が定める火災予防上必要な利用規則の禁止事項に従わないとき

注：宿泊契約の締結に応じない、または契約後に宿泊契約を解除した場合
　→　宿泊客はその理由の説明を求めることができる。

前記に基づいて宿泊契約を解除したときには、宿泊客がいまだ提供を受けていない宿泊サービス等の料金は収受しません。

宿泊契約の解除

宿泊客が連絡をしないで、宿泊当日の午後８時※（あらかじめ到着予定時刻を明示していた場合はその時刻を２時間※経過した時刻）になっても到着しないときは、その宿泊契約は、宿泊客により解除されたものとみなされることがあります。※午後８時・２時間は標準であり、異なる定めもできます。

❷ 宿　泊

宿泊の登録と宿泊料金の支払い

宿泊客は、宿泊日当日、ホテル（旅館）のフロントにおいて、次の事項を登録しなければなりません。

①宿泊客の氏名、年齢、性別、住所および職業
②外国人にあっては、国籍、旅券番号、入国地および入国年月日
③出発日および出発予定時刻
④その他、ホテル（旅館）が必要と認める事項

宿泊客が料金の支払いを旅行小切手、クレジットカード等通貨に代わる方法でするときは、あらかじめ登録時に呈示します。支払いは、宿泊客の出発の際またはホテル（旅館）が請求した時にフロントで行います。

POINT 宿泊手続きの流れ

①フロントで氏名等登録

②通貨以外で支払いする場合

⇒登録時に呈示（出発時または請求時に支払い）

ホテル（旅館）は宿泊客に客室を提供し、使用が可能になったのち、宿泊客が任意に宿泊しなかった場合でも宿泊料金の支払いを請求します。

客室の使用時間と利用規則の遵守（じゅんしゅ）・協力の求め

宿泊客がホテル（旅館）の客室を連続して使用する場合は、到着日及び出発日を除いて、終日使用することができます。

また、ホテル（旅館）は時間外（チェックアウト後）の客室の使用に応じることがありますが、その場合は追加料金がかかります。

POINT 時間外客室利用の追加料金

超過時間	追加料金
3時間まで	室料金の3分の1
6時間まで	室料金の2分の1
6時間以上	室料金の全額

※室料相当額は、基本宿泊料（1泊2食）の70%。

例 チェックアウトが午前11時のホテルで、1泊の室料21,000円の客室を午後1時まで延長使用した場合の追加料金

⇒2時間の超過なので、室料金の3分の1の追加料金

21,000×1／3＝7,000円

ホテル（旅館）は施設における特定感染症のまん延防止に必要な限度で、特定感染症国内発生期間に限り、宿泊客に対し感染防止に必要な協力を求めることができます。

宿泊客は、ホテル（旅館）内においては、ホテル（旅館）が定めて掲示した利用規則に従わなければなりません。

契約した客室が提供できないときの取扱い

宿泊客に契約した客室を提供できないときは、宿泊客の了解を得て、できる限り同一の条件による他の宿泊施設をあっせんします。

あっせんできないときは、違約金相当額の補償料を宿泊客に支払い、その補償料は損害賠償額に充当します。ただし、ホテル（旅館）の責めに帰すべき事由がないときは補償料を支払いません。

POINT 客室を提供できないとき

①宿泊客の了解を得て、できる限り同一条件の他の宿泊施設をあっせん
②あっせんできない時　⇒　補償料（違約金相当額）の支払い

❸ 責　任

寄託物の取扱い

宿泊客がフロントに預けた物品、現金および貴重品について、滅失(めっしつ)、毀損(きそん)等の損害が生じたときは、それが不可抗力(ふかこうりょく)である場合を除き、損害を賠償します。ただし、現金および貴重品については、ホテル（旅館）がその種類および価額の明告を求めた場合であって、宿泊客がそれを行わなかったときは、ホテル（旅館）が定めた額を限度として賠償します。

宿泊客がフロントに預けなかった物品、現金および貴重品については、ホテル（旅館）の故意または過失による損害についてのみ賠償します。

POINT 寄託物の取扱い

①フロントに預けたもの	不可抗力を除き、損害を賠償
②フロントに預けなかったもの	ホテルの故意または過失のみ損害を賠償

注：フロントに預けた場合と預けなかった場合で損害賠償の扱いが異なるので注意！

宿泊客の手荷物または携帯品の保管

宿泊客の手荷物が、宿泊に先立ってホテル（旅館）に到着した場合は、

その到着前にホテル（旅館）が了解したときに限って責任をもって保管し、宿泊客がフロントにおいてチェックインする際に渡します。

宿泊客がチェックアウトしたのち、宿泊客の手荷物または携帯品がホテル（旅館）に置き忘れられていた場合で、その所有者からの指示がないとき、または所有者が判明しないときは、発見日を含め７日間保管し、その後最寄りの警察署に届けます。

POINT 忘れ物の取扱い

①所有者が判明	所有者に連絡、指示を求める
②所有者の指示がない 所有者が判明しない	発見日を含め７日間保管 ⇒その後最寄りの警察署に届ける

駐車の責任

宿泊客がホテル（旅館）の駐車場を利用する場合、車両のキーの寄託（きたく）の如何（いかん）にかかわらず、ホテル（旅館）は場所を貸すだけであって、車両の管理責任まで負うものではありません。ただし、駐車場の管理に当たり、ホテルの故意または過失によって損害を与えたときは、賠償責任を負います。

POINT 駐車の責任

ホテルは場所を貸すだけで、車両の管理責任はない。
ただし、ホテルの故意または過失⇒賠償責任を負う

確認問題

次の文章が正しいものには○を、誤っているものには×をつけなさい。

問 宿泊契約は、宿泊客がホテル（旅館）へ宿泊に関する所定の事項を申し出たときに成立する。

答 ☞× 宿泊契約はホテル（旅館）が申込みを承諾したときに成立する。

解答はP.158

問１　標準旅行業約款に関する以下の各設問について、それぞれの選択肢の中から答を１つ選びなさい。

1　募集型企画旅行契約の部に関する次の記述のうち、正しいものはどれか。

ア　法令に反せず、かつ、旅行者の不利にならない範囲で結んだ特約は、口頭によるものであっても約款に優先して適用される。

イ　旅行業者は、旅行契約の履行に当たって、手配の一部に限り本邦内又は本邦外の他の旅行業者に代行させることができる。

ウ　旅行業者は、旅行契約の履行に当たって、本邦外の旅行に限り、手配の全部又は一部を本邦外の他の旅行業者に代行させることができる。

エ　旅行業者は、旅行契約において、旅行者が旅行業者の定める旅行日程に従って、運送・宿泊機関等の提供する運送、宿泊その他の旅行に関するサービスの提供を受けることができるように、手配し、旅程を管理することを引き受ける。

2　募集型企画旅行契約の部「契約の申込み」に関する次の記述のうち、誤っているものはどれか。

ア　旅行者は、旅行契約の申込みをしようとするときは、旅行業者所定の申込書に所定の事項を記入の上、旅行業者が別に定める金額の申込金とともに、旅行業者に提出しなければならない。

イ　旅行業者に通信契約の申込みをしようとする旅行者は、申込みをしようとする旅行の名称、旅行開始日、会員番号その他の事項を旅行業者に通知しなければならない。

ウ　旅行契約における申込金は、旅行代金又は取消手続料金若しくは変更手続料金の一部として取り扱われる。

エ　旅行者から旅行の参加に際し、特別な配慮を必要とする旨の申し出が契約の申込時にあったときは、旅行業者は可能な範囲内でこれに応じなければならない。

3　募集型企画旅行契約の部「契約書面の交付・確定書面」に関する次の記述のうち、誤っているものはどれか。

ア　旅行業者は、旅行契約成立後速やかに、旅行者に、旅行日程、旅行サービスの内容、旅行代金その他の旅行条件及び旅行業者の責任に関する事項を記載した書面を交付しなければならない。

イ　契約書面に確定された旅行日程、運送若しくは宿泊機関の名称を記載できないときは、当該契約書面において利用予定の宿泊機関及び表示上重要な運送機関の名称を限定して列挙した上で、当該契約書面交付後、旅行開始日の前日（旅行開始日の前日から起算してさかのぼって７日目に当たる日以降に旅行契約の申込みがなされた場合にあっては、旅行開始日）までの当該契約書面に定める日までに、これらの確定状況を記載した書面を交付しなければならない。

ウ　確定書面を交付した場合には、旅行業者が当該旅行契約により手配し旅程を管理する義務を負う旅行サービスの範囲は、当該確定書面に記載するところに特定される。

エ　手配状況の確認を希望する旅行者からの問い合わせについては、それが契約書面に定めた確定書面交付前にあった場合は、旅行業者は回答をしなくてよい。

4　募集型企画旅行契約の部「旅行者の解除権」に関する次の記述のうち、誤っているものはどれか。

ア　運送機関の適用運賃・料金が著しい経済情勢の変化等により、旅行の募集の際に明示した時点において有効なものとして公示されている適用運賃・料金に比べて、通常想定される程度を大幅に超えて増額されたため、その増額された金額の範囲内で旅行代金が増額された場合、旅行者は、旅行開始前に取消料を支払うことなく旅行契約を解除することができる。

イ　旅行業者が旅行者に対し、契約書面に定める日までに、確定書面を交付しなかった場合、旅行者は、旅行開始前に取消料を支払うことなく旅行契約を解除することができる。

ウ　旅行者の一親等の親族が死亡した場合、旅行者は、旅行開始前に取消料を支払うことなく旅行契約を解除することができる。

エ　旅行目的地において大地震が発生したため、旅行の安全かつ円滑な実施が不可能となるおそれが極めて大きい場合、旅行者は旅行開始前に取消料を支払うことなく旅行契約を解除することができる。

5　募集型企画旅行契約の部「旅程管理」に関する次の記述のうち、正しいものはどれか。

ア　旅程管理業務を他の旅行業者に代行させる旨を契約書面において明示した場合は、旅行業者は旅程管理責任を免れることができる。

イ　旅行者は、旅行開始後旅行終了までの間において、団体で行動するときは、旅行を安全かつ円滑に実施するための旅行業者の指示に従わなければならない。

ウ　添乗員その他の者が旅程管理業務その他旅行に付随して旅行業者が必要と認める業務に従事する時間帯は、原則として8時から22時までである。

エ　旅行業者は、旅行中の旅行者が、疾病、傷害等により保護を要する状態にあると認めたときは、必要な措置を講ずることがある。この場合において、これが当該旅行業者の責に帰すべき事由によるものでないときであっても、当該措置に要した費用は旅行業者の負担となる。

6　募集型企画旅行契約の部「旅行業者の責任」に関する次の記述のうち、正しいものはどれか。

ア　旅行業者の故意又は過失により旅行者の手荷物に損害を与えたときは、旅行業者に対して所定の期間内に通知があったときに限り、手荷物1個につき10万円を限度として賠償する。

イ　旅行業者は、募集型企画旅行契約の履行に当たって、旅行業者の故意又は過失により旅行者に損害を与えたときは、その損害発生の翌日から起算して2年以内に旅行業者に対して通知があったときに限り、その損害を賠償する責任を負う。

ウ　旅行業者の過失により旅行者の手荷物に損害を与えたときは、国内旅行にあっては損害発生の翌日から起算して10日以内に旅行業者に対して通知があったときに限り、その損害を賠償する責任を負う。

エ　手配代行者の過失により、旅行者に損害を与えたときは、旅行業者は、その損害を賠償する責任はない。

7　募集型企画旅行契約の部「旅程保証」に関する次の記述のうち、正しいものはどれか。

ア　旅行業者は、契約内容の重要な変更が生じた場合には、変更補償金を旅行終了日の翌日から起算して14日以内に支払わなければならない。

イ　運送・宿泊機関等の旅行サービス提供の中止による変更が生じた場合には、旅行業者は変更補償金を支払わなければならない。

ウ　旅行業者が支払うべき変更補償金の額は、旅行者1名に対して1募集型企画旅行につき旅行代金に15%以上の旅行業者が定める率を乗じた額をもって限度とする。

エ　旅行者1名に対して1募集型企画旅行につき支払うべき変更補償金の額が3,000円未満であるときは、旅行業者は変更補償金を支払わない。

8　「別紙特別補償規程」に関する企画旅行の「サービスの提供を受けることを完了した時」の定めについて次の記述のうち、誤っているものはどれか。（なお、添乗員等による解散の告知は行われない場合とする。）

ア　最後の運送・宿泊機関等が、航空機であるときは、乗客のみが入場できる飛行場構内からの退場時

イ　最後の運送・宿泊機関等が、船舶であるときは、下船時

ウ　最後の運送・宿泊機関等が、貸切バスであるときは、降車時

エ　最後の運送・宿泊機関等が、宿泊機関であるときは、チェックアウト手続の終了時

9　受注型企画旅行契約の部に関する次の記述のうち、誤っているものはどれか。

ア　旅行業者は、旅行契約の申込みをしようとする旅行者からの依頼があったときは、必ず、依頼内容に沿って作成した企画書面を交付しなければならない。

イ　企画書面に記載された企画の内容に関し、旅行業者に旅行契約の申込みをしようとする旅行者は、旅行業者所定の申込書に所定の事項を記入の上、旅行業者が別に定める金額の申込金とともに提出しなければならない。

ウ　旅行者は、旅行業者に対し、旅行日程、旅行サービスの内容その他の旅行契約の内容を変更するよう求めることができるが、この場合において、旅行業者は、可能な限り旅行者の求めに応じなければならない。

エ　旅行業者は、企画書面において企画料金の金額を明示した場合は、当該金額を契約書面に明示しなければならない。

10　手配旅行契約の部に関する次の記述のうち、誤っているものはどれか。

ア　旅行業者は、書面による特約をもって、申込金の支払いを受けることなく、契約の締結の承諾のみにより旅行契約を成立させることがあるが、この場合において旅行契約の成立時期は、当該書面において明らかにしなければならない。

イ　旅行業者は、旅行業者が手配するすべての旅行サービスについて乗車券類、宿泊券その他の旅行サービスの提供を受ける権利を表示した書面を交付するときは、所定の事項を記載した契約書面を交付しないことがある。

ウ　旅行業者は、旅行開始前において、運送・宿泊機関等の運賃・料金の改訂、為替相場の変動その他の事由により旅行代金の変動を生じた場合は、当該旅行代金を変更することができる。この場合において、旅行代金の増加の負担は旅行者に、減少の利益は旅行業者に帰属する。

エ　旅行者の求めにより旅行契約内容を変更する場合、旅行者は、既に完了した手配を取り消す際に運送・宿泊機関等に支払うべき取消料、違約料その他の手配の変更に要する費用を負担するほか、旅行業者に対し、所定の変更手続料金を支払わなければならない。

11　旅行相談契約の部に関する次の記述のうち、誤っているものはどれか。

ア　旅行業者と旅行相談契約を締結しようとする旅行者が、所定の申込書に所定の事項を記入のうえ、所定の金額の申込金とともに、旅行業者に提出しなければ、旅行相談契約は成立しない。

イ　相談料金を収受することを約して、旅行者からの委託により、旅行の計画の作成を行うことは、旅行相談契約の業務の１つである。

ウ　旅行業者は、旅行相談契約において、旅行業者が作成した旅行の計画に記載した運送・宿泊機関等について、実際に手配が可能であることを保証するものではない。

エ　旅行業者は、旅行相談契約の履行に当たって、当該旅行業者が故意又は過失により旅行者に損害を与えたときは、損害発生の翌日から起算して６ヶ月以内に当該旅行業者に対して通知があったときに限り、その賠償する責任を負う。

問２　一般貸切旅客自動車運送事業標準運送約款に関する次の記述のうち、誤っているものはどれか。

ア　ガイド料、有料道路利用料、航送料、駐車料、乗務員の宿泊費等運送に関連する費用は、契約責任者の負担とする。

イ　旅客は、バスの運転者、車掌が運送の安全確保と車内秩序の維持のために行う職務上の指示に従わなければならない。

ウ　バス会社は、乗車券の券面に記載した配車日時に所定の配車をした場合において、配車時刻から30分を経過しても旅客が乗車についての意思表示をしないときには、当該車両について当該運送契約に係る運送の全部が終了したものとみなす。

エ　旅客が不潔な服装をした者であって、他の旅客の迷惑となるおそれのあるときは、バス会社は、運送の引受けを拒絶することができる。

解答と解説

問1

1 エ　正しい。

ア　特約は書面で結ばないといけない。

イ　手配の全部を代行させてもよい。

ウ　本邦内（国内）でも手配を代行させることができる。

2 ウ　申込金は旅行代金又は取消料若しくは違約料の一部として取り扱われる。取消手続料金・変更手続料金は企画旅行にはなく、手配旅行に存在するもの。

3 エ　確定書面交付前でも、旅行業者は迅速かつ適切に回答しなければならない。

4 ウ　一親等の親族の死亡は、取消料不要な事由（５つ）に該当しない。

5 イ　正しい。

ア　他の旅行業者に代行させたとしても、旅行業者の旅程管理責任は免れない。

ウ　８時から20時まで。

エ　旅行業者の責に帰すべき事由でないものについては、措置に要した費用は旅行者の負担。

6 イ　正しい。

ア　手荷物でなく旅行者１名につき15万円が限度（故意・重大な過失は除く）。

ウ　国内旅行では、損害発生の翌日から起算して14日以内に旅行業者に通知する。

エ　手配代行者の過失の場合でも旅行業者が損害賠償の責任を負う。

7 ウ　正しい。

ア　旅行終了日の翌日から起算して14日以内でなく、30日以内。

イ　航空会社のストライキなどといった旅行サービス提供の中止による事由は、旅行業者の免責である。変更補償金を支払わなくてよい。

エ　変更補償金の額は3,000円未満でなく、1,000円未満の場合は、支払われない。

8 エ　チェックアウト手続終了時でなく、宿泊施設からの退場時。

9 ア　誤り。業務上の都合があるときは、企画書面を交付しなくてもよい。

ウ　募集型企画旅行と異なり、受注型企画旅行は旅行者からの依頼により実施するものなので、旅行者から変更を求めることができる。募集型企画旅行との違いに注意しよう。

10 ウ　手配旅行契約なので、旅行代金の増減は、旅行者に帰属する。

11 ア　旅行相談契約では、申込書だけで、申込金の提出はなくてもよい。この場合、旅行業者が契約の締結を承諾し、申込書を受理した時に契約は成立する。

問2　ウ　配車時刻でなく出発時刻。出発時刻から30分を経過しても旅客が乗車についての意思表示をしないときには、運送の全部が終了したものとみなす。よって、運賃・料金の払戻しはしない。（P.249参照）

PART3

国内旅行実務
国内運賃料金

出題範囲

①JR運賃料金
②宿泊料金
③フェリー運賃料金
④貸切バス運賃料金
⑤国内航空運賃料金

問題数は年度により異なり、例年15問前後出題される。配点は１問２点から４点、国内観光資源と併せて計100点。

合格ライン…60点以上（国内観光資源と併せて）

JR運賃料金がポイント

国内旅行実務は旅行業法や約款と異なり、出題傾向から出題数・配点も毎年確定していません。科目も国内運賃料金と国内観光資源（国内地理）とに大きく分けられますが、その割合も毎年変動しています。国内旅行実務のなかで、運賃料金は約款部分を含めて約50％を占めていますから重点科目といえます。

明確な出題範囲がなく、学習がしにくい国内観光資源（国内地理）が苦手だという人は、運賃料金に力を入れて点数を稼ぐようにしましょう。運賃料金のなかでもJR運賃料金がポイントとなります。難しい科目ですが、それだけに学習すれば点数はとれるようになります。最近は貸切バスの出題数も増えています。

＊最近では運賃料金の計算問題だけではなく、約款部分からも出題されています。PART２の旅行業約款、運送約款及び宿泊約款にも注意が必要です。

1

JR運賃・料金 計算前の基礎①

1 計算前の基礎

国内旅行実務の運賃・料金計算の中で大きな比重を占めるのはＪＲ運賃・料金です。ＪＲの運賃料金計算は合否の分かれ目となります。

旅客鉄道会社（ＪＲ）は６つ

ＪＲの旅客鉄道会社には６社がありますが、本州にあるＪＲ東日本・ＪＲ東海・ＪＲ西日本をまとめて本州３社と呼んでいます。

①北海道旅客鉄道会社（ＪＲ北海道）
②東日本旅客鉄道会社（ＪＲ東日本）
③東海旅客鉄道会社（ＪＲ東海）
④西日本旅客鉄道会社（ＪＲ西日本）
⑤四国旅客鉄道会社（ＪＲ四国）
⑥九州旅客鉄道会社（ＪＲ九州）

（②〜④：本州３社）

運賃と料金

運賃と料金は混同しやすいので、きちんと区別して覚えておきましょう。

運　賃	運送賃の略・運送の対価・乗車券代 ＪＲに乗車する際には必ずかかるもの
料　金	運賃に付随するサービスの対価 例 速さの対価：急行料金・特急料金 快適な設備の対価：グリーン料金・寝台料金・座席指定料金

旅客の年齢区分

POINT 年齢区分と運賃

大　人	12歳以上（中学生以上）	大人運賃
小　児	6歳以上12歳未満 （12歳の小学生）	大人運賃の半額（10円未満切捨て）※
幼　児	1歳以上6歳未満 （6歳の小学校入学前）	大人・小児（6歳以上） 1人につき2人無賃
乳　児	1歳未満（＝0歳）	何人でも無賃

※小児のＩＣ運賃は大人のＩＣ運賃の半額で1円未満の端数切捨て（P.163）
注：幼児・乳児が単独で指定席をとった場合は、小児運賃・料金が必要

ＪＲの年齢区分は、12歳以上から大人ですが、12歳でも小学生の場合は小児扱いとなり、6歳以上から小児ですが、6歳でも小学校入学前は幼児扱いとなります。年齢だけの区切りではありませんので注意しましょう。

また、小児は大人の運賃・料金の半額ですが、グリーン料金（グランクラス料金）や寝台料金は年齢区分がありませんので、小児でも半額ではなく大人と同額になります。くわしくは料金計算で学習します。

幼児・乳児の扱い

原則、大人や6歳以上の小児が幼児を随伴する場合は幼児2人まで運賃・料金は不要です。乳児の場合は何人でも不要となっています。

ただし、次の場合は幼児・乳児であっても小児運賃・料金が必要です。

POINT 幼児・乳児が小児運賃・料金を支払う場合

①幼児が幼児だけで旅行する場合
②6歳以上の旅客に随伴する幼児が2人を超える場合の超えた幼児
　例　母と5歳・3歳・2歳がＪＲの普通車自由席に乗車
　　⇒幼児3人なので、1人小児運賃が必要
③幼児が団体で旅行する場合（遠足など）
④幼児・乳児が指定席や寝台を1人で使用する場合

JR運賃・料金 計算前の基礎②

1 ＪＲ運賃

幹線のみ、地方交通線のみ、両者にまたがって乗車する時と、どういう場合に営業キロ・換算キロ・擬制キロを使うのかを整理します。

幹線と地方交通線

ＪＲの路線は、大きく幹線と地方交通線に区別されています。

幹線	主要路線　時刻表の索引地図の黒色路線（新幹線は赤色路線）
地方交通線	幹線以外の路線　時刻表の索引地図の青色路線

営業キロ	駅と駅との実際の距離（キロ） 運賃・料金を計算する基本となるもの
換算キロ （賃率換算キロ）	ＪＲ本州３社・北海道の地方交通線に存在 地方交通線の営業キロの１割増 ＊幹線と地方交通線にまたがる運賃計算に使用
擬制キロ	ＪＲ四国・九州の地方交通線に存在　換算キロとほぼ同様 地方交通線の営業キロの１割増 ＊地方交通線のみ、幹線と地方交通線にまたがる運賃計算に使用
運賃計算キロ	幹線の営業キロと地方交通線の換算キロ（擬制キロ）を合計したもの ＊幹線と地方交通線にまたがる運賃計算に使用

注：換算キロ・擬制キロ・運賃計算キロは運賃計算のときだけ使用。
運賃計算以外はすべて営業キロを使用。

POINT 幹線・地方交通線とキロの関係

幹線	営業キロ	
地方交通線	営業キロ	本州・北海道
	換算キロ〔賃率換算キロ〕	
	営業キロ	四国・九州
	擬制キロ	

注：運賃計算キロ＝幹線の営業キロ＋地方交通線の換算キロ（擬制キロ）
換算キロ・擬制キロは運賃計算のときだけ使用。

端数整理

運賃・料金計算においては、金額が10円未満の端数は切捨てとし、１キロ未満の端数は１キロに切上げとします。（ＪＲ東日本のＩＣ運賃は１円単位で、１円未満の端数は切捨てです。）

金　額	10円未満の端数は切捨て 例 990円÷２＝495円→490円
キ　ロ	１キロ未満の端数は１キロに切上げ 例 営業キロ192.1キロ→193キロ

運賃計算の手順

ＪＲの運賃は「対キロ制運賃」で、乗車するキロ数で運賃を算出します。さらに、長い距離乗車したほうが１キロあたりの運賃が安くなるという「遠距離逓減（ていげん）制」を採用していますので、まずキロ数を足していき、それから運賃を算出するというのが基本となります。

POINT 運賃計算の手順

①「一筆書き」の書けるところまで、キロ数を足す。
②キロ数合計後、１キロ未満の端数は１キロ単位に切上げ。
③該当する運賃表から運賃を算出。
（運賃はＪＲ各社で異なるので、利用する会社の運賃表を見ること）

● ＩＣ運賃（ＪＲ東日本）

2014年消費税率引上げに伴い、ＪＲ東日本のＩＣカード乗車券利用可能エリア内において、ＩＣカード乗車券で乗車駅の自動改札機から入場し、降車駅の自動改札機から出場した場合は、１円単位のＩＣ運賃（P.170）を適用します。（詳細はＪＲ東日本ホームページ参照）

●通算

運賃計算では、同一方向に連続する場合に限り、キロ数を通算します。

Ａ～Ｄのキロ数（①＋②＋③）の合計から運賃を算出する。

A ――①―― B ――②―― C ――③―― D

PART 3 国内旅行実務・国内運賃料金

3 JR運賃・料金
運賃計算の基本

1 運賃計算のしくみ

ＪＲ本州３社内とＪＲ北海道内の場合、幹線、地方交通線の乗車する路線の違いにより運賃計算に使う運賃表が異なります。

ＪＲ本州３社（ＪＲ東日本・東海・西日本）内のみ乗車する場合

①幹線のみ⇒営業キロをＪＲ本州３社内の幹線の運賃表から算出

例１

大宮 ―幹線（営業キロ 192.1キロ）― 長野

営業キロ　192.1キロ　→　193キロ
1キロ単位に切上げ

193キロは本州３社内の幹線の運賃表（P.170）より大人3,410円

小児　3,410÷２＝1,705⇒1,700円
10円未満切捨て

例２

大宮 ―幹線（営業キロ 192.1キロ）― 長野 ―幹線（営業キロ 96.5キロ）― 糸魚川

192.1キロ＋96.5キロ＝288.6キロ　→　289キロ
1キロ単位に切上げ

289キロは本州３社内の幹線の運賃表（P.170）より大人5,170円

②地方交通線のみ⇒営業キロをＪＲ本州３社内の地方交通線の運賃表から算出

例

岐阜 ―地方交通線（営業キロ 88.3キロ）（換算キロ 97.1キロ）― 下呂

営業キロ　88.3キロ　→　89キロ
1キロ単位に切上げ

89キロは本州３社内の地方交通線の運賃表（P.171）より大人1,690円

③幹線と地方交通線にまたがって乗車の場合

⇒運賃計算キロをＪＲ本州３社内の幹線の運賃表から算出

例 名古屋 ―幹線― 岐阜 ―地方交通線― 下呂

名古屋〜岐阜（幹線）：営業キロ　30.3キロ

岐阜〜下呂（地方交通線）：営業キロ　88.3キロ（換算キロ　97.1キロ）

幹線・営業キロ＋地方交通線・換算キロ＝運賃計算キロ

営30.3キロ　＋　換97.1キロ　＝運127.4キロ　→　128キロ

128キロは本州３社内の幹線の運賃表（P.170）より大人2,310円

注：営＝営業キロ、換＝換算キロ、運＝運賃計算キロ

POINT　ＪＲ本州３社（ＪＲ東日本・東海・西日本）内の場合

①幹線のみ　営業キロ⇒本州３社内の幹線の運賃表

②地方交通線のみ　営業キロ⇒本州３社内の地方交通線の運賃表

③幹線＋地方交通線　運賃計算キロ⇒本州３社内の幹線の運賃表

※運賃計算キロ＝幹線・営業キロ＋地方交通線・換算キロ

ＪＲ北海道内のみ乗車する場合

ＪＲ本州３社内と同様となります。ただし、運賃表は「ＪＲ北海道の運賃表」（P.171）を見て算出します。

ＪＲ四国内・ＪＲ九州内のみ乗車する場合

ＪＲ四国と九州の運賃表は本州と異なり、幹線と地方交通線に分かれていません。そのため、地方交通線のみ乗車する場合は擬制（ぎせい）キロ（四国・九州では換算キロとは言わず擬制キロと言います）を使用します。その他は、本州内の場合と計算方法は同様です。

①幹線のみ　⇒ＪＲ本州３社内と同様

営業キロを該当する会社の運賃表から算出

②地方交通線のみ⇒擬制キロを該当する会社の運賃表から算出

例 熊本 ―ＪＲ九州　地方交通線― 阿蘇

営業キロ　49.9キロ（擬制キロ　54.9キロ）

PART 3 国内旅行実務・国内運賃料金

擬制キロ　54.9キロ　→　55キロ
1キロ単位に切上げ

55キロはＪＲ九州内の運賃表（P.170）より大人1,130円

③幹線と地方交通線にまたがって乗車の場合⇒ＪＲ本州３社内と同様
運賃計算キロを該当する会社の運賃表から算出

POINT　ＪＲ四国・九州内の場合

①幹線のみ　営　業　キロ⇒各会社の運賃表
②地方交通線のみ　擬　制　キロ⇒各会社の運賃表
③幹線＋地方交通線　運賃計算キロ⇒各会社の運賃表
※運賃計算キロ＝幹線・営業キロ＋地方交通線・擬制キロ

2 運賃計算のしくみ(JR本州３社＋JR北海道・四国・九州)

本州と北海道・四国・九州にまたがる場合の運賃を計算するには、本州との境界がどこかを理解できないと計算できません。

境界駅

本州と北海道・四国・九州の境となる境界駅は次の通りです。

POINT　ＪＲ本州３社とＪＲ北海道・四国・九州の境界駅

		境界駅		
ＪＲ東日本←	東北新幹線 在来線	新青森(しんあおもり)	北海道新幹線→	ＪＲ北海道
ＪＲ四国←	瀬戸大橋線	児島(こじま)	瀬戸大橋線→	ＪＲ西日本
ＪＲ九州←	在来線	下関(しものせき)	在来線→	ＪＲ西日本
ＪＲ九州←	在来線	小倉(こくら)	山陽新幹線→	ＪＲ西日本
ＪＲ九州←	九州新幹線 在来線	博多(はかた)	山陽新幹線→	ＪＲ西日本

※山陽新幹線（新大阪〜博多）はＪＲ西日本なので、山陽新幹線に乗車中は本州扱いとなる。よって、本州と九州との境界駅は乗車する列車により異なる。(P.168)

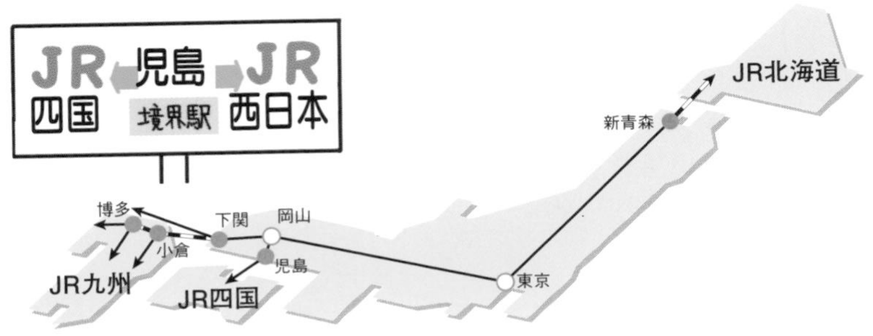

●本州と九州の境界駅は３つ

本州と九州との境界駅は乗車する列車により下関・小倉・博多のいずれかとなります。（P.168）

ＪＲ本州３社とＪＲ北海道・四国・九州にまたがる場合

ＪＲ本州３社とＪＲ北海道・四国・九州にまたがる場合は以下のように計算します。計算の際に、営業キロ・換算キロ・擬制キロのどれを使用するのか、幹線・地方交通線のどちらの運賃表を見ればよいのかは、前で学習したのと同様です。

運賃＝①基準額＋②加算額（＋③加算運賃）

①基準額	全区間のキロ数を本州３社内の運賃表で見る（基準額は本州内と同様に算出）。
②加算額	境界駅から北海道・四国・九州内のキロ数を該当する加算額表で見る。
③加算運賃	瀬戸大橋線・児島～宇多津間を乗車する場合（本州～四国）は加算運賃110円が必要。

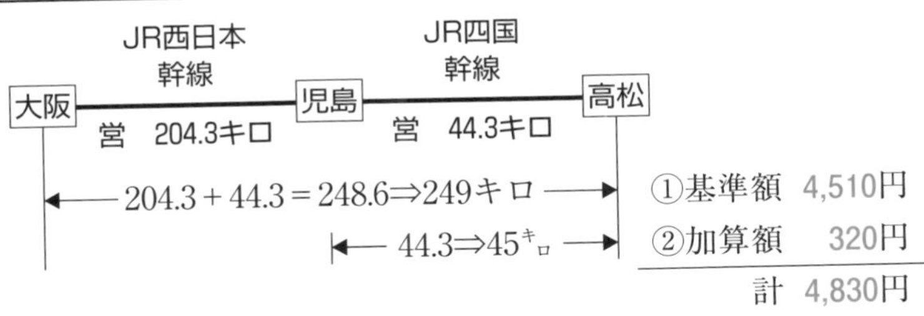

瀬戸大橋線・児島～宇多津（うたづ）間を乗車する場合は加算運賃も必要ですが、加算額表にすでに含まれていることが多くみられます。加算額表の注釈に気をつけて、含まれていない場合は加算運賃110円を加算しましょう。

本州と九州にまたがる場合

本州と九州の境界駅は３つ（下関駅・小倉駅・博多駅）あります。山陽新幹線（新大阪～博多）は、ＪＲ西日本の管轄なので、九州でも山陽新幹線に乗車する場合は本州扱いとなります。よって、乗車する列車が在来線か山陽新幹線か、また山陽新幹線をどこまで（から）乗車するかで異なります。

例１

東京 ―在来線（幹線）― 下関 ―ＪＲ九州 在来線（幹線）― 博多

東京～下関：営 1095.9キロ ※運 1100.3キロ
下関～博多：営 79.0キロ

①**基準額**（東京～博多）運1100.3＋営79.0＝運1179.3→1180キロ
本州３社内の幹線の運賃表（P.170）より　14,080円
②**加算額**（下関～博多）営79.0キロ　九州内の加算額表より　160円
計　14,240円

例２

東京 ―東海道・山陽新幹線― 小倉 ―ＪＲ九州 在来線（幹線）― 博多

東京～小倉：営 1107.7キロ ※運 1112.1キロ
小倉～博多：営 67.2キロ

①基準額（東京～博多）運1112.1＋営67.2＝運1179.3→1180キロ
本州３社内の幹線の運賃表（P.170）より　14,080円
②加算額（小倉～博多）営67.2キロ　九州内の加算額表より　140円
計　14,220円

例３

東京 ―東海道・山陽新幹線― （小倉） ―山陽新幹線― 博多

東京～（小倉）：営 1107.7キロ ※運 1112.1キロ
（小倉）～博多：営 67.2キロ

山陽新幹線（ＪＲ西日本）は本州扱いなので、本州のみの乗車です。
東京～博多　運1112.1＋営67.2＝運1179.3→1180キロ
本州３社内の幹線の運賃表（P.170）より　14,080円

※運賃計算キロを使用する理由は、P.176、P.177、P.181に記載してあります。

POINT　ＪＲ本州３社＋ＪＲ北海道・四国・九州の場合

運賃　＝　基準額　＋　加算額（＋加算運賃）

①基準額　全区間のキロ数　⇒　本州の運賃表
②加算額　境界駅から北海道・四国・九州内のキロ数　⇒　加算額表
（③加算運賃　本州〜四国の場合のみ　⇒　110円）

3 運賃計算のしくみ－まとめ

ＪＲ各旅客鉄道会社の運賃は、ＪＲ本州３社（ＪＲ東日本・ＪＲ東海・ＪＲ西日本）とＪＲ北海道、ＪＲ四国、ＪＲ九州の各社でそれぞれ異なります。

どういう時に営業キロ・換算キロ・擬制キロを使用するのか、下の表を見て再確認しておきましょう。

●ＪＲ運賃計算のしくみ

乗車地域	幹線・地方交通線の区分		運賃計算に用いるキロ	
本州3社内（ＪＲ東日本・ＪＲ東海・ＪＲ西日本）	幹線のみ		営業キロ	
	地方交通線のみ		営業キロ	
	幹線＋地方交通線		運賃計算キロ	
ＪＲ北海道内	幹線のみ		営業キロ	
	地方交通線のみ		営業キロ	
	幹線＋地方交通線		運賃計算キロ	
ＪＲ四国・九州内	幹線のみ		営業キロ	
	地方交通線のみ		擬制キロ	
	幹線＋地方交通線		運賃計算キロ	
本州３社〜ＪＲ北海道・ＪＲ四国・九州	本州内	ＪＲ北海道内・ＪＲ四国・九州内	基準額	加算額（ＪＲ北海道内）（ＪＲ四国・九州内）
	幹線	幹線	営業キロ	営業キロ
	地方交通線＋幹線	幹線＋地方交通線	運賃計算キロ	運賃計算キロ
	地方交通線＋幹線	幹線	運賃計算キロ	営業キロ
	幹線	幹線＋地方交通線	運賃計算キロ	運賃計算キロ

※運賃計算キロ＝幹線・営業キロ＋地方交通線・換算キロ（擬制キロ）

本州３社内の幹線の普通運賃表

営業キロ（運賃計算キロ）	片道運賃	営業キロ（運賃計算キロ）	片道運賃
1～ 3キロ	150円	601～ 640キロ	9,790円
4～ 6	190	641～ 680	10,010
7～ 10	200	681～ 720	10,340
11～ 15	240	721～ 760	10,670
16～ 20	330	761～ 800	11,000
21～ 25	420	801～ 840	11,330
26～ 30	510	841～ 880	11,550
31～ 35	590	881～ 920	11,880
36～ 40	680	921～ 960	12,210
41～ 45	770	961～1,000	12,540
46～ 50	860	1,001～1,040	12,870
51～ 60	990	1,041～1,080	13,200
61～ 70	1,170	1,081～1,120	13,420
71～ 80	1,340	1,121～1,160	13,750
81～ 90	1,520	1,161～1,200	14,080
91～ 100	1,690		
101～ 120	1,980		
121～ 140	2,310		
141～ 160	2,640		
161～ 180	3,080		
181～ 200	3,410		
201～ 220	3,740		
221～ 240	4,070		
241～ 260	4,510		
261～ 280	4,840		
281～ 300	5,170		
301～ 320	5,500		
321～ 340	5,720		
341～ 360	6,050		
361～ 380	6,380		
381～ 400	6,600		
401～ 420	6,930		
421～ 440	7,150		
441～ 460	7,480		
461～ 480	7,700		
481～ 500	8,030		
501～ 520	8,360		
521～ 540	8,580		
541～ 560	8,910		
561～ 580	9,130		
581～ 600	9,460		

JR東日本内の幹線のIC運賃表

営業キロ（運賃計算キロ）	片道運賃
1～ 3キロ	147円
4～ 6	189
7～ 10	199
11～ 15	242
16～ 20	330
21～ 25	418
26～ 30	506
31～ 35	594
36～ 40	682
41～ 45	770
46～ 50	858
51～ 60	990
61～ 70	1,166
71～ 80	1,342
81～ 90	1,518
91～ 100	1,694
101～ 120	1,980
121～ 140	2,310
141～ 160	2,640
161～ 180	3,080
181～ 200	3,410
201～ 220	3,740

ＪＲ四国内、ＪＲ九州内の普通運賃表

営業キロ※	JR四国	JR九州
1～ 3キロ	190円	170円
4～ 6	240	210
7～ 10	280	230
11～ 15	330	280
16～ 20	430	380
21～ 25	530	480
26～ 30	630	570
31～ 35	740	660
36～ 40	850	760
41～ 45	980	860
46～ 50	1,080	950
51～ 60	1,240	1,130
61～ 70	1,430	1,310
71～ 80	1,640	1,500
81～ 90	1,830	1,680
91～100	2,010	1,850
101～120	2,310	2,170
121～140	2,750	2,530
141～160	3,190	2,860
161～180	3,630	3,300
181～200	3,960	3,740
201～220	4,400	4,070
221～240	4,730	4,400
241～260	5,170	4,840
261～280	5,500	5,280
281～300	5,830	5,610
301～320	6,160	5,940
321～340	6,380	6,160
341～360	6,710	6,490
361～380	7,040	6,820
381～400	7,260	7,040
401～420	7,590	7,370
421～440	7,810	7,590
441～460	8,140	7,920
461～480	8,360	8,140
481～500	8,690	8,470
501～520	9,020	8,800
521～540	9,240	9,020
541～560	9,570	9,350
561～580	9,790	9,570

※運賃計算キロまたは擬制キロ

注：キロ数により、他の運賃表が適用される場合もある。

本州３社内の地方交通線の普通運賃表

営業キロ	片道運賃
1～　3キロ	150円
4～　6	190
7～　10	210
11～　15	240
16～　20	330
21～　23	420
24～　28	510
29～　32	590
33～　37	680
38～　41	770
42～　46	860
47～　55	990
56～　64	1,170
65～　73	1,340
74～　82	1,520
83～　91	1,690
92～100	1,880
101～110	1,980
111～128	2,310
129～146	2,640
147～164	3,080
165～182	3,410
183～200	3,740

JR四国内、JR九州内の加算額表

境界駅からの営業キロ（運賃計算キロ）	JR四国	JR九州
1～　3キロ	―円	20円
4～　6	―	20
7～　10	―	30
11～　15	―	40
16～　20	210	50
21～　25	220	60
26～　30	230	60
31～　35	260	70
36～　40	280	80
41～　45	320	90
46～　50	330	90
51～　60	360	140
61～　70	370	140
71～　80	410	160
81～　90	420	160
91～　100	430	160
101～　120	440	190
121～　140	550	220
141～　180	660	220
181～　200	660	330
201～　260	770	330
261～	770	440

注：ＪＲ四国の加算額には児島～宇多津間の加算運賃110円が含まれる。

ＪＲ北海道内の幹線の普通運賃表

営業キロ（運賃計算キロ）	片道運賃
1～　3キロ	200円
4～　6	250
7～　10	290
11～　15	340
16～　20	440
21～　25	540
26～　30	640
31～　35	750
36～　40	860
41～　45	970
46～　50	1,130
51～　60	1,290
61～　70	1,490
71～　80	1,680
81～　90	1,890
91～100	2,100
101～120	2,420
121～140	2,860
141～160	3,190
161～180	3,630
181～200	4,070
201～220	4,510
221～240	4,840
241～260	5,280
261～280	5,610
281～300	5,940
301～320	6,270
321～340	6,490
341～360	6,820
361～380	7,150
381～400	7,370

ＪＲ四国内の運賃・加算額は2023年５月20日からの額。

ＪＲ北海道内の地方交通線の普通運賃表

営業キロ	片道運賃
1～　3キロ	200円
4～　6	250
7～　10	300
11～　15	340
16～　20	440
21～　23	540
24～　28	640
29～　32	750
33～　37	860
38～　41	970
42～　46	1,130
47～　55	1,290
56～　64	1,490
65～　73	1,680
74～　82	1,890
83～　91	2,100
92～100	2,320
101～110	2,420
111～128	2,860
129～146	3,190
147～164	3,630
165～182	4,070
183～200	4,510

JR北海道内の加算額表

境界駅からの営業キロ（運賃計算キロ）	加算額
1～　3キロ	―円
4～　6	―
7～　10	―
11～　15	―
16～　20	―
21～　25	―
26～　30	―
31～　35	―
36～　40	180
41～　45	―
46～　50	―
51～　60	―
61～　70	―
71～　80	―
81～　90	―
91～100	―
101～120	440
121～140	550
141～180	550
181～200	660
201～260	770
261～	770

JR運賃・料金
運賃計算の原則

1 運賃計算の原則

運賃計算は、一筆書きで書けるところまでのキロ数を足して算出します。

運賃計算の手順

①一筆書きの書けるところまでキロ数を足す（1キロ単位に切上げ）
②運賃表から運賃を算出

通算

同一方向に連続する場合に限り、キロ数を通算します。

A ―①― B ―②― C ―③― D

A～Dのキロ数（①+②+③）の合計から運賃を算出します。

打切り（連続乗車）

(1)環状線一周となる場合

A →① B →② C →③ D →④ B →⑤ A

1）A～B～C～D～B（①+②+③+④）のキロ数合計　→　運賃（a）
2）B～A（⑤）のキロ数　→　運賃（b）

大人運賃　＝　運賃（a）　＋　運賃（b）

※小児は打切区間ごとに運賃を半額にし、端数整理してから合算する。

小児運賃　＝〔　運賃（a）÷2　〕+〔　運賃（b）÷2　〕
（各〔　〕内：端数整理）

打切区間　運賃を計算する区間のこと。

(2)一部が往復する場合

1） A～B～C（①＋②）のキロ数合計　→　運賃（a）

2） C～B～D（③＋④）のキロ数合計　→　運賃（b）

大人運賃　＝　運賃（a）　＋　運賃（b）

注：条件に合い、A～B～Dの運賃＋B～Cの往復運賃が安ければ、安い運賃を使用できます。

通過連絡運輸扱い

ＪＲの間に連絡会社線が入り、通過連絡運輸扱いの場合には、前後のＪＲ区間のキロを通算して運賃を算出し、これに連絡会社線（私鉄）の運賃を加算します。

A　ＪＲ　幹線　営業キロ　aキロ　B　連絡会社線　C円　C　ＪＲ　幹線　営業キロ　bキロ　D

ＪＲ運賃　営業キロ（a＋b）による運賃　＋　連絡会社線の運賃　C円

●主な「通過連絡運輸扱い」の会社線

国家試験では「通過連絡運輸扱い」と記載がありますので、どの会社と区間がＪＲとの通過連絡運輸扱いをするかを覚える必要はありません。通過連絡運輸扱いとあった場合には上記のように計算を行います。

主な通過連絡運輸扱いをする会社線	区　間
IGRいわて銀河鉄道、青い森鉄道	盛岡～目時（めとき）～青森
北越（ほくえつ）急行	六日町（むいかまち）～犀（さい）潟（がた）
えちごトキめき鉄道	上越妙高（じょうえつみょうこう）～直江津（なおえつ）
ハピラインふくい、IRいしかわ鉄道	敦（つる）賀（が）～大聖寺（だいしょうじ）～津（つ）幡（ばた）
伊勢鉄道	河原田（かわらだ）～津
智頭急行	上（かみ）郡（ごおり）～智（ち）頭（ず）

5 JR運賃・料金 運賃計算の特例

1 運賃計算の特例

特定都区市内では中心駅以外から乗車しても中心駅から計算し、中心駅以外で降車しても中心駅までで計算する場合があります。

特定都区市内

特定都区市内にある駅とその中心駅から（まで）営業キロ200キロを超える（201キロ以上）駅との運賃は、中心駅を起点・終点として計算します。つまり、中心駅以外から乗車しても中心駅から計算し、中心駅以外で降車しても中心駅までで計算することになります。

また、有効日数の計算も中心駅から（まで）の営業キロによります。

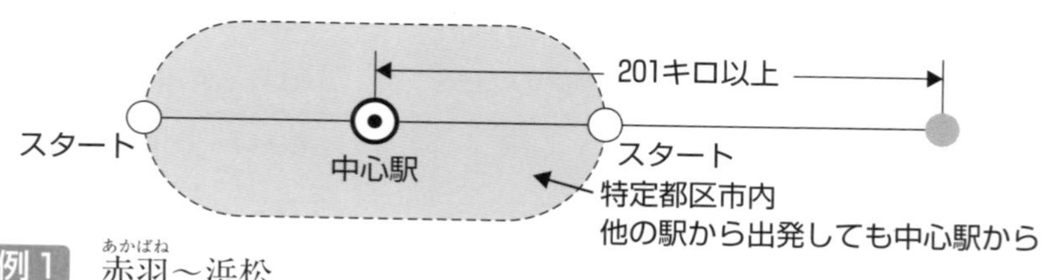

例1 赤羽（あかばね）～浜松

例2 品川～浜松

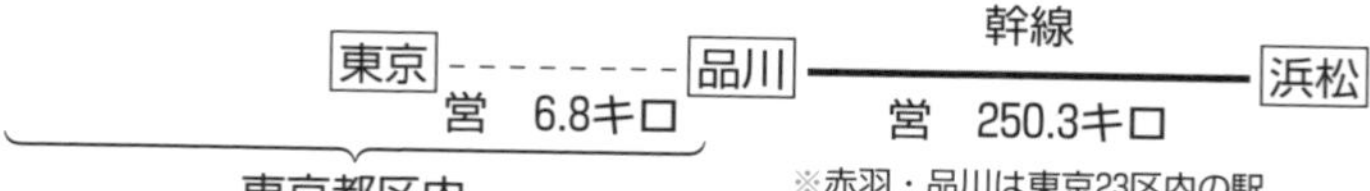

注：赤羽も品川も東京23区内の駅なので同じ運賃。

東京（東京23区内の中心駅）～浜松　　営257.1キロ＞営200キロ

200キロを超えているので、東京から計算する。

営257.1→258キロ　本州３社内幹線の運賃表（P.170）より4,510円

乗車券は東京都区内発となり、券面には「**区東京都区内→**浜松」と表示されます。

特定都区市内と中心駅（11都市）

特定都区市内	中心駅	特定都区市内	中心駅
札 札幌市内	札幌	阪 大阪市内	大阪
仙 仙台市内	仙台	神 神戸市内	神戸
区 東京都区内	東京	広 広島市内	広島
浜 横浜市内	横浜	九 **北九州市内**	小倉
名 名古屋市内	名古屋	福 **福岡市内**	博多
京 京都市内	京都		

注：北九州市内と福岡市内は都市名と中心駅が異なる。

東京山手線内

東京山手線内にある駅とその中心駅・東京駅から（まで）営業キロが100キロを超え200キロ以下の駅との運賃は、東京駅から（まで）のキロ数で計算します。考え方は特定都区市内と同様です。

有効日数の計算も中心駅の東京駅からの営業キロによります。

例 石和(いさわ)温泉～新宿

石和温泉 ―幹線― 営 117.5キロ ― 新宿 ―幹線― 営 10.3キロ ― 東京

※新宿は山手線内の駅

石和温泉～東京（山手線内の中心駅）営117.5＋営10.3＝営127.8キロ

100キロ＜127.8キロ＜200キロ

100キロを超えて200キロ以下なので、東京までで計算する。

営127.8→128キロ　本州３社内幹線の運賃表（P.170）より2,310円

乗車券は東京山手線内までとなり、券面には「石和温泉→山 **東京山手線内**」と表示されます。

大都市近郊区間内のみ

東京・仙台・新潟・大阪・福岡の大都市近郊区間内の運賃は、実際の乗車経路にかかわらず、最短経路により計算できます。

営業キロが100キロを超えても、有効日数は１日で途中下車はできません。

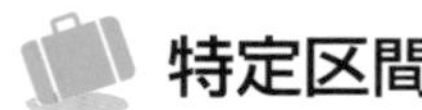

特定区間

表の特定区間は経路が２通りあり、どちらの経路を乗車しても短い経路のキロ数で計算することができます。また、この特例は料金計算にも適用します。

さらに、乗車区間の営業キロが100キロを超えていればどちらの経路でも途中下車できます。

●特定区間

	区　間	経　路			運賃・料金計算の経路
		路　線	経　由	営業キロ	
JR北海道	大沼〜森	函館本線	大沼公園	22.5キロ	函館本線（大沼公園経由）
		函館本線	東森	35.3キロ	
JR東日本	赤羽〜大宮	東北本線	川口・浦和	17.1キロ	東北本線（川口・浦和経由）
		東北本線	戸田公園・与野本町	18.0キロ	
	日暮里〜赤羽	東北本線	王子	7.4キロ	東北本線（王子経由）
		東北本線	尾久	7.6キロ	
	品川〜鶴見	東海道本線	大井町	14.9キロ	東海道本線（大井町経由）
		東海道本線	西大井	17.8キロ	
	東京〜蘇我	総武本線・外房線	—	43.0キロ	総武本線・外房線
		京葉線	—	43.0キロ	
JR西日本	大阪〜天王寺	大阪環状線	天満	10.7キロ	大阪環状線（天満経由）
		大阪環状線	福島	11.0キロ	
	山科〜近江塩津	湖西線	—	74.1キロ	湖西線
		東海道本線・北陸本線	—	93.6キロ	
	三原〜海田市	山陽本線	—	65.0キロ	山陽本線
		呉線	—	87.0キロ	
	岩国〜櫛ケ浜	岩徳線	—	43.7キロ（換算48.1キロ）	岩徳線
		山陽本線	—	65.4キロ	

注１：岩国〜櫛ケ浜の場合…山陽新幹線で新岩国〜徳山間を利用する場合も、この特例から、短い岩徳線のキロを使用する。岩徳線は地方交通線のため、新幹線でも運賃計算キロが存在する。

注２：一方の経路を通過し、再び同区間の他の経路を乗車する場合は、実際の乗車経路によって計算することができる。

新幹線と在来線が並行する区間

新幹線は並行する在来線と同じ線として、在来線のキロ数を使用します。

東海道・山陽新幹線	＝東海道本線・山陽本線・鹿児島本線（門司～博多）
九州新幹線	＝鹿児島本線（博多～八代・川内～鹿児島中央）＊
西九州新幹線	＝長崎本線（諫早～現川～長崎）＊
東北新幹線	＝東北本線（東京～盛岡）＊
上越新幹線	＝東北本線・高崎線・上越線・信越本線

＊九州新幹線は博多～鹿児島中央ですが、部分開業の際に八代～川内の在来線はＪＲから「肥薩おれんじ鉄道」に移管され、この区間はＪＲの在来線は存在しません。

＊西九州新幹線の武雄温泉～諫早は新幹線単一線路として取扱います。

＊東北新幹線は東京～新青森ですが、盛岡からの延伸の際に盛岡～青森の在来線はＪＲから「ＩＧＲいわて銀河鉄道」「青い森鉄道」に移管され、この区間はＪＲの在来線は存在しません。

＊北海道新幹線と北陸新幹線とを並行する在来線は、一部廃止や第３セクター「道南いさりび鉄道」「えちごトキめき鉄道」「ＩＲいしかわ鉄道」「ハピラインふくい」等に移管され、北海道新幹線の新青森～新函館北斗、北陸新幹線の高崎～敦賀は並行する在来線なしの新幹線単一線路として取扱います。

ただし、下記の区間内の駅を発駅もしくは着駅（当該区間の両端の駅をのぞく）または接続駅とする場合は、別の線として、実際の乗車経路によりキロ数を計算します。

新幹線	区　間
東海道・山陽新幹線	品川～小田原、三島～静岡、名古屋～米原、新大阪～西明石、福山～三原、三原～広島、広島～徳山
九州新幹線	博多～久留米、筑後船小屋～熊本
東北新幹線	福島～仙台、仙台～一ノ関、一ノ関～北上、北上～盛岡
上越新幹線	熊谷～高崎、高崎～越後湯沢、長岡～新潟

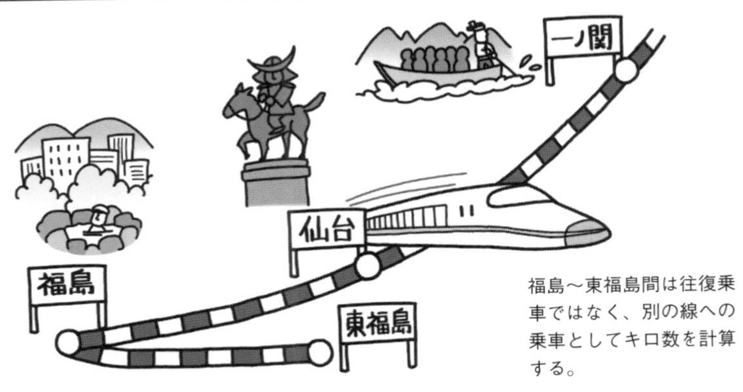

福島～東福島間は往復乗車ではなく、別の線への乗車としてキロ数を計算する。

6 JR運賃・料金 運賃の割引

1 割引運賃

個人割引運賃には往復割引（1割引）、学生割引（2割引）、身体障がい者・知的障がい者割引（5割引）などがあります。

主な個人割引運賃

運賃の個人割引はいろいろありますが、国家試験に向けては次にあげる割引を覚えます。条件や割引率はしっかり覚え、特に距離の条件は運賃計算上のキロではなく、営業キロで判断することに注意してください。

	割　引	条　件	
往復割引	1割引	鉄道の片道の営業キロが600キロを超え〔601キロ以上で〕有効期間内に往復する場合	
学生割引	2割引	中学生以上の学生・生徒〔学生生徒旅客運賃割引証必要〕 鉄道の営業キロが100キロを超える〔101キロ以上の〕区間	
身体障がい者割引 知的障がい者割引	5割引	①第1種〔介護者付〕	距離条件なし。介護者も割引 普通急行料金も割引
		②第1種〔単独〕 第2種	ＪＲ線・連絡社線の営業キロ100キロを超える区間

通常、上記の割引は運賃のみですが、身体障がい者や知的障がい者割引の第1種・介護者付の場合は普通急行料金も5割引になります。また、割引は大人のみでなく小児も適用となります。

割引の注意点

●学生割引の場合―打切区間（運賃を計算する区間）ごとに営業キロ100キロを超えているかを判断します。

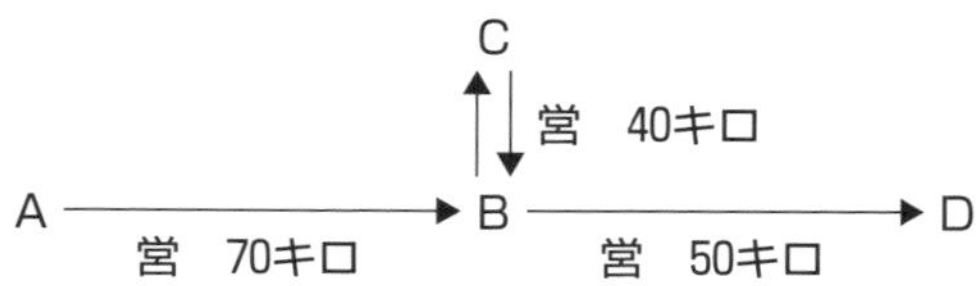

①A～B～C　営70キロ＋営40キロ＝営110キロ＞100キロ　⇒　学生割引可

②C～B～D　営40キロ＋営50キロ＝営 90キロ＜100キロ　⇒　学生割引不可

●通過連絡運輸扱いの連絡会社線が入る場合―前後のＪＲ区間の営業キロ通算（A～B＋C～D）で判断します。

A ―ＪＲ― B - - - 連絡会社線 - - - C ―ＪＲ― D

●往復割引の場合―**有効期間内**に往復

往復の有効期間＝片道の有効期間×２（倍）

※有効期間は「乗車券類の有効期間」（P.233）参照

A ⇄ B　営610キロ ＞営600キロ

①10／10発　A～B～A　10／21着　12日＞10日⇒往復割引不可

②10／10発　A～B～A　10／15着　６日＜10日⇒往復割引可

（B　10／15発）

●往復割引不可の場合

盛岡～新青森間の東北新幹線はＪＲですが、在来線（盛岡～青森）は現在ＪＲではなく、「ＩＧＲいわて銀河鉄道」と「青い森鉄道」となっています。そのため、往路・復路のどちらかがＩＧＲいわて銀河鉄道・青い森鉄道利用（経由）の場合は、往復割引となりません。

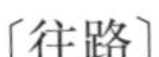

〔復路〕

（新幹線）　上野 ← 東北新幹線「はやぶさ」 ― 新青森 ← 特急「つがる」 ― 弘前

※往復とも在来線、往復とも東北新幹線利用の場合は、条件が合えば往復割引も可能。

●重複割引可能な場合

ＪＲの運賃は、原則、重複割引はできないが、往復割引と学生割引は例外的に重複して割引ができます。計算は、先に往復割引の１割引にして端数整理をしてから学生割引の２割引とします。

計算例 大人普通運賃（片道）9,790円の場合

①往復割引の１割引　9,790×（１－0.1）＝8,811⇒8,810円
②学生割引の２割引　8,810×（１－0.2）＝7,048⇒7,040円
③往復分　7,040×　２　＝　14,080円

POINT 割引計算の注意点

①打切区間ごとに割引

普通運賃×（１－割引率）　→　10円未満切捨て

②小児の割引　―　**小児普通運賃から割引**

＊大人の割引運賃を半額にするのではない。

③重複割引不可　―　例外　往復割引と学生割引

１割引→２割引

往復割引の特例

往復割引は往路と復路を同一区間・同一経路で乗車するというのが条件の１つですが、新下関（下関）～博多間を新幹線と在来線とで相互に経由する場合は往路と復路で経路・運賃が異なっても往復として扱い、片道の営業キロが600キロを超えれば往復割引が適用となります。
（本州と九州の境界駅は在来線と新幹線利用で異なるため、同区間でも運賃の違いが発生します。）

計算例 博多～東京間を往路・新幹線で、復路・在来線を利用して往復する場合

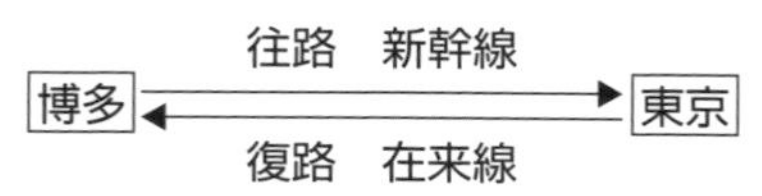

博多～東京　営業キロ1174.9キロ
運賃計算キロ1179.3キロ
JR九州内（下関～博多）
営業キロ　79.0キロ

往路は新幹線利用なのでＪＲ本州３社内の運賃、復路は在来線利用なので、本州と九州の境界駅は下関となり、本州と九州にまたがる場合の運賃。

大人運賃　往路――――――運1179.3→1180キロ　14,080円

復路 ｛基準額――運1179.3→1180キロ　14,080円
　　　 加算額――営　79.0キロ　160円

復路計　14,240円

大人の往復割引　往路・復路それぞれ１割引する。

往路　14,080×（１－0.1）＝12,672⇒12,670円

復路　14,240×（１－0.1）＝12,816⇒12,810円

往復　合計　25,480円

小児の往復割引　片道の小児普通運賃をそれぞれ１割引する。
（大人の往復割引運賃を半額にするのではない。）

小児運賃　往路　14,080÷２＝7,040円

復路　14,240÷２＝7,120円

往復割引　往路　7,040×（１－0.1）＝6,336⇒6,330円

復路　7,120×（１－0.1）＝6,408⇒6,400円

往復　合計　12,730円

●経路特定区間

山陽本線の岩国（いわくに）～櫛ヶ浜（くしがはま）間は経路特定区間（経路が２通りあり、どちらの経路を利用しても短いほうの経路のキロ数で計算することができるという区間）です。そのため、岩国～櫛ヶ浜間は短い岩徳線（地方交通線）のキロ数を使用して計算します。新幹線は、基本的に並行している在来線と同じキロで計算します。よって、山陽新幹線利用といえども運賃計算上は地方交通線を含みますので、運賃計算キロを使用します。経路特定区間とは特例なので、国内管理者を受けるにあたっては詳しく理解できなくても構いません。

運賃計算キロとは運賃を計算するためのキロ数ですので、運賃計算キロが出ていた場合にはそれを使用して計算してください。

JR運賃・料金 料金計算の基本

1 料金の基本

主な料金には、急行料金（特別急行料金・普通急行料金）、座席指定料金、特別車両料金、寝台料金があります。

料金の種類

主な料金は次の通りです。

急行料金	①特別急行料金（特急料金）	小児は大人の半額（10円未満切捨て）
	②普通急行料金（急行料金）	
座席指定料金（指定席料金）		
特別車両料金（グリーン料金）		大人・小児同額
寝台料金		

旅客営業規則上で急行料金というと、特別急行料金と普通急行料金の両者を指します。ただし、一般的には特別急行料金を特急料金、普通急行料金を急行料金と略して呼んでいますので、以下、特急料金・急行料金として説明していきます。また、特別車両料金も特別車両料金が正式名ですが、一般的にはグリーン料金と呼んでいますので、同様の扱いとします。

料金計算の基本原則

料金の計算は今まで学習してきた運賃の計算とは大きく異なります。ここでは、次の料金計算の基本原則をしっかり頭に入れてください。

POINT 料金の基本原則

①必ず営業キロで計算する

②乗車する列車ごとに計算する

運賃計算で使用した換算キロ・擬制キロ・運賃計算キロは運賃計算の時だけで料金計算では使用しません。

2 特別急行料金（特急料金）

特急料金は新幹線用と在来線用に分類され、新幹線は区間毎に、在来線は乗車する列車の営業キロで料金を算出するキロ制となっています。

新幹線と在来線

ＪＲの路線は新幹線と在来線に区別されます。

新　幹　線	東海道・山陽・九州・西九州・東北・北海道・上越・北陸新幹線 （特急列車の１つなので、特急料金が必要）
在　来　線	新幹線以外

POINT 新幹線

名　　称	運　行　区　間	列　車　名
①東海道・山陽新幹線	東京～新大阪～博多	のぞみ・ひかり・こだま
②山陽・九州新幹線	新大阪～鹿児島中央	みずほ・さくら
③九州新幹線	博　多～鹿児島中央	さくら・つばめ
④西九州新幹線	武雄温泉～長崎	かもめ
⑤東北・北海道新幹線	東京～新青森～新函館北斗	はやぶさ・はやて・やまびこ・なすの
⑥上越新幹線	東　京～新　潟	とき・たにがわ
⑦北陸新幹線	東京～金沢～敦賀	かがやき・はくたか・つるぎ・あさま

山形・秋田新幹線は、在来線を新幹線規格に作り直したものなので、山形新幹線の福島～新庄間と秋田新幹線の盛岡～秋田間は、料金計算上在来線扱いとなる。

●新幹線の列車名の違い

東海道・山陽新幹線	のぞみ	最速達タイプ	
	ひかり	速達タイプ	
	こだま	各駅停車タイプ	
山陽・九州新幹線	みずほ	最速達タイプ	新大阪～鹿児島中央間を直通運転する列車
	さくら	速達タイプ	山陽・九州新幹線をまたがって運転する列車および九州新幹線内の列車
	つばめ	各駅停車タイプ	九州新幹線内の列車
北陸新幹線	かがやき	速達タイプ	東京～敦賀間を運転する列車、全車指定席
	はくたか	停車タイプ	東京～敦賀間を運転する列車
	つるぎ	シャトルタイプ	敦賀～金沢間、敦賀～富山間を運転する列車
	あさま		東京～長野間を運転する列車

PART 3 国内旅行実務・国内運賃料金

特別急行料金（特急料金）

特急料金 — 座席指定料金を含みます。

料金表
- ①新幹線用——区間毎
- ②在来線用——キロ制
  - A特急料金
  - B特急料金

特急料金は新幹線用と在来線用と大きく２つに分類され、新幹線は区間毎に、在来線は乗車する列車の営業キロで算出するキロ制となっています。さらに、在来線は区間・列車によりA特急料金とB特急料金に分かれます。

●在来線の特急料金の例（JR東日本の場合）

指定席特急料金〔通常期〕	区分	～50キロ	～100キロ	～150キロ	～200キロ	～300キロ
	A特急料金	1,290円	1,730円	2,390円	2,730円	2,950円
	B特急料金	1,050円	1,480円	1,890円	2,290円	2,510円

●東海道・山陽新幹線の特急料金の例

上段＝のぞみ
下段＝ひかり、こだま

駅名	東京					
名古屋	4,920円 4,710円	名古屋				
新大阪	5,810円 5,490円	3,270円 3,060円	新大阪			
新神戸	6,030円 5,490円	4,360円 3,930円	2,610円 2,290円	新神戸		
姫路	6,560円 5,920円	4,470円 3,930円	2,610円 2,290円	2,610円 2,290円	姫路	
博多	9,730円 8,670円	7,980円 7,030円	6,230円 5,490円	6,230円 5,490円	6,230円 5,490円	博多

例

名古屋～姫路　「のぞみ」指定席特急料金　4,470円

新大阪～博多　「ひかり」指定席特急料金　5,490円

特急列車の指定席

特急列車は、乗車日・会社によってシーズン区分が1～4区分に分かれ、特急料金が異なります。通常期を基準に最繁忙期は通常期の400円増、繁忙期は200円増、閑散期は200円引となります。小児料金は＋400円、±200円してから半額にします。

シーズン区分（特急料金・指定席）2024年度

①東北・北海道・山形・秋田・上越・北陸新幹線、ＪＲ東日本（一部）
　ＪＲ東海・西日本「サンダーバード」「しらさぎ」

最繁忙期	繁忙期	通常期	閑散期
4/27～5/6 8/10～8/19 12/28～1/6	3/21～4/5 8/1～8/9 7、9、10、11月の3日以上連続する土休日とその前日 例2024年10/11（金）～14（祝）	最繁忙期 繁忙期 閑散期 以外	4/21～4/26 5/7～5/10 6/1～7/15 9/1～10/10 11/1～12/27 1/7～2月末日 （以上 月～木曜日） （祝日、祝前日、振替休日除く）
＋400円	＋200円	—	−200円

②ＪＲ東海・西日本・四国・九州・各社間（北海道・北陸新幹線・一部列車除く）

最繁忙期	繁忙期	通常期	閑散期
4/26～5/6 8/9～11、18 12/28、29 2025年 1/4、5	7/12～15、26～28 8/2～4、8、12、13 16、17、23～25 9/13～16、20～23 10/4～12/1の土休日とその前日 12/27、30、31 2025年1/2、3 3/20～31	最繁忙期 繁忙期 閑散期 以外	2024年4/8～4/25 5/7～5/9 6/3～7/11 7/16～7/25 8/26～10/3 12/2～12/25 2025年1/6～2/27 （以上 月～木曜日） （祝日、祝前日、振替休日除く）
＋400円	＋200円	—	−200円

●土休日＝土、日、祝日、振替休日

西九州新幹線・ＪＲ九州内の在来線は閑散期なし
ＪＲ北海道内の在来線は通常期のみ

> 閑散期は曜日により通常期になる
> 例 東海道新幹線
> 6月6日（木）→閑散期
> 6月7日（金）→通常期

PART 3 国内旅行実務・国内運賃料金

特急列車の普通車自由席・グリーン車・寝台車

特急列車の普通車自由席・グリーン車（グランクラス）・寝台車に乗車の場合は、特急料金から530円引です。グリーン車（グランクラス）・寝台車は乗車日の特急料金から、普通車自由席は通常期の特急料金からマイナスします。小児料金は、530円引後に半額にします。

計算例 **東北新幹線「やまびこ」東京～盛岡の特急料金**

大人	①普通車指定席	最繁忙期	5,910＋400＝6,310円
		繁忙期	5,910＋200＝6,110円
		通常期の特急料金	5,910円
		閑散期	5,910－200＝5,710円
	②普通車**自由席**		5,910－530＝5,380円
小児	①普通車指定席	繁忙期	(5,910＋200)÷２＝3,055
			10円未満切捨て→3,050円

注：小児の場合は＋400円、±200円、－530円後に半額

POINT 特急料金のまとめ

1　特急列車の指定席はシーズン（乗車日）により料金が変動。

最繁忙期＝通常期＋400円
繁忙期＝通常期＋200円
通常期
閑散期＝通常期－200円

注：西九州新幹線と九州内の在来線は閑散期はない
北海道内の在来線は通常期のみ

2　特急列車の

普通車自由席	通常期の特急料金	－530円（通年同額）
グリーン車（グランクラス） 寝台車	乗車日の特急料金	－530円

3　小児の特急料金は＋400円、±200円、－530円後に半額。

※JR東日本「踊り子」「湘南」「あずさ」「富士回遊」「ひたち」「成田エクスプレス」「わかしお」JR東海「踊り子」「ふじさん」等一部は通常期のみ（通年同額）P.191参照

3 普通急行料金（急行料金）

2016年３月のダイヤ改正より、普通急行列車の定期運転が廃止となっていますので、あまり重要視する必要はないでしょう。

普通急行料金（急行料金）

急行料金――座席指定料金を含みません。

料金表　キロ制（シーズンによる変動なし。通年同額）

急行料金には座席指定料金を含んでいませんので、急行列車の普通車指定席に乗車の場合は急行料金の他に座席指定料金が必要になります。

●急行料金の例

営業キロ	～50キロ	～100キロ	～150キロ	～200キロ	201キロ～
急行料金	560円	760円	1,000円	1,100円	1,320円

4 座席指定料金（指定席料金）

座席指定料金とは、普通・快速列車・（急行列車）の普通車指定席に乗車する際に必要な料金のことで、区間や乗車日により異なります。

●座席指定料金の例（閑散期等のシーズン区分は特急料金と同じ）

ＪＲ北海道内・九州内	通　年	530円
ＪＲ本州３社・四国・会社間	閑散期	330円
	上記以外	530円

※一部の列車は異なります。例 SL 1,680円、JR北海道内の快速エアポート・ノロッコ 840円

POINT 座席指定料金

①普通・快速列車の普通車指定席　⇒　座席指定料金
②普通・快速列車の普通車自由席　⇒　料金不要

注：小児は大人の半額。

5 特別車両料金（グリーン料金）

グリーン料金には、特急・急行列車用（A）と普通・快速列車用（B）の2種類があります。大人・小児同額です。

グリーン料金

グリーン料金――座席指定料金を含みます。（大人・小児同額）

料金表はキロ制	1　グリーン料金（A）	特急·急行列車用
	2　グリーン料金（B）	普通·快速列車用

グリーン料金も特急料金も座席指定料金を含んでいます。よって、特急列車のグリーン車に乗車の場合は、乗車日のシーズン別特急料金から座席指定料金に相当する額の530円を引き、グリーン料金を足します。

例 繁忙期　東海道新幹線「のぞみ」グリーン車指定席

東京 ―― 新大阪

営業キロ　552.6キロ

大人　特急料金　「のぞみ」　5,810＋200－530＝ 5,480円

　　　グリーン料金　営552.6→営553キロ　5,400円

　　　　計 10,880円

小児　特急料金　大人の半額　(5,810＋200－530)÷2＝ 2,740円

　　　グリーン料金　大人・小児同額　5,400円

　　　　計 8,140円

●グリーン料金の例

1　グリーン料金（A）　特急・急行列車用

ＪＲ北海道·東海·西日本（北陸新幹線を除く）·四国内とＪＲ会社間

営業キロ	～100キロ	～200キロ	～400キロ	～600キロ	～800キロ	801キロ～
グリーン料金	1,300円	2,800円	4,190円	5,400円	6,600円	7,790円

2　グリーン料金（B）　普通・快速列車用　首都圏・ＪＲ九州内以外

営業キロ	～50キロ	～100キロ	～150キロ	151キロ～
グリーン料金	780円	1,000円	1,700円	1,990円

※一部、グリーン車自由席もありますが、割引はありません（指定席・自由席同額）。

POINT グリーン料金

①特急列車の グリーン車指定席 ⇒ [シーズン別 特急料金－530] ＋ グリーン料金（A）

小児の場合 ⇒ [シーズン別 特急料金－530] ÷ 2 ＋ グリーン料金（A）

②普通・快速列車の グリーン車 ⇒ グリーン料金（B）

※シーズン別特急料金（乗車日の特急料金）＝通常期の特急料金＋400（±200）

6 寝台料金

2016年改正より、定期運転をしている寝台特急は「サンライズ瀬戸・出雲」のみで、寝台車はすべて個室（個室寝台）となっています。

寝台料金

寝台料金――座席指定料金を含みます。（大人・小児同額）

①A寝台（B寝台より上）
②B寝台
} 距離に関係なく同タイプの寝台であれば同額。

グリーン料金と同様、寝台料金も座席指定料金を含んでいます。よって、特急列車の寝台車に乗車の場合は、乗車日のシーズン別特急料金から座席指定料金に相当する額の530円を引き、寝台料金を足します。

●個室寝台料金の例

A寝台	1 人用個室	シングルデラックス	13,980円
B寝台	1 人用個室	シングル	7,700円
		ソロ	6,600円

※ 2 人用個室寝台はP.221参照。

POINT 寝台料金

①特急列車の寝台車 ⇒ [シーズン別特急料金－530] ＋ 寝台料金

小児の場合 ⇒ [シーズン別特急料金－530]÷2＋ 寝台料金

寝台の特徴

寝台は1つの寝台で2人まで（大人2人を除く）利用できます。その場合の寝台料金は1台しか利用していないので、寝台料金は1台分（1人分）です。ただし、特急料金は速さに対する対価ですので人数分必要です。

特急・寝台を利用の場合	かかる料金	
①大人・小児で1つの寝台	大人の特急料金	1人分
	小児の特急料金	1人分
	寝台料金	1台分
②小児2人で1つの寝台	小児の特急料金	2人分
	寝台料金	1台分
③大人・幼児で1つの寝台	大人の特急料金	1人分
	寝台料金	1台分
④小児・幼児で1つの寝台	小児の特急料金	1人分
	寝台料金	1台分
⑤大人とは別に幼児2人で1つの寝台	小児の特急料金	1人分
	寝台料金	1台分
⑥大人とは別に幼児・乳児で1つの寝台	小児の特急料金	1人分
	寝台料金	1台分

注：幼児・乳児は大人と添寝をするなど幼児・乳児単独で寝台を利用していなければ、料金はかからない。上記⑤⑥の場合は、幼児1人が寝台1台を利用し、小児（運賃）料金が必要となる。もう1人は添寝する形となり何もかからない。

POINT 寝台の特徴

1つの寝台で2人まで（大人2人除く）利用可

寝台料金 ⇒ 1人分（1台分）

特急料金 ⇒ 人数分（速さに対する対価なので人数分必要）

7 座席未指定券（未指定特急券）

座席未指定券（未指定特急券）はＪＲ東日本の全車指定席の特急列車に導入されたものですが、2024年のダイヤ改正でＪＲ北海道の「北斗」「すずらん」「あおぞら」「とかち」にも導入されました。

座席未指定券（未指定特急券）

ＪＲ東日本（東海）、ＪＲ北海道の全車指定席の特急列車に導入されているもので、乗車日・乗車区間のみを指定し、列車・座席を指定しない特急券です。規則上は「未指定特急券」ですが、通常「座席未指定券」と呼ばれています。

○特急料金

列車・座席を指定した指定席特急料金と同一料金（通年同額）で、乗車する列車が決まり次第、追加料金なしで列車・座席の指定を受けることができます。

○効力

指定を受けずに乗車した場合、列車に空席があれば座席を使用することができますが、指定席特急券を所持する旅客が乗車した場合または満席の場合は立席での利用となります。

POINT シーズン区分なく通年同額の列車（座席未指定券含む）

ＪＲ東日本	「踊り子」「湘南」「あずさ」「かいじ」「富士回遊」「はちおうじ」「おうめ」「ひたち」「ときわ」「あかぎ」「成田エクスプレス」「わかしお」「さざなみ」「しおさい」「日光」「スペーシア日光」「きぬがわ」
ＪＲ東海	「踊り子」「ふじさん」
ＪＲ北海道	ＪＲ北海道の特急列車

未指定特急券（旅客営業規則）指定急行券のうち、旅客が希望する場合に乗車日、有効区間および全車両指定制の１個以上の特別急行列車を指定し、座席の使用を条件としないで発売する特別急行券をいう。

8 JR運賃・料金 料金の特例　1.新幹線

1 新幹線内乗継

同一方向に２つ以上の新幹線を乗り継ぐ場合は、改札を出なければ、通しの特急料金・グリーン料金が適用されます。

新幹線内乗継

通常、料金は列車ごとに計算しますが、同一方向に２つ以上の新幹線を乗り継ぐ場合は、改札を出なければ、新幹線全乗車区間の通しの特急料金・グリーン料金を適用します。

例

京都 ―ひかり― 名古屋 ―こだま― 掛川

普通車指定席（改札を出ない）普通車指定席

改札を出ないので、通しの京都―掛川間の特急料金を適用します。

●新幹線内乗継対象外

①東京駅での乗り継ぎ　②東北新幹線と北海道新幹線との乗り継ぎ

③東海道・山陽新幹線と九州新幹線との博多駅での乗り継ぎ

④大宮駅・高崎駅での上り列車から下り列車への乗り継ぎ

新潟方面　上越新幹線　長野方面　×　高崎　北陸新幹線

高崎方面　仙台方面　×　上越・北陸新幹線　東北新幹線　大宮

⑤北陸新幹線のＪＲ東日本とＪＲ西日本とにまたがる場合のグリーン・グランクラス料金

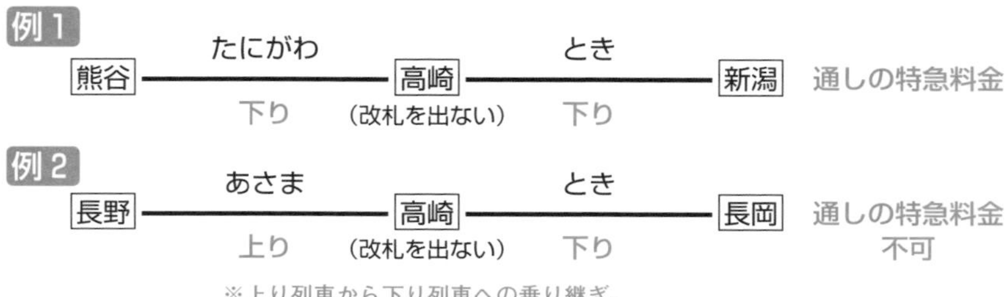

利用席が異なる場合の乗り継ぎ

利用席が異なる乗り継ぎの特急料金は、全区間、上級席を利用したものとして計算します。

POINT 利用席が異なる場合の乗り継ぎ（特急料金）

全区間、上級席を利用したものとして特急料金を計算します。

	（特急料金）
普通車指定席＋普通車自由席 ⇒	通しのシーズン別指定席特急料金
普通車指定席or自由席＋グリーン車 ⇒	通しのシーズン別指定席特急料金－530円

※一部でもグリーン車を利用した場合

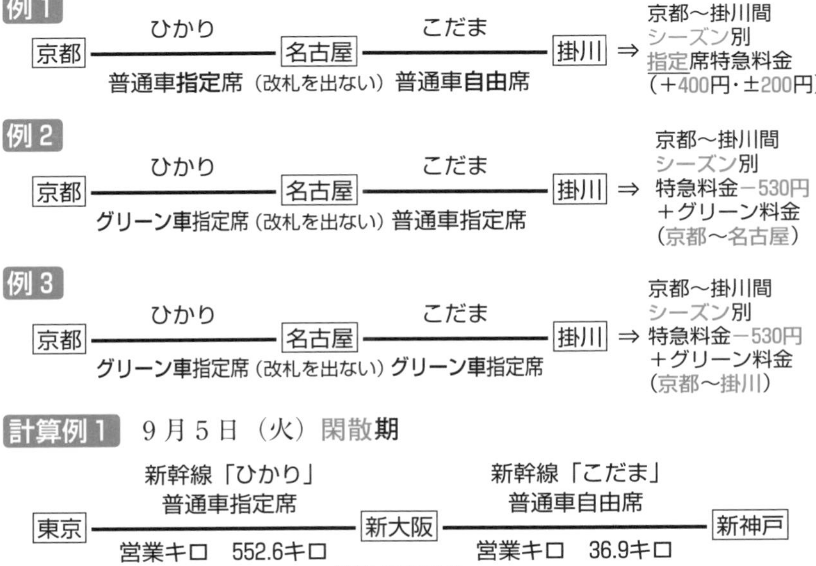

新幹線同士の乗り継ぎで、乗継駅で改札を出ていないので、東京～新神戸までの通しの特急料金を適用。

普通車指定席と普通車自由席との乗り継ぎ⇒指定席特急料金を適用。

東京～新神戸までの「ひかり」「こだま」の特急料金　5,490円
9月5日（木）は、閑散期なので200円引（P.185参照）
【計算式】　特急料金　5,490－200＝5,290円
閑散期

計算例2　9月5日（木）閑散期

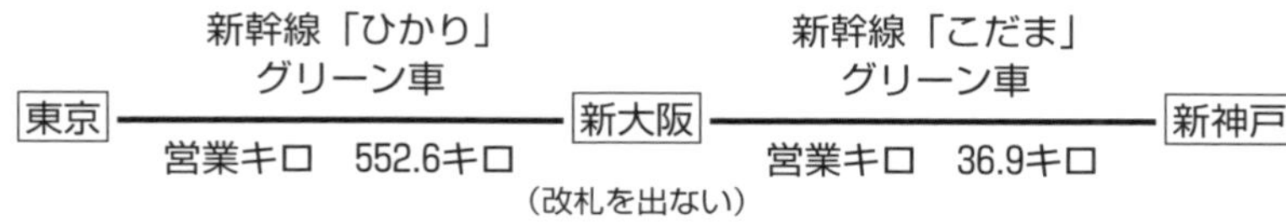

グリーン車同士の乗り継ぎなので、グリーン料金も通しで計算。
【計算式】　特急料金　5,490－200－530＝4,760円
グリーン料金　営552.6＋営36.9＝営589.5→営590キロ
グリーン料金表（P.188）より5,400円
特急料金4,760円＋グリーン料金5,400円＝10,160円

中間がグリーン車でない場合の乗り継ぎ

新幹線内乗継のグリーン料金は乗車区間の営業キロを通算して算出できます。

例

	新幹線 グリーン車指定席		新幹線 普通車指定席		新幹線 グリーン車指定席	
A	営業キロ　aキロ	B ↑ （改札を出ない）	営業キロ　bキロ	C ↑ （改札を出ない）	営業キロ　cキロ	D

【計算方法】
特急料金　A・D間通しのシーズン別指定席特急料金から－530円
グリーン料金　営業キロ　（a＋c）キロによるグリーン料金
※通算しない方が安い場合は原則どおり。

2 東海道・山陽新幹線「のぞみ」

「のぞみ」の指定席特急料金は、「ひかり」「こだま」の指定席特急料金よりも高く設定されています。

「のぞみ」の特急料金

東海道・山陽新幹線の「のぞみ」の指定席特急料金は、速いからということで「ひかり」「こだま」の指定席特急料金より高く設定されています。

ただし、「のぞみ」の普通車自由席を利用する場合は、特定特急料金として「ひかり」「こだま」の自由席特急料金で乗車できます。つまり、「のぞみ」と「ひかり」「こだま」の自由席特急料金は同額となります。

POINT 「のぞみ」と「ひかり」「こだま」の特急料金

「のぞみ」の指定席特急料金＞「ひかり」「こだま」の指定席特急料金

「のぞみ」の自由席特急料金＝「ひかり」「こだま」の自由席特急料金

※ 「のぞみ」の自由席特急料金＝「ひかり」「こだま」の指定席特急料金－530円（通年同額）

「のぞみ」のグリーン車を利用する場合は、他の新幹線と同様に、乗車日の「のぞみ」のシーズン別指定席特急料金から530円引となります。

「のぞみ」の自由席と「ひかり」「こだま」の乗り継ぎ

「のぞみ」の普通車自由席と「ひかり」「こだま」の普通車自由席とは特急料金が同額であるため、両者を乗り継ぐ場合は「のぞみ」の普通車自由席を「ひかり」「こだま」の普通車自由席に置き換え、「1 新幹線内乗継」(P.192) と同様に考えるとよいでしょう。

例

東京 ―「のぞみ」普通車自由席― 新大阪（改札を出ない） ―「ひかり」普通車自由席― 姫路

↓

「ひかり」普通車自由席

全乗車区間（東京～姫路）の「ひかり」自由席特急料金と同額

特急料金　5,920－530＝5,390円

PART 3 国内旅行実務・国内運賃料金

●「のぞみ」の普通車自由席と「ひかり」「こだま」との乗り継ぎ

のぞみ		ひかり・こだま	全乗車区間（通しの）
普通車自由席	＋	普通車自由席	⇒「ひかり」「こだま」自由席特急料金
普通車自由席	＋	普通車指定席	⇒「ひかり」「こだま」指定席特急料金

「のぞみ」の指定席と「ひかり」「こだま」との乗り継ぎ

「のぞみ」の指定席特急料金は「ひかり」「こだま」より高く設定しているため、乗継駅で改札を出ないで乗り継ぐ場合は次のように計算します。

POINT 「のぞみ」の普通車指定席と「ひかり」「こだま」との乗り継ぎ

①「ひかり」「こだま」通しの特急料金（全乗車区間） ＋ ②「のぞみ」と「ひかり」「こだま」の特急料金の差額（のぞみ乗車区間）

注：＋400円・±200円・－530円は、のぞみとの差額を加算した額に適用する。
小児は最終的に算出した大人の特急料金の半額となる。

例1 9月6日（金）通常期

東京 ―「のぞみ」普通車指定席― 新大阪 ―「ひかり」普通車指定席― 姫路

営業キロ 552.6キロ（改札出ない） 営業キロ 91.7キロ

①東京～姫路	「ひかり」の特急料金	5,920円
②東京～新大阪（のぞみ乗車区間）	「のぞみ」と「ひかり」の特急料金の差額	320円
		計 6,240円

【差額表がない場合の算出方法】

東京～新大阪

「のぞみ」の特急料金 5,810円 － 「ひかり」の特急料金 5,490円 ＝ 320円

例2 上記の行程で**繁忙期**の場合

特急料金（5,920＋320）＋200＝6,440円

3 山陽新幹線「みずほ」「さくら」

2011年３月12日に九州新幹線（鹿児島ルート）の全線開業により、山陽新幹線と九州新幹線を直通運転する「みずほ」「さくら」が登場しました。「みずほ」は「のぞみ」と同様、最速達タイプの列車です。

山陽新幹線「みずほ」「さくら」の特急料金

「みずほ」は、山陽新幹線区間において「のぞみ」と同様のサービスを提供することから、新大阪〜博多間の「みずほ」の特急料金は、「のぞみ」の特急料金と同額で、同様の扱いになります。

「さくら」は「ひかり」「こだま」と同様の扱いで、「さくら」の特急料金は「ひかり」・「こだま」の特急料金と同額です。

POINT 山陽新幹線（新大阪〜博多）内の特急料金

「みずほ」の特急料金　＝　「のぞみ」の特急料金
「さくら」の特急料金　＝　「ひかり」「こだま」の特急料金

4 山陽・九州新幹線

山陽・九州新幹線を直通運転する「みずほ」「さくら」の特急料金・グリーン料金は、原則として、山陽新幹線と九州新幹線との特急料金・グリーン料金の合算となります。

東海道・山陽・九州新幹線

東海道・山陽・九州新幹線の「列車名」と運行区間は次のとおりです。

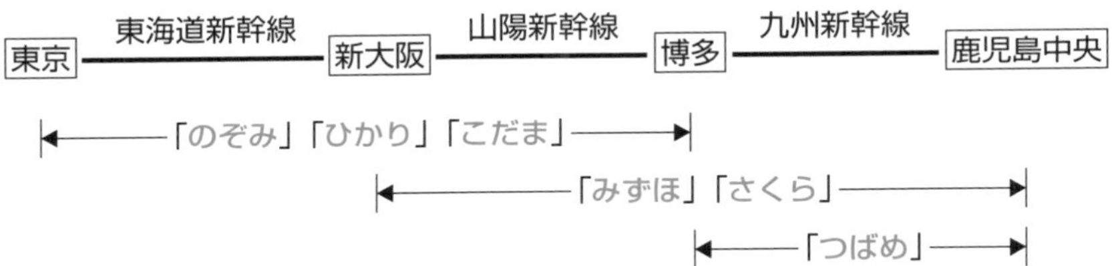

九州新幹線（博多～鹿児島中央間）内では「さくら」と「つばめ」の特急料金は同額で、同様の扱いになります。さらに九州新幹線内の「みずほ」の特急料金も「さくら」「つばめ」と同額で差はありません。山陽新幹線内では高い「みずほ」も九州新幹線内では同額です。

POINT　九州新幹線（博多～鹿児島中央）内の特急料金

「みずほ」の特急料金＝「さくら」の特急料金＝「つばめ」の特急料金

山陽・九州新幹線「みずほ」「さくら」の料金

①基本的な計算方法

山陽新幹線と九州新幹線とを直通運転する「みずほ」「さくら」の料金計算は、山陽新幹線と九州新幹線の特急料金・グリーン料金の合算となります。東海道・山陽新幹線「のぞみ」「ひかり」などと九州新幹線「つばめ」などを博多駅で乗り継ぐ（改札を出ない）場合も同様です。

例

山陽・九州新幹線「さくら」

新大阪 ―普通車自由席― （博多） ―普通車自由席― 鹿児島中央

山陽新幹線・特急料金（新大阪～博多） ＋ 九州新幹線・特急料金（博多～鹿児島中央）

②指定席特急料金（特定特急料金）

山陽新幹線（新大阪～博多間）の各駅と九州新幹線（博多～鹿児島中央）の各駅との相互間利用の指定席特急料金は、自由席特急料金との差額が530円（通常期）になるように特急料金を特定します。

本来ならば、山陽新幹線の特急料金と九州新幹線の特急料金とを合算するため、指定席特急料金と自由席特急料金との差額は1,060円となりますが、差額を530円とするため、**九州新幹線の指定席特急料金**（通常期）から**530円引**き、特定の指定席特急料金とします。その区間の自由席特急料金と同額となります。

POINT 山陽新幹線と九州新幹線を乗り継ぐ場合の特急料金

山陽新幹線の特急料金（＋400円・±200円・－530円） ＋ 九州新幹線の特急料金－530円 ※普通車指定席でも－530円する。

例1 新大阪～博多～熊本 「さくら」の特急料金（通常期）

	山陽新幹線のみ 新大阪――博多	九州新幹線のみ 博多――熊本	山陽・九州新幹線 新大阪――（博多）――熊本
自由席	5,490－530 ＝4,960円	3,060－530 ＝2,530円	4,960 ＋ 2,530 ＝7,490円
指定席	5,490円	3,060円	5,490＋（3,060－530）＝8,020円

↑（3,060－530）：九州新幹線 指定席特急料金（特定）

例2 新大阪～熊本　直通列車「さくら」の特急料金

普通車指定席の場合

通常期	5,490	＋（3,060－530）	＝8,020円
繁忙期	（5,490＋200）	＋（3,060－530）	＝8,220円

新大阪～熊本を直通列車「さくら」の普通車自由席に乗車した場合の特急料金は、原則通り、山陽新幹線（新大阪～博多）と九州新幹線（博多～熊本）の特急料金の合算です。

しかし、普通車指定席の場合は九州新幹線区間においては指定席特急料金から530円を引いた額を特定特急料金（**通年同額**）として使用し、山陽新幹線の特急料金と合算します。

③「みずほ」の特急料金

山陽新幹線（新大阪～博多）の「みずほ」は「のぞみ」と同様、九州新幹線（博多～鹿児島中央）の「みずほ」は「さくら」「つばめ」と同様です。

例

山陽・九州新幹線「みずほ」
普通車指定席

新大阪――（博多）――熊本

「みずほ」「のぞみ」特急料金 6,230円 ＋ 「みずほ」「さくら」「つばめ」特急料金 （3,060－530）円 ＝8,760円

5 東海道・山陽新幹線と九州新幹線

東海道新幹線から新幹線を乗り継いで九州新幹線を乗車する場合の特急料金・グリーン料金は、東海道・山陽新幹線と九州新幹線との特急料金・グリーン料金の合算となります。

東海道・山陽新幹線と九州新幹線との乗り継ぎ

東海道新幹線（東京～京都間の各駅）から東海道・山陽新幹線を乗り継いで九州新幹線を乗車する場合の料金は、東海道・山陽新幹線（東京～博多間）の特急料金・グリーン料金と、九州新幹線（博多～鹿児島中央間）の特急料金・グリーン料金の合算となります。

例1 7月30日（火）通常期

東海道・山陽新幹線「のぞみ」普通車指定席　九州新幹線「さくら」普通車指定席

東京 ―― 博多 ―― 川内（せんだい）

東海道・山陽新幹線「のぞみ」特急料金 9,730円 ＋ 九州新幹線「さくら」特急料金 4,400円 ＝14,130円

例2 上記の行程で**閑散期**の場合

(9,730－200)　＋　(4,400－200)　＝13,310円

例3 **通常期**

東海道新幹線「のぞみ」グリーン車指定席　山陽・九州新幹線「みずほ」グリーン車指定席

名古屋 ―― 新大阪（改札を出ない） ―― (博多) ―― 熊本

営186.6キロ　営622.3キロ　営118.4キロ

①名古屋～博多間
「のぞみ」「みずほ」特急料金
グリーン料金

＋

②博多～熊本間
「みずほ」特急料金
グリーン料金

【計算式】

①**東海道・山陽新幹線**（名古屋～博多）

新大阪で改札を出てないので、通しの特急料金・グリーン料金適用

特急料金（名古屋～博多）

「のぞみ」「みずほ」特急料金　7,980　－　530　＝　7,450円

グリーン料金（名古屋～博多）

営186.6＋営622.3＝営808.9→営809キロ

グリーン料金表（P.188）より　7,790円

②**九州新幹線**（博多～熊本）

特急料金（博多～熊本）

「みずほ」特急料金　3,060　－　530　＝　2,530円

グリーン料金（博多～熊本）

営118.4→営119キロ　2,100円

計19,870円

6 西九州新幹線「かもめ」

2022年９月23日に西九州新幹線「かもめ」（武雄温泉～長崎）が開業しました。西九州新幹線「かもめ」と在来線特急「リレーかもめ」を武雄温泉駅で乗り継ぐ場合の特急料金計算には注意が必要です。

西九州新幹線「かもめ」

西九州新幹線「かもめ」（武雄(たけお)温泉～長崎）は2022年に開業しましたが、既存の新幹線には繋がっていません。博多～武雄温泉は在来線特急で運行し、武雄温泉駅の同じホームで乗り換える対面乗換方式（リレー方式）により運行しています。

在来線特急「リレーかもめ」と「かもめ」との乗り継ぎ

①普通車自由席

西九州新幹線「かもめ」と門司港〜博多〜武雄温泉を運行する在来線のリレー特急「リレーかもめ」とを武雄温泉駅で改札を出ないで乗り継ぐ場合の特急料金は、西九州新幹線と在来線特急「リレーかもめ」の自由席特急料金を各々１割引して合算した特急料金となります。

新幹線開業前は１本の特急列車で博多〜長崎を利用できていたものが、開業後は武雄温泉での乗継ぎ利用となり、単純に新幹線と在来線の特急料金を合算したのでは割高となるため１割引としています。

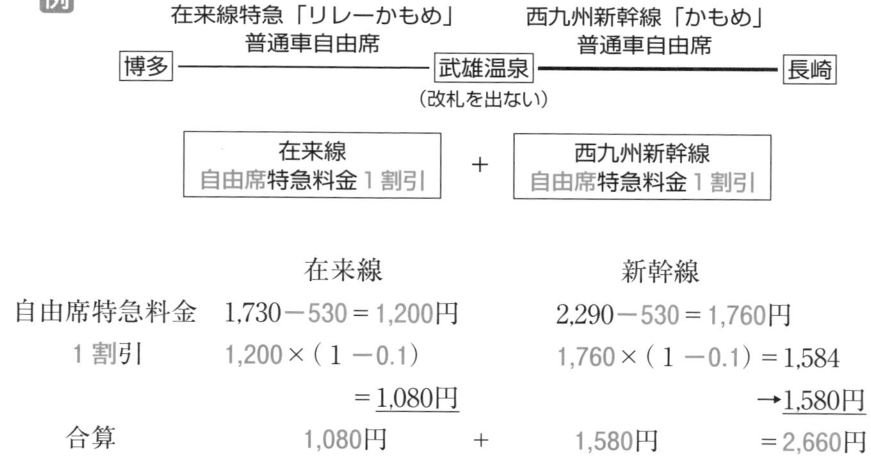

	在来線		新幹線	
自由席特急料金	1,730－530＝1,200円		2,290－530＝1,760円	
１割引	1,200×（１－0.1） ＝1,080円		1,760×（１－0.1）＝1,584 →1,580円	
合算	1,080円	＋	1,580円	＝2,660円

②普通車指定席

武雄温泉駅で改札を出ないで乗り継ぐ場合は１本の列車として計算するため、合算した自由席特急料金（１割引）に１列車分の指定席料金530円を加算します。

	在来線	新幹線		指定席料金			
通常期	（1,080円	＋1,580円）	＋	530円			＝3,190円
繁忙期	（1,080円	＋1,580円）	＋	530円	＋	200円	＝3,390円

POINT 「リレーかもめ」と西九州新幹線「かもめ」との乗り継ぎ

①普通車自由席

在来線 自由席特急料金 （1割引）	＋	西九州新幹線 自由席特急料金 （1割引）	（通年同額）

②普通車指定席

在来線 自由席特急料金 （1割引）	＋	西九州新幹線 自由席特急料金 （1割引）	＋	指定席料金 530円	＋	（最）繁忙期 200円 （400円）

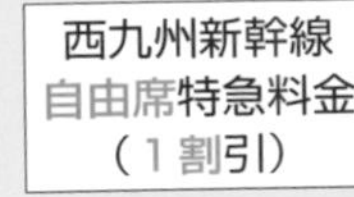

注　九州内の在来線と西九州新幹線は閑散期はない。

7 東北新幹線「はやぶさ」

「はやぶさ」は、「はやて」「やまびこ」「なすの」よりも高い特急料金となっています。最速達タイプの列車です。

東北新幹線「はやぶさ」の特急料金

東北新幹線「はやぶさ」は2011年３月５日にデビューした東京～新青森間を最速で結ぶ全車指定席の列車です。「はやて」等より速いことから「はやぶさ」の特急料金は一部区間を除いて「はやて」等より高く設定されています。東海道・山陽新幹線「のぞみ」（指定席）と考え方は同様です。

POINT 「はやぶさ」と「はやて」「やまびこ」「なすの」の特急料金

「はやぶさ」の特急料金　≧　「はやて」「やまびこ」「なすの」の特急料金

※東京～大宮間および盛岡～新青森間の各駅相互間の「はやぶさ」指定席特急料金は、「はやて」「やまびこ」「なすの」と同額となる。

「はやぶさ」と「はやぶさ」以外との乗り継ぎ

「はやぶさ」の特急料金は「はやて」「やまびこ」等より高く設定しているため、乗継駅で改札を出ないで乗り継ぐ場合は次のように計算します。「のぞみ」の指定席と「ひかり」「こだま」との乗り継ぎ（P.196）の場合と同様の考え方です。

POINT 「はやぶさ」と「はやぶさ」以外との乗り継ぎ

①「はやて」「やまびこ」等の通しの特急料金（全乗車区間） ＋ ②「はやぶさ」と「はやて」等の特急料金の差額（はやぶさ乗車区間）

注：＋400円・±200円・－530円は、「はやぶさ」との差額を加算した額に適用する。
小児は最終的に算出した大人の特急料金の半額となる。

例1 10月17日（木） 通常期

東京 ―東北新幹線「はやぶさ」普通車指定席― 盛岡（改札を出ない） ―東北新幹線「はやて」普通車指定席― 二戸（にのへ）

①東京～二戸（にのへ） 「はやて」の特急料金 5,910円
②東京～盛岡 「はやぶさ」と「はやて」の特急料金の差額 520円
└ はやぶさ乗車区間
計6,430円

【差額表がない場合の算出方法】

東京～盛岡

「はやぶさ」の特急料金 6,430円 － 「はやて」の特急料金 5,910円 ＝ 520円

例2 上記の行程で**繁忙期**の場合

特急料金（5,910＋520） ＋ 200 ＝ 6,630円

例3 上記の行程で通常期・小児の場合

特急料金（5,910＋520） ÷ 2 ＝3,215⇒3,210円

●東北新幹線の特急料金の例

駅名	新青森	八　戸	盛　岡	仙　台	大　宮
東京	7,330円 6,810円 520円	6,800円 6,280円 520円	6,430円 5,910円 520円	5,360円 5,040円 320円	2,610円 2,610円 0円
大宮	6,590円 6,070円 520円	6,590円 6,070円 520円	5,890円 5,370円 520円	5,150円 4,830円 320円	
仙台	5,040円 4,830円 210円	4,270円 4,060円 210円	3,380円 3,170円 210円		
盛岡	3,170円 3,170円 0 円	2,400円 2,400円 0円			
八戸	2,400円 2,400円 0円				

上段　「はやぶさ」の特急料金
中段　「はやぶさ」以外の特急料金
下段　「はやぶさ」と「はやぶさ」以外の特急料金の差額表

グランクラス（Gran Class）料金

東北・北海道新幹線、北陸新幹線にグリーン車より上のグランクラスがあります。グランクラス料金は特別車両料金（A）として設定されていますので、グリーン料金と扱いは同様です。グランクラスに乗車の場合の特急料金は、乗車日のシーズン別指定席特急料金から530円引となります。

例　通常期

東京 ―― 東北新幹線「はやぶさ」グランクラス（A）―― 新青森
営業キロ　713.7キロ

特急料金　「はやぶさ」の特急料金　7,330－530＝ 6,800円
グランクラス(A)料金　営業キロ　713.7キロ　11,840円
計　18,640円

●ＪＲ東日本内のグリーン・グランクラス料金（大人・小児同額）

営業キロ	～100キロ	～200キロ	～400キロ	～600キロ	～700キロ	701キロ～
グリーン料金	1,300円	2,800円	4,190円	5,400円	5,600円	6,600円
グランクラス（A)料金	6,540円	8,040円	9,430円	10,640円	10,840円	11,840円
グランクラス（B)料金	4,450円	5,950円	7,340円	8,550円	8,750円	9,750円

料金が異なるグランクラスの乗り継ぎ

グランクラス料金には、グランクラス(A)料金とグランクラス(B)料金の2種類があります。

グランクラス（A）料金	アテンダントによる車内サービスあり
グランクラス（B）料金	アテンダントによる車内サービスなし シートのみ営業

料金が異なるグランクラスを途中で乗り継ぐ場合は、全乗車区間に対して、高いグランクラス(A)料金（アテンダントあり）を適用します。

例

宇都宮 ―「やまびこ」グランクラス（アテンダントなし）― 仙台 ―「はやぶさ」グランクラス（アテンダントあり）― 新青森

営業キロ　242.3キロ　（改札を出ない）　営業キロ　361.9キロ

宇都宮～新青森　営242.3キロ＋営361.9キロ＝営604.2→605キロ

グランクラス(A)料金　10,840円

●東北・北海道新幹線

名　称	タイプ	運転区間	グランクラス
はやぶさ	最速達タイプ	東京～新青森～新函館北斗	あり
はやて	速達タイプ	盛岡～新青森～新函館北斗	あり
やまびこ	速達タイプ	東京～盛岡	一部列車、あり
なすの	各駅停車タイプ	東京～郡山（こおりやま）	一部列車、あり

グリーン車とグランクラスの乗り継ぎ

グランクラス料金は通常のグリーン料金より高く設定されています。そのため、新幹線のグリーン車とグランクラスとを改札口を出ないで乗り継ぐ場合（同一方向）は、次のように計算します。「はやぶさ」と「はやぶさ」以外との乗り継ぎ（P.204）の場合と同様の考え方です。

POINT 新幹線のグリーン車とグランクラスとの乗り継ぎ

①通しのグリーン料金（全乗車区間に対する料金） ＋ ②グランクラス料金とグリーン料金との差額（グランクラス乗車区間）

特急料金
　特急料金は、改札口を出ない場合の乗り継ぎなので、
　通しのシーズン別指定席特急料金（全乗車区間） － 530円 となる。

例1 8月15日（木）　最繁忙期

東京 ―― 東北新幹線「はやぶさ」グランクラス（A）指定席 営業キロ 535.3キロ ―― 盛岡（改札を出ない） ―― 東北新幹線「はやて」グリーン車指定席 営業キロ 65.7キロ ―― 二戸

【グリーン料金・グランクラス料金】

①東京～二戸（にのへ）　グリーン料金　535.3＋65.7＝601.0キロ　5,600円
②東京～盛岡　グランクラス（A）とグリーン料金との差額
　営535.3キロ　10,640　－　5,400　＝　5,240円
　└グランクラス乗車区間
　計 10,840円

【特急料金】

①東京～二戸（にのへ）　「はやて」の特急料金　5,910円
②東京～盛岡　「はやぶさ」と「はやて」の特急料金の差額　520円
（5,910＋520）＋400－530　＝　6,300円

例2 上記の行程で小児の場合

【グリーン料金・グランクラス料金】
　大人と同額　5,600＋5,240＝10,840円

【特急料金】 大人の半額　{(5,910＋520)＋400－530} ÷ 2 ＝3,150円

8 北陸新幹線と在来線

2024年3月16日に北陸新幹線（金沢～敦賀（つるが）間）が延伸されました。北陸新幹線「つるぎ」と在来線特急「サンダーバード」「しらさぎ」を敦賀駅で乗り継ぐ場合の特急料金計算には注意が必要です。

北陸新幹線（金沢～敦賀間）の延伸

北陸新幹線の金沢～敦賀間は2024年３月16日に延伸され、関西・名古屋方面から金沢（またはその逆）に行く場合、敦賀駅で乗り換えが必要となりました。

延伸前までは在来線特急の直通運転がありましたが、延伸後は敦賀駅で北陸新幹線と在来線特急と２本の列車に乗り継がなければいけなくなり、特急料金も２列車分かかり割高となります。そのため、2022年に開業した西九州新幹線「かもめ」と在来線特急「リレーかもめ」との乗り継ぎ（P.202）と同様の計算方法を採用しています。

●北陸新幹線と敦賀駅で接続する在来線特急

在来線特急	運行区間
特急「サンダーバード」全車指定席	大　阪～敦　賀
特急「しらさぎ」全車指定席	名古屋～敦　賀 米（まい）　原（ばら）～敦　賀

大阪 ― 在来線特急「サンダーバード」 ― 敦賀 ― 北陸新幹線「つるぎ」 ― 金沢

北陸新幹線と在来線特急「サンダーバード」「しらさぎ」との乗り継ぎ

北陸新幹線「つるぎ」と在来線特急「サンダーバード」「しらさぎ」と

を敦賀駅で改札を出ないで乗り継ぐ場合の特急料金は、北陸新幹線と在来線特急の自由席特急料金を各々１割引して合算した特急料金に指定席料金530円を加算します。

在来線特急「サンダーバード」「しらさぎ」は全車指定席のため、指定席料金が必要となります。北陸新幹線も指定席を利用する場合でも、改札を出ないで乗り継ぐ場合は１本の列車として計算するため、１列車分の指定席料金530円のみの加算となります。

例

名古屋 ―在来線特急「しらさぎ」（営業キロ125.8km）― 敦賀（改札を出ない） ―北陸新幹線「つるぎ」― 金沢

在来線 自由席特急料金１割引 ＋ 北陸新幹線 自由席特急料金１割引

	在来線	新幹線
自由席特急料金	2,390－530＝1,860円	3,170－530＝2,640円
１割引	1,860×（１－0.1）＝1,674円 →1,670円	2,640×（１－0.1）＝2,376円 →2,370円

	在来線 新幹線		指定席料金		シーズン別	
通常期	（1,670円＋2,370円）	＋	530円			＝4,570円
最繁忙期	（1,670円＋2,370円）	＋	530円	＋	400円	＝4,970円
繁忙期	（1,670円＋2,370円）	＋	530円	＋	200円	＝4,770円
閑散期	（1,670円＋2,370円）	＋	530円	－	200円	＝4,370円

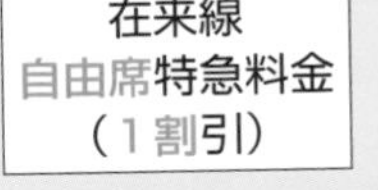

「サンダーバード」「しらさぎ」と北陸新幹線との乗り継ぎ

在来線 自由席特急料金（１割引） ＋ 北陸新幹線 自由席特急料金（１割引） ＋ 指定席料金 530円 シーズン別（＋ 400円）（± 200円）

注：シーズン区分は北陸新幹線のシーズン区分とする。

9 北陸新幹線のグリーン・グランクラス料金…

北陸新幹線の特急料金は新幹線内乗継で計算できますが、グリーン・グランクラス料金は新幹線内乗継では計算できない場合があります。

ＪＲ東日本とＪＲ西日本にまたがる場合

ＪＲ東日本（東京～上越妙高）とＪＲ西日本（上越妙高～敦賀（つるが））とにまたがる場合の北陸新幹線のグリーン・グランクラス料金は、ＪＲ東日本内とＪＲ西日本内の乗車区間のグリーン・グランクラス料金の合算となります。

例

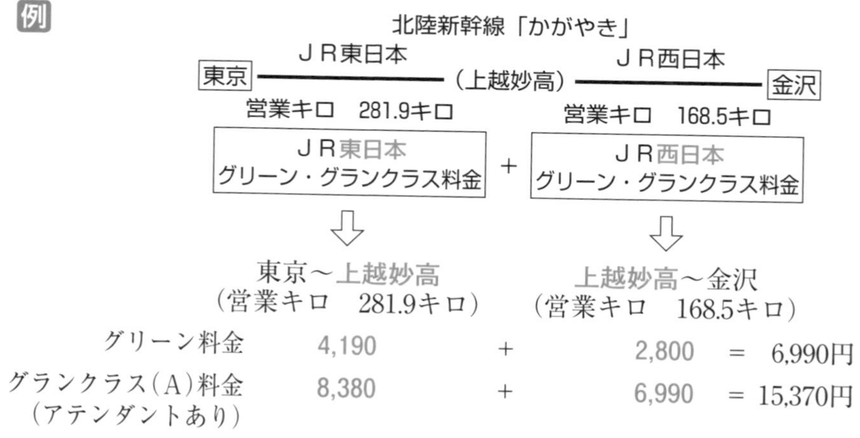

●料金表1　北陸新幹線〔ＪＲ東日本とＪＲ西日本とにまたがる場合〕（ＪＲ旅客営業規則の料金表）

営業キロ	～100キロ	～200キロ	～300キロ
グリーン料金	1,300円	2,800円	4,190円
グランクラス（A）料金※	5,490円	6,990円	8,380円
グランクラス（B）料金※	3,400円	4,900円	6,290円

グランクラス（A）料金…アテンダントによる車内サービスあり
グランクラス（B）料金…アテンダントによる車内サービスなし、シートのみ営業
※グランクラス料金は次ページの料金表2北陸新幹線〔ＪＲ東日本内・ＪＲ西日本内の場合〕のグランクラス料金から1,050円引したものと同額

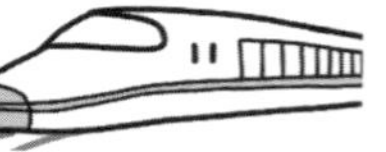

ＪＲ時刻表の料金表[2]を利用する場合

ＪＲ時刻表では、北陸新幹線のグランクラス料金表は料金表[2]〔ＪＲ東日本内・ＪＲ西日本内の場合〕のみしか掲載していません。料金表[1]〔ＪＲ東日本とＪＲ西日本とにまたがる場合〕のグランクラス料金は料金表[2]のグランクラス料金から1,050円引したものと同額であるため、料金表[2]より計算する場合は、ＪＲ東日本内とＪＲ西日本内の乗車区間のグランクラス料金からそれぞれ1,050円引した料金を合算します。

例

北陸新幹線「かがやき」
グランクラス（アテンダントあり）

東京 ――――（上越妙高）―――― 金沢
営業キロ　281.9キロ　　営業キロ　168.5キロ

東京～上越妙高（営業キロ　281.9キロ）　上越妙高～金沢（営業キロ　168.5キロ）

グランクラス(A)料金

	東京～上越妙高		上越妙高～金沢	
料金表[1]の場合	8,380	＋	6,990	=15,370円
料金表[2]の場合	(9,430－1,050)	＋	(8,040－1,050)	=15,370円

●料金表[2]　北陸新幹線〔ＪＲ東日本内・ＪＲ西日本内の場合〕
（ＪＲ時刻表に掲載の料金表）

営業キロ	～100キロ	～200キロ	～300キロ
グリーン料金	1,300円	2,800円	4,190円
グランクラス(A)料金	6,540円	8,040円	9,430円
グランクラス(B)料金	4,450円	5,950円	7,340円

POINT　北陸新幹線(ＪＲ東日本とＪＲ西日本にまたがる場合)

ＪＲ東日本（東京～上越妙高（じょうえつみょうこう））　＋　ＪＲ西日本（上越妙高～敦賀）

①北陸新幹線（ＪＲ東日本）グリーン・グランクラス料金 ＋ ②北陸新幹線（ＪＲ西日本）グリーン・グランクラス料金

●料金表[2]ＪＲ東日本内・ＪＲ西日本内のグランクラス料金表の場合

①ＪＲ東日本の乗車区間（グランクラス料金－1,050円） ＋ ②ＪＲ西日本の乗車区間（グランクラス料金－1,050円）

注：特急料金＝通しのシーズン別指定席特急料金（東京～敦賀）－530円

料金が異なるグランクラスの乗り継ぎ

料金が異なるグランクラスを途中で乗り継ぐ場合は、全乗車区間に対して、高いグランクラス（A）料金（アテンダントあり）を適用します。

例

「あさま」グランクラス（アテンダントなし）　「かがやき」グランクラス（アテンダントあり）

高崎 ―― 長野 ―― 上越妙高

営業キロ　117.4キロ（改札を出ない）営業キロ　59.5キロ

高崎～上越妙高　117.4＋59.5＝176.9キロ　グランクラス（A）料金（ＪＲ東日本内）　料金表2より　8,040円

グリーン車とグランクラスの乗り継ぎ

ＪＲ東日本とＪＲ西日本とにまたがる場合の北陸新幹線のグリーン・グランクラス料金は、ＪＲ東日本内とＪＲ西日本内の乗車区間のグリーン・グランクラス料金の合算とし、さらにP.207のように計算します。

例　**東京～長野をグランクラス（アテンダントあり）に、長野～黒部宇奈月温泉をグリーン車に乗り継いだ場合**（長野で改札を出ない）

「かがやき」グランクラス　「はくたか」グリーン車指定席

東京 ―― 長野 ――（上越妙高）―― 黒部宇奈月温泉

営 222.4キロ　営 59.5キロ　営 76.2キロ

←ＪＲ東日本→←ＪＲ西日本→

1．全区間のグリーン料金（東京～黒部宇奈月温泉）

ＪＲ東日本　東京～上越妙高　222.4＋59.5＝281.9キロ…………4,190円
ＪＲ西日本　上越妙高～黒部宇奈月温泉　76.2キロ…………………1,300円

計　5,490円

2．グランクラス乗車区間のグランクラスとグリーン料金の差額

東京～長野　222.4キロ　グランクラス（A）料金　グリーン料金
料金表2ＪＲ東日本内　9,430　－　4,190 ＝ 5,240円

3．全体のグランクラス・グリーン料金

1．5,490円　＋　2．5,240円　＝　10,730円

10 東北新幹線と北海道新幹線

2016年３月26日より北海道新幹線・新青森～新函館北斗間が開業し、東北新幹線と直通運転（全車指定席）をしています。関連する運賃・料金規則が大きく変更されていますので、注意が必要です。

東北新幹線と北海道新幹線との乗り継ぎ

①基本的な計算方法

東北新幹線と北海道新幹線とを直通運転する「はやぶさ」「はやて」の料金計算は、東北新幹線と北海道新幹線の特急料金・グリーン（グランククラス）料金の合算となります。東北新幹線と北海道新幹線とを新青森駅で乗り継ぐ（改札を出ない）場合も同様です。

特急料金は山陽新幹線と九州新幹線との乗り継ぎ（P.198）、グリーン・グランクラス料金は北陸新幹線（P.210）とほぼ同様の計算方法です。

例　通常期　東北・北海道新幹線「はやぶさ」グリーン車指定席

東京 ――（新青森）―― 新函館北斗

営業キロ　713.7キロ　／　営業キロ　148.8キロ

東北新幹線（東京～新青森）特急料金・グリーン料金 ＋ 北海道新幹線（新青森～新函館北斗）特急料金・グリーン料金

	東北新幹線(東京～新青森)		北海道新幹線(新青森～新函館北斗)	
特急料金	（　7,330－530　）	＋	（　4,530－530　）	＝10,800円
グリーン料金	6,600 (P.205ＪＲ東日本内)	＋	2,800	＝　9,400円

●北海道新幹線〔ＪＲ北海道内〕

営業キロ	～100キロ	～200キロ
グリーン料金	1,300円	2,800円
グランクラス(A)料金	6,540円	8,040円
グランクラス(B)料金	4,450円	5,950円

②指定席特急料金

指定席特急料金は全区間通して１列車分の座席指定料金（530円）とするため、北海道新幹線の特急料金から530円引（通年同額）します。また、北海道内の特急料金は「はやぶさ」「はやて」とも同料金です。

東北新幹線の特急料金は基本通りです。

POINT 東北新幹線と北海道新幹線にまたがる場合の特急料金

東北新幹線(東京～新青森)　＋北海道新幹線(新青森～新函館北斗)

【普通車指定席】

最繁忙期（特急料金＋400円)＋(特急料金－530円)

繁 忙 期（特急料金＋200円)＋(特急料金－530円)

通 常 期（特急料金　　　)＋(特急料金－530円)

閑 散 期（特急料金－200円)＋(特急料金－530円)

【グリーン車・グランクラス利用】

（シーズン別特急料金－530円)＋(特急料金－530円)

【普通車自由席（立席)】通年同額

通　　年（特急料金－530円)＋(特急料金－530円)

グリーン・グランクラス料金

東北新幹線（東京～新青森）と北海道新幹線（新青森～新函館北斗）にまたがる場合のグリーン・グランクラス料金は、東北新幹線と北海道新幹線の乗車区間のグリーン・グランクラス料金の合算となります。

グリーン・グランクラス料金は北陸新幹線（P.210）とほぼ同様の計算方法です。

POINT 東北新幹線と北海道新幹線にまたがる場合

①東北新幹線の特急料金
グリーン・グランクラス料金　＋　②北海道新幹線の特急料金
グリーン・グランクラス料金

● ＪＲ東日本内とＪＲ北海道内のグランクラス料金表の場合

①東北新幹線の乗車区間（グランクラス料金－1,050円）　＋　②北海道新幹線の乗車区間（グランクラス料金－1,050円）

11 山形新幹線

山形新幹線の福島〜新庄間は、もともとある在来線を新幹線が通れるようにしたものなので、料金計算上は在来線扱いとなります。2022年に特急料金体系が改正されていますので、注意が必要です。

山形新幹線「つばさ」

福島〜新庄間の山形新幹線は在来線**扱い**となります。

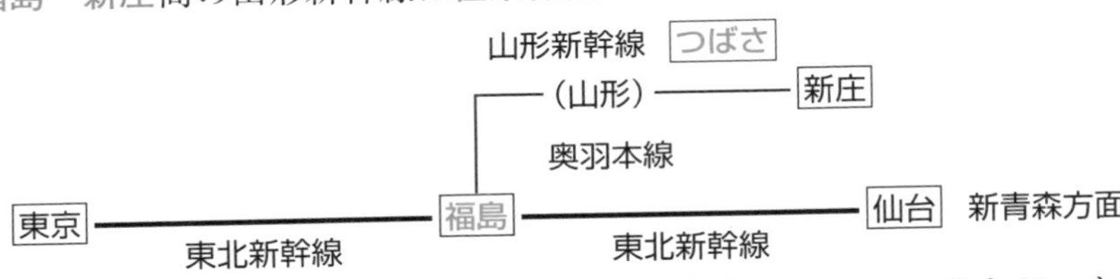

山形新幹線の福島〜新庄間は新幹線という名称がついていますが、もともとある在来線のレールを変更して新幹線が通れるようにしたもので、料金計算上は在来線扱いとなります。

開業当初は山形までであったため、山形新幹線という名称がついていますが、現在は新庄まで伸びています。

「つばさ」の特急料金

①直通の場合

東京〜新庄間の直通運転がありますが、１本の列車に乗車しても「東北新幹線部分」と「在来線部分」と分けて考えて特急料金を計算します。

2022年より**全車指定席**となり、あわせて従来の特急料金体系を見直し、在来線の特急料金は、A（B）特急料金と異なる新特急料金「**奥羽本線（福島〜新庄間）の特急料金**」を適用します。

特急料金は東北新幹線と北海道新幹線との乗り継ぎ（P.213）とほぼ同様の計算方法となります。

例を参考にしてください。

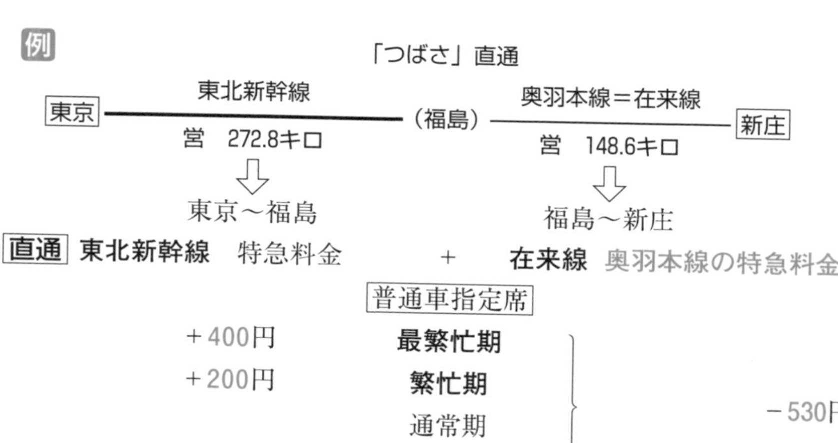

（＋400・±200）－530円　グリーン車指定席　－530円

普通車指定席

通常期	4,270	＋	（2,110－530）	＝	5,850円
繁忙期	（4,270＋200）	＋	（2,110－530）	＝	6,050円

②福島で乗り継ぎの場合

福島で乗り継ぎをする場合も、直通の場合と同様です。ただし、同一方向の乗り継ぎで改札を出ない場合に限られます。

仙台方向から（へ）の乗り継ぎの場合は、別々の列車として扱い、在来線区間にもシーズンによる＋400円・±200円が適用されます。

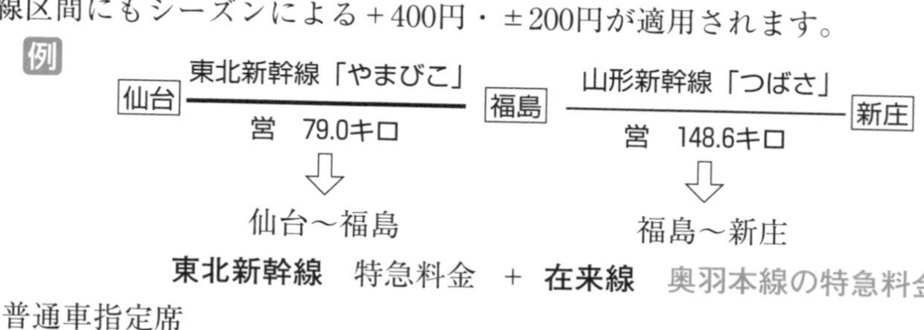

普通車指定席

通常期	2,400	＋	2,110	＝	4,510円
繁忙期	（2,400＋200）	＋	（2,110＋200）	＝	4,910円

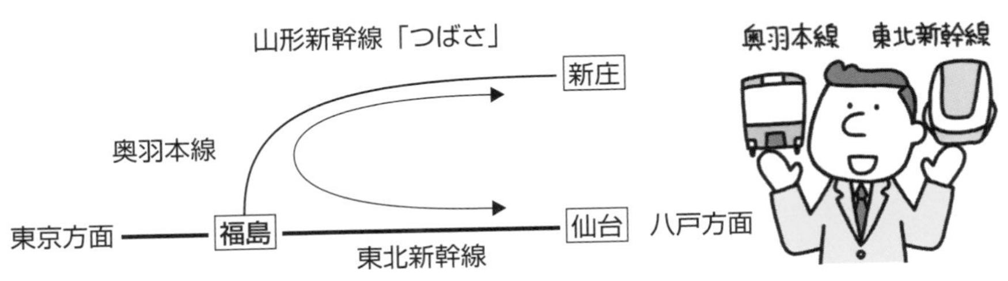

③福島〜新庄間のみ

「つばさ」で福島〜新庄間のみ⇒在来線のみなので通常通り奥羽本線の特急料金を適用（＋400円・±200円）

例　普通車指定席の場合

福島 ― 山形新幹線「つばさ」 ― 新庄
営　148.6キロ

繁忙期　2,110＋200＝2,310円

●奥羽本線（福島〜新庄間）の特急料金
田沢湖線・奥羽本線（大曲〜秋田間）の特急料金

営業キロ	〜50キロ	〜100キロ	〜150キロ
特急料金	1,290円	1,660円	2,110円

④福島〜新庄間のみで座席を指定しない場合

2022年より「つばさ」は全車指定席となりましたが、福島〜新庄間の**在来線区間のみ**の利用で**座席を指定しない**場合は、指定席特急料金から530円引した特定特急料金で普通車指定席の空席を利用できます。

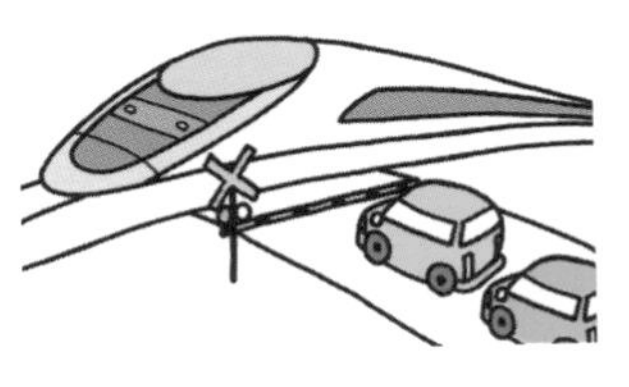

「つばさ」のグリーン料金

開業当初は特急料金と同様の計算方法でしたが、直通列車でも２列車分のグリーン料金が必要になり非常に高いグリーン料金となるため、現在は改正され、通しでグリーン料金を計算しています。

①直通の場合

東京～新庄間を直通運転の場合は、通しのグリーン料金を適用します。(「**東北新幹線**」と「**在来線**」の営業キロを**通算**してグリーン料金を算出します。特急料金の場合と異なるので注意しましょう。)

例 **繁忙期**

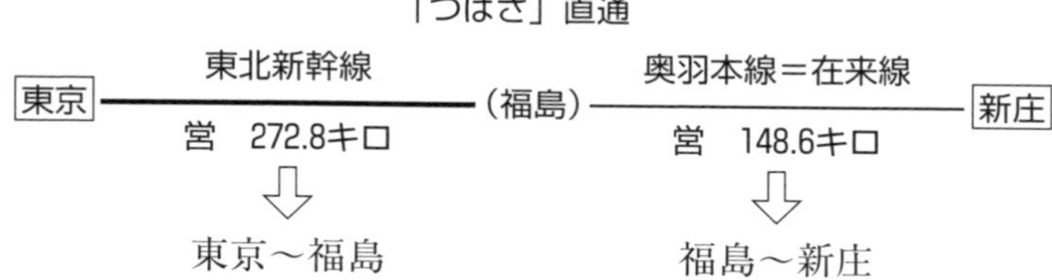

直通 東北新幹線 営272.8キロ ＋ 在来線 営148.6キロ ＝ 421.4キロ

グリーン料金(P.205 ＪＲ東日本内のグリーン料金より)5,400円

特急料金

東北新幹線		在来線	
(4,270＋200－530)	＋	(2,110－530)	＝5,520円

②福島で乗り継ぎの場合

直通の場合と同様に、東北新幹線と在来線の営業キロを通算して計算します。ただし、通算できるのは新幹線内乗継の場合と同様に、同一方向の乗り継ぎ、乗継駅で改札を出ない場合に限られます。

東北新幹線は、東京方面から(へ)の乗り継ぎの場合に、改札を出なければ通しのグリーン料金が適用されます。**新幹線内乗継**に準じて考えましょう。

通しのグリーン料金の条件は、①同一方向の乗り継ぎであり、②改札口を出ないこととなります。

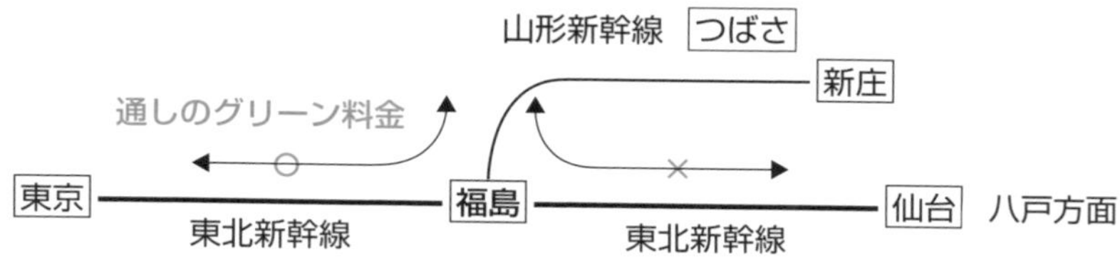

12 秋田新幹線

2014年のダイヤ改正より秋田新幹線は「こまち」に名称を統一し、東北新幹線「はやぶさ」（東京～盛岡間）と併結運転します。

秋田新幹線「こまち」

盛岡～秋田間の秋田新幹線は在来線扱いとなります。

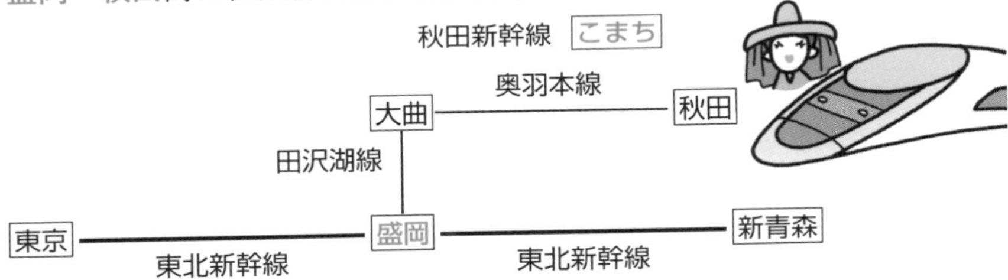

●特急料金・グリーン料金

秋田新幹線は全車指定席です。山形新幹線「つばさ」（P.215）と考え方は同様です。ただし、「こまち」は「はやぶさ」と併結運転のため、東北新幹線区間は「はやぶさ」の特急料金となります。

13 通過連絡運輸扱い

ＪＲと通過連絡運輸扱いをする会社線の特急料金は、運賃計算と同様に計算する。

通過連絡運輸扱いの会社線を経由する場合

ＪＲと通過連絡運輸扱いをする会社線を通過する特急列車の料金は、運賃と同様に前後のＪＲ鉄道区間の営業キロを通算して特急料金を算出し、これに連絡会社線の特急料金を加えます。運賃計算（P.173）と同様に計算します。

JR運賃・料金

料金の特例　2.個室料金

1 個室料金

定員に満たない人員で個室を利用する場合の運賃・料金の計算に注意が必要。普通車・グリーン個室と２人用個室寝台の違いにも注意。

新幹線の普通車個室

山陽新幹線の一部の列車に４人用の普通車個室があり、１人分の料金は指定席特急料金と同じです。実際乗車人員**分の運賃・料金のみ**で乗車可能で、少ない人数分の運賃・料金は不要です。ただし、３人以上（小児を含んでも可）の利用に限ります。

例　４人用の普通車個室を大人２人・小児１人で利用する場合

10／17(木)　博多 ―― 山陽新幹線　４人用・普通車個室 ―― 新大阪

大人運賃　9,790円
大人特急料金（通常期）　5,490円

【計算式】　実際乗車人員分の運賃・料金

大人	２人分	運賃	9,790×２＝	19,580円
		料金	5,490×２＝	10,980円
小児	１人分	運賃	9,790÷２＝4,895⇒	4,890円
		料金	5,490÷２＝2,745⇒	2,740円
			合計	38,190円

在来線のグリーン個室

グリーン個室料金は１室あたりの料金設定なので、実際乗車人員**分の運賃・特急料金**に**グリーン個室料金１室分**（JR九州はグリーン料金２人分＝グリーン個室料金１室分）を足すことになります。実際乗車人員分の運賃・特急料金のみで乗車可能で、少ない人数分の運賃・特急料金は不要です。

（特急料金も人数分）

POINT 普通車個室・グリーン個室

		新幹線・普通車個室	在来線・グリーン個室
運　賃		実際乗車人員分	実際乗車人員分
料金	特急料金	実際乗車人員分	実際乗車人員分 (シーズン別指定席特急料金－530円)×人員
	グリーン料金		グリーン個室料金　1室分 (JR九州は2人分＝個室1室分)

2人用個室寝台

2人用個室寝台は小児が利用しても、定員に満たない人員で利用しても、**特急料金大人2人分と個室寝台料金1室分（寝台料金2人分）**が必要です。ただし、**運賃**は実際乗車人員**分**となります。

例　2人用個室寝台を利用する場合の運賃・料金

利用者	特急料金	寝台料金	運　賃
大人1人	大人2人分	個室寝台料金1室分 (寝台料金2人分)	大人1人分
大人1人・小児1人	大人2人分	個室寝台料金1室分 (寝台料金2人分)	大人1人分 小児1人分
大人1人・幼児2人	大人2人分	個室寝台料金1室分 (寝台料金2人分)	大人1人分

※個室1室＝1席というように考える。大人・小児1人に対して、幼児2人までなら無賃なので、幼児が単独で利用しなければ何もかからない。

POINT 2人用個室寝台

運　賃		実際乗車人員分
料　金	特急料金	大人2人分 {(シーズン別指定席特急料金－530円)×2人}
	寝台料金	2人分（＝個室寝台料金1室分）

●個室寝台料金の例

A寝台	1人用	シングルデラックス　13,980円
B寝台	1人用	シングルツイン　9,600円　シングル　7,700円　ソロ　6,600円
	2人用	サンライズツイン　1人7,700円（1室15,400円）

JR運賃・料金
団体運賃・料金

1 団体の種別

団体とは原則８人以上ですが、８人未満のグループでも不足人数分を支払えば、団体となります。

団体の種別

団体とは原則８人以上であること。また、同一行程を旅行（同一列車・設備・区間を利用）することが条件となります。

①学生団体	８人以上の生徒・学生と付添人、教職員、またはこれに同行する旅行業者で構成された団体で、教職員が引率するもの（幼稚園や小学生の団体も該当）。 ※へき地校あるいは特殊学校の生徒・児童の場合は８人未満でも可
②訪日観光団体	８人以上の訪日観光客と同行する旅行業者（ガイド含む）で構成された団体で責任ある代表者が引率するもの。 ※日本国在外外交官・入国審査官、（社）日本旅行業協会または（社）全国旅行業協会会長の発行した証明書必要
③普通団体	上記以外の８人以上の旅客で構成された団体で、責任ある代表者が引率するもの。 大人・小児は問わない。

８人未満のグループでも不足人数分を支払えば、団体となります。

大人・小児混合の場合で小児の人数が多い場合は、不足分は小児運賃でかまいません。

例　大人３人、小児４人の場合⇒不足１人分は小児で可。

大口団体と小口団体

団体には規模の違いにより大口団体と小口団体があり、小口団体にはAとBの２つがあります。

①大口団体	専用臨時列車を利用する団体	
②小口団体	A小口団体	31人以上
	B小口団体	８人以上30人まで

●申込受付期間

①大口団体	出発日の9ヶ月前から2ヶ月前まで
②小口団体	出発日の9ヶ月前から14日前まで ただし、別に定める場合は12日前まで受け付けることがある。

※特に定める場合は期間外においても運送の申込みを受け付ける。

●団体乗車券発売（発券）

出発日の1ヵ月前から11日前まで
全行程で1枚の団体乗車券〔往復・全員分〕

保証金と指定保証金

大口団体には保証金、指定席を利用する小口団体には指定保証金が必要です。これは団体乗車券（団券）発行前の申込金のようなもので、団券が発行されれば運賃・料金に充当されます。

①大口団体	保証金	運送引受時の団体旅客運賃の1割
②指定席利用の小口団体	指定保証金	申込人員の9割に対し、1人300円 大人・小児同額

●指定保証金の計算式

指定保証金 ＝ 申込人員 × 0.9（1人未満切捨て）× 300円

例 申込人員72人、実際乗車人員68人の小口団体の指定保証金
72人×0.9＝64.8 ⇒ 64人（1人未満切捨て）
64人×300円＝19,200円

団体運送の引き受け

●個人割引旅客の引き受け

学生割引・身体障がい者割引等の個人割引旅客は、団体構成人員に含めて引き受けることができます。ただし、個人割引を含めた団体総人員の5割以内となっています。

2 団体割引

主な団体には「普通団体」「訪日観光団体」「学生団体」がありますが、割引は運賃のみで料金には適用されません。

団体割引

割引は運賃のみに適用されます。

団体の種別		取扱期間	割引率
①普通団体		第１期	１割引（10%引）
		第２期	１割５分引（15%引）
	専用臨時列車利用の団体	第１期	５分引
		第２期	１割引
②訪日観光団体		通　年	１割５分引
③学生団体	中学生以上	通　年	大人運賃の５割引
	小学生以下	通　年	小児運賃の３割引
	教職員・付添人 旅行業者※	通　年	３割引

※旅行業者は、構成人員（旅行業者も含む）100人ごとに１人が割引。具体的には、100人までは１人、101人から200人までは２人、201人から300人までは３人。

学生団体

学生団体はＪＲの運送上の都合による場合を除き、グリーン車やＡ寝台は利用できません。利用する場合は、普通団体として取扱います。

同行する写真業者やＰＴＡ役員は団体の構成人員に含めることはできますが、団体割引の適用外です。また、小学３年生以下・幼稚園児等や身体障がい者で必要な場合は、旅客１人につき１人が付添人として認められています。付添人も割引となります。

普通団体の第１期・第２期区分

第１期・第２期があるのは普通団体のみ

第１期	12月21日～１月10日、３～５月、７～８月、10月
第２期	上記以外

ＪＲの**乗車日**が第１期・第２期にまたがる場合は、全行程、第２期の割引率を適用します。

例１ 新幹線　往復　小口・普通団体
　往路　６／30（日）　第２期 ｝全行程第２期
　復路　７／１（月）　第１期 ｝　１割５分引

例２ 小口・普通団体が10／31（木）に夜行列車に乗車し、翌日11／１（金）に到着した場合
　第１期　１割引（11月にまたがっているが、乗車日が基準となるため10月31日で判断する）

無賃扱い

●団体の無賃扱い

①訪日観光団体	15～50人で１人無賃	以降、50人増えるごとに１人無賃扱いが増える。51～100人で２人
②普通団体	31～50人で１人無賃	
③学生団体	無賃扱いなし	

運賃が無賃の者は、**料金も無料**となります。

また、大人と小児が混乗している場合は、有利な大人を無賃とします。

例 大人15人・小児16人の普通団体の場合
　15＋16＝31
　31人なので１人無賃→大人１人無賃

個人割引旅客も団体構成人員に含めて無賃扱いを考えます。

例 大人25人・身体障がい者割引10人の普通団体の場合
　25＋10＝35
　35人なので１人無賃→大人１人無賃

PART 3 国内旅行実務・国内運賃料金

3 団体割引の計算

団体運賃では個人の場合と異なり、区間ごと、片道ごとに割引は行いません。また、団体割引は運賃のみが対象となります。

団体割引の計算手順

POINT 団体割引運賃の計算手順

①１人あたりの普通運賃を算出
②割引（端数整理は10円未満切捨てとする）
③無賃扱いを考えて、人数倍

※重複割引は不可、団体で往復しても団体割引のみとなります。
注：普通団体の場合、第１期か第２期かに注意します。

団体運賃は区間ごと、片道ごとの割引は行われません。個人の場合と異なることに注意しよう！

１人あたりの普通運賃総額	×	（１－割引率）	＝割引運賃
割引運賃	×	（乗車人数－無賃人数）	＝団体運賃

団体運賃は、不乗通算や分岐線を別に計算するなど有利な打切区間による計算ができます。「不乗通算」とは、実際に乗車しない区間があっても乗車したものとみなして計算できるもので、その方が運賃が安くなる場合があります。承諾さえ受ければ不乗通算扱いが可能です。国家試験では、不乗通算とあった場合は、乗車していない区間のキロ数を含めて運賃計算を行います。

団体料金

団体割引は運賃のみで料金の割引はありません。団体の場合の料金計算は、個人の場合の料金計算と同様。ただし、無賃扱いの人は料金も無料となります。

4 団体計算例

団体運賃の計算は、１人あたりの普通運賃総額から割引して割引運賃を算出し、無賃人数を差し引いた人数をかけて求めます。

例　申込人員大人33人、確定人員大人31人で構成する普通団体が次の行程で旅行する場合。

９月30日（月）　東京 ―「ひかり」号普通車指定席― 西明石

10月１日（火）　西明石 ―「ひかり」号普通車自由席― 東京

東京・西明石間 営業キロ612.3キロ	大人片道普通運賃	9,790円
	大人特急料金（通常期）「ひかり」号	5,920円

【団体運賃】

①大人普通運賃（総額）の算出

往路9,790円＋復路9,790円＝19,580円

②割引　〔往路〕　９／30　第２期
〔復路〕　10／１　第１期
　全行程第２期　１割５分引

19,580円×（１－0.15）＝16,643円　⇒　16,640円
10円未満切捨て

③無賃扱いを考え、人数倍

31人　⇒　１人無賃扱い

16,640円×（31－１）＝499,200円

【団体料金】

〔往路〕　９／30（月）　閑散期　5,920－200＝5,720円

〔復路〕　10／１（火）　閑散期　5,920－530＝5,390円

（5,720＋5,390）×（31－１）＝333,300円

11 JR運賃・料金
変更・払戻し

1 変更

使用開始前の乗車変更は、1回に限り、同種類の他の乗車券類への変更が可能です。

●乗車変更

旅行開始前（使用開始前）の変更は1回に限って、無手数料で同種類の他の乗車券類への変更が可能です。自由席特急券、急行券、自由席グリーン券は同種類の乗車券類の他に指定券への変更もできます。

指定のある券	その列車の出発時刻前（団体は2時間前）まで
指定のない券	有効期間内

注：変更の結果、金額に差額が生じた場合⇒不足額は収受、過剰額は払戻しとなります。

2 紛失

乗車券類の紛失は、個人の場合、原則として再購入となります。団体の場合は、再交付も可能です。

乗車券類の紛失

①個人の場合

乗車券類を紛失したときは、原則は再購入となります。再購入の券面に「紛失再」の表示がされ、旅行終了（下車）駅で「再収受証明」を受けて保管します。再購入日より1年以内に紛失した乗車券類を発見した場合は、払戻請求をすれば、手数料220円（指定券等340円）を差し引いた額が払い戻されます。

②団体乗車券の紛失

団体乗車券については、係員が紛失の事実を認定することができ、払戻しされていないことが確認できる場合は、別に運賃・料金を収受しないで、再交付することができます。

紛失の場合の原則

個人の場合　⇒　再購入

団体の場合　⇒　再交付

団体は、係員がその事実を認定すれば、運賃・料金の収受は行われない。

POINT 乗車券類の紛失（個人）の流れ

①再購入（券面に 紛失再 の表示）　※指定券は同一列車のみ

②旅行終了駅で「再収受証明」を受け、乗車券類を保管する。

③紛失した乗車券類の発見。

④紛失した券と「再収受証明」のある券を提出して払戻請求をする。
（再購入日の翌日から起算して1年以内に限る）

⑤払戻手数料220円（指定券等340円）を差し引いて払戻しを行う。

3 払戻し

乗車券類の使用開始前であれば、一定の払戻手数料を差し引いて払戻しが行われます。

旅行開始前の払戻し

乗車券類は、使用開始前であれば一定の払戻手数料を差し引いて払戻しが行われます。

POINT 払戻手数料の原則

払戻手数料（特殊なものを除く）

①指定のないもの	有効期間内	220円
②指定のあるもの※	乗車日の2日前まで	340円
	前日から出発時刻前まで （団体は2時間前まで）	料金の30% 〔最低340円〕

※前日から出発時刻までに変更した指定券の払戻し→料金の30%

PART 3 国内旅行実務・国内運賃料金

●払戻手数料（運賃・料金別に１枚につき）

乗車券の種類	払戻し条件	払戻手数料
普通乗車券・団体乗車券 自由席特急券・特定特急券 普通急行券・自由席グリーン券	使用開始前で有効期間内 （往復乗車券・連続乗車券は１枚とみなす）	220円
立席特急券	出発時刻まで	220円
座席未指定券	乗車日まで	340円
指定席特急券・寝台券 指定席グリーン券 座席指定券	乗車日の２日前まで	340円
	前日から出発時刻前まで （団体は２時間前まで）	料金の30％ （最低340円）

※大人・小児の区別なし、10円未満端数切捨て

※２種類の料金券（１枚で発行したもの）を払い戻す場合は、特急（急行）料金には手数料はかかりません。

例１ 特急券・グリーン券（指定席）

⇒グリーン料金（券）に対してのみ手数料がかかります。

２日前の払戻し

特急券　　払戻手数料不要

グリーン券　　340円

例２ 東北・北海道新幹線（東京～新函館北斗）の指定席特急券を前日に払戻し〔東北新幹線・特急料金7,330円、北海道新幹線・特急料金4,000円〕

⇒特急料金合計額に対して30％の手数料がかかります。

前日の払戻し

特急券　（7,330＋4,000）円×0.3＝3,399円　⇒　3,390円

例３ １枚の乗車券・特急券（指定席）を５日前に払戻し

⇒運賃・料金別々に手数料がかかります。

乗車券220円＋特急券340円＝560円

旅行開始後の払戻し

原則として、旅行開始後の払戻しは行いませんが、普通乗車券については未使用区間（不乗車区間）が営業キロ100キロを超え、有効期間内であれば乗車済み区間の運賃と手数料220円を差し引いて払戻しとなります。

POINT 旅行開始後の払戻し

原則として、旅行開始後の払戻しは不可

例外　普通乗車券

有効期間内で不乗車区間の営業キロが100キロを超えて残っている場合

⇩

すでに乗車した区間の運賃と手数料220円を差し引いて払戻し

4 列車の遅延・運行中止

特急（急行）列車が2時間以上遅延して到着した場合には、特急（急行）料金の払戻しが行われますが、運賃の払戻しは行われません。

特急（急行）列車の遅延

特急（急行）料金は速さに対する対価であるため、着駅到着時刻に2時間以上遅れて到着した場合は全額を払い戻します。

ただし、運賃は運送の対価、グリーン料金や寝台料金などは設備利用の対価であるため、特急（急行）料金以外の払戻しはありません。

POINT 特急（急行）列車の遅延

特急（急行）列車が着駅到着時刻に2時間以上遅延して到着した場合

⇒特急（急行）料金は全額払戻しとなる。

注：乗車券（運賃）、グリーン・寝台・座席指定料金は不可。

旅行開始後の運行中止

旅行開始後に運行中止の場合、途中下車をしないことを条件に無賃で**出発駅に戻ることができます**。その際、運賃・料金は全額払戻しが行われます。

JR運賃・料金
発売日と有効期間

1 乗車券類の発売日

普通乗車券は乗車日から有効な乗車券を発売します。指定券と同時購入の場合は、1ヶ月前の同日から発売されます。

指定券（特急券・グリーン券・寝台券等）の発売日

列車が始発駅を出発する日の1ヶ月前の同日10時から発売。
　同日がない場合は翌月の1日となります。

出発日	3/29・30・31	5/31	7/31	10/31	12/31
発売日	3/1	5/1	7/1	10/1	12/1

※閏年—3/29乗車の場合は2/29発売

注　列車が始発駅を出発する日が基準となるので、0時すぎの乗車の場合には注意しよう！

10／10 静岡 ――特急「サンライズ出雲」―― 松江
0：20発　※特急「サンライズ出雲」東京始発（21：50発）の列車

発売日は9／9

運送契約の成立

旅客の運送契約は、所定の運賃・料金を支払い、乗車券類の交付を受けた時に成立します。ただし、その成立について別段の意思表示があった場合を除きます。

乗車券類　JR旅客営業規則上、乗車券、急行券、特別車両券、寝台券、コンパートメント券および座席指定券のこと。

2 乗車券類の有効期間

期間の計算法は、24時をもって1日の区切りとするが、初日は時間の長短にかかわらず、1日として計算します。

乗車券類の有効期間

乗車券の有効期間は、必ず営業キロで算出します。

●片道乗車券

営業キロ	～100キロ	～200キロ	～400キロ	～600キロ	～800キロ
有効期間	1日	2日	3日	4日	5日

※800キロ以降、200キロごとに1日増えます。
乗車中に有効期間を経過した場合は、途中下車をしない限り券面に表示された最終駅まで有効です。

計算式 (100キロまで除く)

有効期間 ＝ 営業キロ ÷ 200 ＋ 1日
(営業キロ：200キロ単位に切上げ)

例 営業キロ590キロの場合

590 → 600 (200キロ単位に切上げ)

600 ÷ 200 ＋ 1日 ＝ 4日

●乗車券類の有効期間

乗車券	片道乗車券	上記参照	
乗車券	往復乗車券	片道乗車券の有効期間の2倍	
乗車券	連続乗車券	打切区間ごとの有効期間の合計	
料金券	自由席特急券・普通急行券	1日(有効期間開始日)	1列車に有効
料金券	自由席グリーン券	1日(有効期間開始日)	1列車に有効
料金券	座席未指定券	券面表示日および指定列車に限り有効	
料金券	指定券	指定列車に限り有効	

※博多～新下関間にかかわる往復乗車券は、往路・復路の各有効期間の合計

「指定席特急券」は指定列車に乗り遅れた場合、当日の普通車自由席に限り乗車ができます。

PART 3 国内旅行実務・国内運賃料金

注意する乗車券の有効期間

東京・仙台・新潟・大阪・福岡の大都市近郊区間内で発着する乗車券は、営業キロが100キロを超えていても有効期間は１日となるなど、乗車券によっては有効期間に注意しなければならないものがあります。

POINT 注意する乗車券の有効期間

①特定都区市内・東京山手線内発着の乗車券（P.174・175）
運賃計算と同様、中心駅から（まで）の営業キロで計算する。
②東京・仙台・新潟・大阪・福岡の大都市近郊区間内相互発着の乗車券
営業キロ100キロ超えても有効期間は１日となる。
③連絡会社線の入った連絡乗車券（通過連絡運輸扱い）
連絡会社線を含めた営業キロで計算する。
④連続乗車券
打切区間ごとの有効期間の合計となる。

②の大都市近郊区間内

例

※すべて東京近郊区間内の駅

有効期間は１日
（営業キロは100キロを超えているが、東京近郊区間内であるので１日となります）

③の連絡乗車券（通過連絡運輸扱い）

例

	ＪＲ幹線		連絡会社線		ＪＲ幹線	
A	営業キロ　ａキロ	B	ｂキロ	C	ｃキロ	D

有効期間は、（ａキロ＋ｂキロ＋ｃキロ）により、算出します。

④の連続乗車券

打切区間ごとの有効期間の合計

例

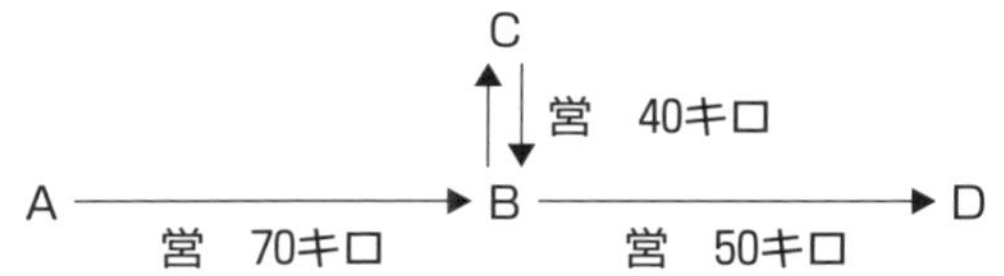

A～B～C　営70キロ＋営40キロ＝営110キロ⇒有効期間 2 日

C～B～D　営40キロ＋営50キロ＝営　90キロ⇒有効期間 1 日

計　3 日

3 途中下車

乗車券は、有効期間内であれば後戻りしない限り何回でも途中下車できるようになっています。

「途中下車」とは乗車券の区間内の途中駅で、いったん下車して改札口を出て、その駅からまたは前途の駅から再び入場して旅行を続けることをいいます。

A ―――×(下車・乗車 / 下車)―――×(下車・乗車 / 乗車)―――▶ B

乗車券は、有効期間内であれば後戻りしない限り何回でも途中下車できます。ただし、次のものは途中下車できません。

POINT　途中下車ができない場合

①営業キロが100キロまでの乗車券

②東京・仙台・新潟・大阪・福岡の大都市近郊区間内相互発着の乗車券

③特定都区市内または東京山手線内を発着とする乗車券の特定都区市内または東京山手線内の各駅

例　東京都区内→浜松の乗車券

東京都区内では途中下車できない。

（途中の横浜市内等の特定都区市内では途中下車できる。）

13 宿泊料金

1 宿泊料金の計算

計算問題が出題されることもありますが、計算は単純です。食事条件により子供料金が変わりますので、注意しましょう。

基本宿泊料

「基本宿泊料」とは、基本的には、サービス料・税金等を含まない宿泊料金のことをいいます。

①旅館　1人あたりの料金（1泊2食付）

②ホテル　1室あたりの室料（ルームチャージ、R／C）

ホテルのルームタイプ	シングルルーム	1人部屋
	ツインルーム	2人部屋
	ダブルルーム	2人部屋
	トリプルルーム	3人部屋

サービス料（奉仕料）

一般的には基本宿泊料の10～15％で、消費税の対象となります。基本宿泊料にサービス料が含まれている場合は、この計算は必要ありません。

●サービス料の計算式

サービス料＝基本宿泊料×サービス料率（0.10～0.15）

追加料金と追加料金のサービス料

次のものは追加料金として計算します。また、この追加料金にもサービス料がかかります（基本宿泊料のサービス料と同様です）。

旅　館	舟盛りや郷土料理等の追加料理。お酒・ジュース等の飲み物代。カラオケ・マージャン・将棋などの利用料金。
ホテル	ルームサービスで注文した飲み物や料理代。

税金

宿泊料金の計算に関係する税金には、消費税と入湯税があります。(東京都・大阪府・京都市・金沢市・北海道倶知安町・福岡県・福岡市・北九州市・長崎市には地方税として宿泊税もあります。)

①消費税（10%）

宿泊に関わる一連の利用行為（基本宿泊料・サービス料・追加料金・追加料金のサービス料）の合計額に対して10%かかります。通常、1円未満の端数は四捨五入しますが、端数処理の方法は問題に指示が出ています。

> **●消費税の計算式**
> 消費税＝(基本宿泊料＋サービス料＋追加料金＋追加料金のサービス料)×0.10

②入湯税

入湯税は温泉地の旅館等で課税されるもので、1人1泊150円が標準的な額となります。原則、大人・小児同額です。(12歳未満は免除の場合もある。)

立替金

立替金とは、たばこや電話代など一時的に旅館やホテルで立て替えたものを指しますので、宿泊料金計算のサービス料や消費税には関係なく、最後に加算するだけです。

宿泊料金の計算

代表的な宿泊施設といえば旅館とホテルがあります。両者の宿泊計算に多少の違いはありますが、基本は変わりません。

POINT 宿泊料金の計算式

基本宿泊料〔旅館1泊2食／ホテル室料〕＋サービス料10〜15%＋追加料金＋追加料金のサービス料＋消費税10%＋入湯税150円＋その他(立替金等)

（消費税＋入湯税＝税金）

例 基本宿泊料１泊２食付で13,000円、サービス料15％、夕食に舟盛り2,300円を追加料理として注文。入湯税150円、立替金(タクシー代) 1,500円の場合（１人あたりの税額計算で、１円未満は四捨五入とする)。

①基本宿泊料	13,000円	
②基本サービス料	1,950円	……13,000×0.15＝1,950
③追加料金	2,300円	
④追加サービス料	345円	……2,300×0.15＝345
⑤消　費　税	1,760円	……(13,000＋1,950＋2,300＋345)×0.10＝1,759.5⇒1,760　１円未満四捨五入
⑥入　湯　税	150円	
⑦立　替　金	1,500円	
計	21,005円	

子供料金

①大人料金	中学生以上
②子供料金	小学生以下

ＪＲや航空とは異なり、厳密に年齢で区分しているわけではありません。

小学生以下を子供料金とし、さらに寝具や食事の有無、食事内容により以下のように４つに区分されています。

POINT 子供料金

	条　件	金　額
①子供料金Ａ	寝具・大人に準じる食事	大人料金の70％
②子供料金Ｂ	寝具・子供用食事	大人料金の50％
③子供料金Ｃ	寝具のみ・食事なし	大人料金の30％
④子供料金Ｄ（幼児料金）※	寝具なし・食事なし	定額または定率

※幼児料金を設定する旅館・ホテルに限る

例 大人の基本宿泊料が１泊２食15,000円の旅館
小学生以下の子供料金（食事は大人と同様で、寝具を利用する）
15,000円 × 0.7 = 10,500円

2 取消・減員

文章問題として出題されることが多いです。宿泊日数の短縮、団体客の減員については、よく出題されています。

宿泊の違約金（取消料）

宿泊者の都合で予約を取り消す場合は、違約金（取消料）がかかります。旅館かホテルか、また、人数により、いつからかかるかが違います。

●旅館の違約金の例

<table>
<tr><th></th><th>不泊</th><th>当日</th><th>前日</th><th>2日前</th><th>3日前</th><th>5日前</th><th>6日前</th><th>7日前</th><th>8日前</th><th>14日前</th><th>15日前</th><th>30日前</th></tr>
<tr><td>１名～14名まで</td><td colspan="2">50%</td><td colspan="3">20%</td><td colspan="7">—</td></tr>
<tr><td>15名～30名まで</td><td colspan="2">50%</td><td colspan="4">20%</td><td colspan="6">—</td></tr>
<tr><td>31名～100名（小口団体）</td><td colspan="2">70%</td><td colspan="2">50%</td><td colspan="4">20%</td><td colspan="2">10%</td><td colspan="2">—</td></tr>
<tr><td>101名以上（大口団体）</td><td colspan="2">70%</td><td colspan="2">50%</td><td colspan="4">25%</td><td colspan="2">15%</td><td colspan="2">10%</td></tr>
</table>

●ホテルの違約金の例

	不　泊	当　日	前　日	２日前～９日前	10日前～20日前
一般１名～14名	100%	80%	20%	—	—
団体15名～99名	100%	80%	20%	10%	—
団体100名以上	100%	100%	80%	20%	10%

現在、各宿泊施設で違約金の扱いは異なります。
上の表は一例です。
必要な場合は、問題で提示されますので、覚える必要はありません。

違約金（取消料）はサービス料や消費税等を含めない「基本宿泊料」のみに対してかかります。

また、宿泊日数を6泊から2泊などに短縮した場合は、短縮日数に関係なく最初の1泊目（1日分）のみが違約金（取消料）の対象です。

POINT 違約金（取消料）

①違約金は基本宿泊料に対してかかる（サービス料・税金は含めない）。

②同一宿泊施設で宿泊日数短縮の場合
⇒最初の1泊目（1日分）のみが違約金の対象

宿泊日数短縮の例

例 大人2人が基本宿泊料12,000円、サービス料10％の旅館に3泊予約。1泊したのち、旅客の都合で2日目に残り2泊を取り消した場合の違約金（違約金率は前ページのものを適用）。

【考え方】 宿泊日数の短縮⇒1泊分のみが違約金の対象
旅館で2人、2日目当日の取り消し⇒50％の違約金
違約金は基本宿泊料に対してかかり、サービス料は含みません。

【計算式】 12,000×0.5×2人＝12,000円

団体客（15人以上）の減員

15人以上の団体客の一部が取り消した場合、宿泊日の10日前（その日より後に予約した場合はその日）の宿泊人数の10％は違約金がかかりません。ただし、宿泊人数の10％を計算するにあたり、1人未満の端数が出た場合は切上げとします。

例 宿泊日の10日前に49人で予約した場合
49×0.1＝4.9⇒5人（1人未満切上げ）
5人までは違約金（取消料）は不要

宿泊人数×10％＝
取消料無料

14 フェリー　運賃・料金

1 フェリー運賃

運賃は、旅客の年齢区分や自動車航送運賃に注意しましょう。最近では、払戻しに関する問題も出題されています。

運賃の種類

運賃にはいろいろな種類があり、旅客運賃には、特等、1等、2等（最低の等級）などの等級区分があります。年齢区分については、ＪＲと異なる部分に注意しましょう。

旅客運賃	普通旅客運賃
特殊手荷物運賃	自動二輪車・原動機付自転車・自転車・乳母車（うばぐるま）・荷車など
自動車航送運賃	自動車と運転者1名（2等）の運賃

POINT 年齢区分

	年齢区分	運　　賃
大　　人	12歳以上（小学生除く）	大人運賃
小　　児	12歳未満の者 12歳以上の小学生	小児運賃＝大人の半額 （10円未満四捨五入）
無賃小児 （幼　児）	1歳以上の小学校に修学していない小児	大人1人につき1人無賃
乳　　児	1歳未満	大人1人につき何人でも無賃

注：幼児・乳児が単独で指定席・寝台をとった場合は、小児運賃・料金必要

例 大人1人と子供3人（4歳・3歳・0歳）の場合

0歳の子供	乳児1人	無賃
4歳と3歳の子供	幼児2人	大人1人につき1人しか無賃にならないため、1人は小児運賃が必要。

したがって、大人運賃1人分と小児運賃1人分が必要となります。

PART 3 国内旅行実務・国内運賃料金

自動車航送運賃

自動車航送運賃は、自動車の全長により区分されています。

また、自動車航送運賃には自動車だけでなく、運転者１名分の２等旅客運賃を含んでいます。車は運転する人がいないと動かないので、最低の２等旅客運賃が含まれていると考えればよいでしょう。運転者が２等より上の上等級席に乗船の場合は、２等運賃とその上等級席との運賃・料金の差額が必要となります。

POINT 自動車航送運賃

自動車航送運賃 ＝ 自動車１台 ＋ 運転者（大人）１名２等運賃

注：１等などの上等級席の場合は、２等との差額を加算する。

例1 夫婦・９歳・５歳・車１台（２等）の場合

大人２等旅客運賃　8,160円
自動車航送運賃　26,000円

車（運転者１名分含む）		26,000円
大人１人		8,160円
小児１人	8,160÷２＝4,080 →	4,080円
	計	38,240円

例2 夫婦・９歳・５歳・車１台（１等）の場合

大人１等旅客運賃　15,060円
大人２等旅客運賃　8,160円
自動車航送運賃　26,000円

車（運転者１名分２等運賃含む）		26,000円
大人１人（１等）		15,060円
小児１人（１等）	15,060÷２＝7,530 →	7,530円
運転者差額	15,060（１等）－8,160（２等）＝	6,900円
	計	55,490円

2 払戻し

乗船券の払戻しには払戻手数料が必要となります。

旅客の都合での払戻し

乗船券が使用開始前で通用期間内であれば、旅客の都合で払戻しをすることができますが、次の払戻手数料が必要になります。

POINT 払戻手数料

	払戻し日時	払戻手数料
乗船日時の指定のないもの	通用期間内	200円
乗船日時の指定のあるもの	発航日の7日前まで	200円
	発航日の6日前～前々日まで	10％（1割） 最低200円
	発航日の前日～発航前まで	30％（3割） 最低200円
	発航後（出発後）	原則、払戻し不可

注：券面額（運賃・料金）に対して払戻手数料がかかる。
　　計算した結果、手数料が200円に満たない場合は200円とする。

例1 券面額7,200円の指定のある乗船券を旅客の都合で払い戻す場合

			払戻手数料
乗船日の10日前			200円
3日前	10％	7,200×0.1＝	720円
前日	30％	7,200×0.3＝	2,160円

例2 券面額1,500円の乗船券（指定のある券）を旅客の都合で前々日に払い戻す場合の払戻手数料

指定のある券で前々日の払戻しなので、手数料は券面額の10％（1割）

1,500×0.1＝150円＜200円

払戻手数料の最低が200円。計算した結果200円に満たないので、200円とする。

貸切バス　運賃・料金

1 貸切バス

貸切バスの運賃料金の計算問題が毎年出題されています。2023年に改定されていますので、注意が必要です。

貸切バス

貸切バスの運賃・料金は事前届出制です。乗車時において、地方運輸局長に届け出て実施しているものが適用されます。また、ＪＲや航空などのように個人単位ではなく、バス１台あたりの運賃・料金設定です。

行程の変更により運賃・料金に変更が生じたときは、速やかに精算するものとし、追徴または払戻しをします。

2 運賃・料金

バス会社の創意工夫によって高付加価値なサービスを提供することも可能となるよう、運賃料金の上限額が廃止されています。

計算前の基本

貸切バスの運賃・料金は公示運賃・料金表（P.246）の下限額以上でバス会社が定め、あらかじめ国土交通大臣（地方運輸局等）に届出をし、それに基づいて計算します。表の金額には消費税が含まれていませんので、計算後、消費税を加算します。計算の際の端数整理は次のようになっています。

POINT　端数整理

①時間	30分未満は切捨て、30分以上は１時間に切上げ 例　６時間20分　⇒　６時間、　６時間30分　⇒　７時間
②距離	10キロ未満は10キロに切上げ 例　324キロ　⇒　330キロ
③金額	（運賃＋料金）×1.10　　１円単位に四捨五入

運賃

2014年より、運賃は「時間・キロ併用制運賃」のみとなっています。

POINT 貸切バスの運賃

運賃は、1．時間制運賃と2．キロ制運賃の額を合算とする。

1．時間制運賃	①出庫前及び帰庫後の点呼・点検時間として1時間ずつ合計2時間と、走行時間（出庫から帰庫までの拘束時間、回送時間を含む）を合算した時間に1時間あたりの運賃額を乗じた額とする。 ※走行時間が3時間未満の場合は3時間として計算。 ②2日以上にわたる運送で宿泊を伴う場合、宿泊場所到着後及び宿泊場所出発前の1時間ずつを点呼·点検時間とする。 ③フェリーボートを利用した場合の航送にかかる時間（乗船してから下船するまで）は8時間を上限として計算する。
2．キロ制運賃	○走行距離（出庫から帰庫までの距離で、回送距離を含む）に1キロあたりの運賃額を乗じた額とする。

※回送＝旅客の乗車地最寄りの営業所から当該乗車地まで、降車地から営業所まで

運賃の割引

次に該当する団体は運賃の割引ができます。ただし、割引になるのは運賃のみで料金は割引になりません。

POINT 運賃の割引

団体の種類
①児童福祉法、身体障害者福祉法、知的障害者福祉法の適用を受ける者の団体
②学校教育法による学校（大学及び高等専門学校を除く）に通学又は通園する者の団体（幼稚園・小・中・高校生の学生団体）

※責任者が引率し学校・施設長の証明書の提出が必要

割引は、届け出た運賃の下限額を下回らない額とします。従前では2割引、3割引と割引率を定めていましたが、今回の改定からバス会社の判断によるものとなりました。

PART 3 国内旅行実務・国内運賃料金

料金

次に該当する場合は、運賃の他に料金もかかります。

POINT 貸切バスの料金

料金名	適用される場合（適用範囲）
深夜早朝運行料金	22時以降翌朝5時までの間に点呼点検時間、走行時間（回送時間を含む）が含まれた場合に適用。 ・上記時間帯の該当時間に、1時間あたりの時間制運賃及び交替運転者配置料金の合算額を乗じた額の2割増とする。
特殊車両割増料金	次の車両について、設備や購入価格等を勘案した割増率を適用。 ① 標準的な装備を超える特殊な設備のある車両 ② 車両購入価格の定員1席あたりの単価が、標準車両の定員1席あたりの単価より70%以上高額である車両
交替運転者配置料金	法令により交替運転者の配置が義務付けられる場合と、交替運転者の配置について運送申込者と合意した場合に適用。 ・届け出た料金の下限額以上で計算した額を適用。 ・運賃計算と同様の時間・距離（キロ）に料金額（時間制料金・キロ制料金）を乗じた額とする。 ※交替運転者が交替地点まで車両に同乗しない場合でも同乗したものとして料金を適用。
その他運送に関連する経費	ガイド料、有料道路利用料、航送料、駐車料、乗務員の宿泊費、その他旅客が求める特別な負担等の諸経費は契約責任者の負担。

●貸切バス　公示運賃・料金表〔下限額〕の例

			北海道	関東	近畿	沖縄
運　賃	時間制運賃（1時間あたり）	大型車	5,570	6,580	7,390	5,230
		中型車	4,700	5,560	6,240	4,420
		小型車	4,030	4,770	5,360	3,790
	キロ制運賃（1キロあたり）	大型車	140	160	160	200
		中型車	120	140	130	170
		小型車	100	120	110	140
料　金	交替運転者配置料金	時間制料金（1時間あたり）	2,200	2,430	2,320	2,460
		キロ制料金（1キロあたり）	10	40	30	30

（単位　円）

運賃・料金　計算例

北海道内発着の日帰り旅行で、交替運転者がいた場合
大型車・公示下限額を適用（P.246）

〈行程〉　出庫 9：00　帰庫 15：30

①点呼·点検時間	走行時間（拘束時間）			⑤点呼·点検時間
1時間	②回送時間	③実車・待機合計時間	④回送時間	1時間
	30分	5時間30分	30分	
	走行距離			
	(a)回送距離	(b)実車距離	(c)回送距離	
	20キロ	93キロ	20キロ	

【運賃】

1．時間制運賃　①＋②＋③＋④＋⑤＝8時間30分⇒9時間
（30分以上1時間に切上げ）
1時間あたり5,570円×9時間＝50,130円

2．キロ制運賃　(a)＋(b)＋(c)＝133キロ⇒140キロ
（10キロ未満10キロに切上げ）
1キロあたり140円×140キロ＝19,600円

【料金】

交替運転者配置料金

時間制料金　1時間あたり2,200円×9時間＝19,800円
キロ制料金　1キロあたり10円×140キロ＝1,400円

合計〔消費税込み〕（50,130円＋19,600円＋19,800円＋1,400円）×1.10
＝100,023円

※行程の変更により運賃・料金に変更が生じたときは、精算します。

3 違約料

最近は違約料からの出題が多くみられます。特殊な扱いに注意しましょう。約款からの出題も目立ちますので注意してください。

違約料

旅客の都合で取消をする場合は、以下の違約料がかかります。

●貸切バスの違約料

	取消日時	違約料
取消の場合	配車日の14日前～8日前まで	所定の運賃・料金の20%
	配車日の7日前～24時間前まで	所定の運賃・料金の30%
	配車日時の24時間前以降	所定の運賃・料金の50%
減車の場合	予約車両数の20%以上の車両が減少したとき	減少した車両につき上記区分の違約料

ちょうど20%の減車でも違約料はかかります。契約時の台数をもとに違約料を計算するので、段階的に減車しても基数は変わりません。

POINT 減車の場合

予約車両数の20%以上の減車の場合⇒違約料がかかる。

例1 10台中1台減車した場合
10%の減車＜20%⇒違約料がかからない。

例2 16台中4台、6日前に減車（1台の運賃料金10万円）
25%の減車＞20%⇒違約料がかかる。
6日前なので30%の違約料がかかる。
（100,000×0.3）×4台＝120,000円

特殊な扱い

(1)バス会社の都合で解除・減車の扱い（天災・やむを得ない事由を除く）

①契約解除
②配車車両数の減車の伴う内容の変更
⇒ 旅客（契約責任者）へ違約料を支払う

(2)バスの故障など、バス会社の責に帰すべき事由により運行を中止
（バス会社の負担で、前途の運送の継続又はこれに代わる手段を提供し、旅客が利用したときを除く。）

①目的地の一部にも到達しなかった場合⇒全額払戻し
②目的地の一部に到達後、中止した場合⇒中止した区間分払戻し

例

(3)出発時刻から30分を経過しても旅客が乗車する意思表示をしない場合(天災・やむを得ない事由を除く)
⇒ 運送契約が全部終了したとみなす。運賃・料金の払戻しはしない。

POINT　契約解除などの特殊な扱い

①バス会社の都合で契約解除・減車⇒旅客へ違約料を支払う
②バス会社の責に帰すべき事由による運行中止
・目的地の一部にも到達しなかった場合⇒全額払戻し
・目的地の一部に到達後、中止した場合⇒中止区間分を払戻し
③出発時刻から30分を経過しても旅客が乗車する意思表示をしない場合
⇒運送契約が全部終了したとみなし、運賃・料金の払戻しはしない。

PART 3 国内旅行実務・国内運賃料金

16 国内航空　運賃・料金

1 コード

空港コードについてはここ最近の試験では出題されていませんが、実務では必要です。気になる人はチェックしておくとよいでしょう。

航空会社コード

現在、さまざまな国内の航空会社がありますが、国家試験では次の2社について出題されます。

航空会社名	航空会社コード
日本航空	ＪＡＬ（ＪＬ）
全日本空輸（全日空）	ＡＮＡ（ＮＨ）

POINT 空港コード

1つの都市に1つしか空港がない場合は、都市コード＝空港コードになる。主要空港のコードは覚えておきたい。

都市・空港コード

空港のある都市にはアルファベット3文字で表した都市コードがあり、3文字で表していることから「3レターコード」ともいいます。また、1つの都市に複数の空港がある場合は、都市コードのほかに空港コードもあります。

●主要都市の都市コードと空港コード

都市名	都市コード	空港名	空港コード
札幌	ＳＰＫ	新千歳（しんちとせ）空港	ＣＴＳ
		丘珠（おかだま）空港	ＯＫＤ
東京	ＴＹＯ	羽田空港	ＨＮＤ
		成田空港	ＮＲＴ

名古屋	NGO	小牧空港	NKM
		中部国際空港（セントレア）	NGO
大　阪	OSA	伊丹空港	ITM
		関西国際空港	KIX
		神戸空港（マリンエア）	UKB

●主な空港コード

エリア	空港名・空港コード			
北海道	札幌・新千歳	CTS	旭川（北海道のまん中・旭川）	AKJ
	函館	HKD	帯広（とかち帯広）	OBO
	釧路（たんちょう釧路）	KUH	根室中標津	SHB
	紋別（オホーツク紋別）	MBE	女満別	MMB
東　北	青森	AOJ	三沢	MSJ
	秋田	AXT	大館能代（あきた北）	ONJ
	山形（おいしい山形）	GAJ	庄内（おいしい庄内）	SYO
	仙台	SDJ	花巻（いわて花巻）	HNA
	福島	FKS		
関　東	東京・羽田	HND	東京・成田	NRT
	八丈島	HAC	茨城	IBR
北　陸	新潟	KIJ	富山（富山きときと）	TOY
	小松	KMQ	能登（のと里山）	NTQ
東　海	名古屋・中部国際 （セントレア）	NGO	名古屋・小牧	NKM
			松本（信州まつもと）	MMJ
	静岡（富士山静岡）	FSZ		
関　西	大阪・関西国際	KIX	大阪・伊丹	ITM
	神戸（マリンエア）	UKB	南紀白浜 （熊野白浜リゾート）	SHM
	但馬（コウノトリ但馬）	TJH		
中　国	岡山（岡山桃太郎）	OKJ	広島	HIJ
	山口宇部	UBJ	鳥取（鳥取砂丘コナン）	TTJ
	米子（米子鬼太郎）	YGJ	出雲（出雲縁結び）	IZO
	萩・石見	IWJ		
四　国	松山	MYJ	高松	TAK
	徳島（徳島阿波おどり）	TKS	高知（高知龍馬）	KCZ
九　州	福岡	FUK	北九州	KKJ
	佐賀（九州佐賀国際）	HSG	長崎	NGS
	大分	OIT	熊本（阿蘇くまもと）	KMJ
	宮崎（宮崎ブーゲンビリア）	KMI	鹿児島	KOJ
	奄美	ASJ		
沖　縄	沖縄・那覇	OKA	久米島	UEO
	宮古	MMY	新石垣（南ぬ島石垣）	ISG

2 予約・搭乗

ＪＡＬは2023年より規則・運賃が大きく変更しています。

予約・発売

一部運賃を除き、個人客の予約および発売は、次の通りとなります。

POINT 国内航空の予約・発売開始（原則）

	予約・発売開始
JAL	360日 前の 0 時00分から
ANA	355日 前の 9 時30分から

※ANA VALUE PREMIUM 3、ANA SUPER VALUE PREMIUM28は運航ダイヤ確定後、一斉に予約開始

予約（航空券発行）に際して、旅客は氏名・年齢・性別・連絡先（連絡可能な電話番号等）を申し出なければなりません。また、航空券は旅客本人のみが使用できるもので第三者に譲渡できません。

航空券購入（決済）期限

航空券購入期限の原則は次の通りです。期限の異なる複数の便を同時に予約した場合は、短い日付の期限が適用されます。

ＪＡＬ

予約時間		購入（決済）期限
搭乗便の出発時刻	～ 120時間より前まで	予約後72時間以内
	120時間前 ～ 72時間より前まで	予約後48時間以内
	72時間前 ～ 20分より前まで	予約後24時間以内※

※予約後24時間以内に便が出発→出発時刻の20分前まで
＊運賃ごとに予約期限がある場合→短い方の期限が適用

ＡＮＡ

		購入（決済）期限
変更できる運賃	搭乗日 3 日前までの予約	予約日含め 3 日以内
	搭乗日 2 日前以降の予約	出発時刻の20分前まで
変更できない運賃	原則	予約日含め 3 日以内かつ予約期限まで
	ANA VALUE 3	予約日含め 3 日以内
	ANA SUPER VALUE	予約日含め 2 日以内

①座席予約

座席予約は、航空券購入期限までに認証コードまたは航空券の呈示等があるまでは**確約されたものではありません**。購入期限までに**呈示等をしなければ**、予告なしにいつでも座席予約およびその予約に引き続きなされている座席予約を取り消すことがあります。

また、一旅客に対して2つの予約がされており、かつ、次の場合は、航空会社の判断により旅客の全部または一部を取り消すことがあります。

POINT 予約の取消

2つの予約が次の場合

①搭乗区間が同一で搭乗便出発予定時刻が同一または近接している場合

②その他、旅客が予約のすべてに搭乗すると合理的に考えられないと判断した場合

②座席予約の取消、変更

座席予約の**取消**または**変更**の申出の際は、認証コードまたは航空券の呈示等を必要とします。ただし、予約済み旅客を第三者へ変更すること、航空券の名義・氏名の変更はできません。

航空券の有効期間

予約事項に搭乗予定便が含まれるもの	搭乗予定便に限り有効
予約事項に搭乗予定便が含まれないもの	発行日およびその翌日から起算して1年

・予約の変更で交換発行した場合は、最初の航空券の有効期間となる。
・有効期間の満了する日までに搭乗しなければ無効となる。

次の場合は30日を限度として有効期間を延長します。

POINT 有効期間の延長

30日を限度として延長、同伴者も同様に延長可能

①旅客が病気その他の理由で旅行不能の場合

②航空会社が予約した座席を提供できない場合

③満席などで座席が予約できない場合

座席指定

旅客は機内の特定の座席をあらかじめ指定できる場合があります。ただし、事前の通告なしに機材変更その他の運航上やむを得ない理由で変更することがあります。

次の旅客は非常脱出時における援助者の確保のため、非常口座席への着席を拒絶し、他の座席へ変更することがあります。

●非常口座席の拒絶

①満15歳未満の者
②身体上・健康上またはその他の理由によって、非常口脱出時における援助に支障がある者または援助することにより旅客自身の健康に支障をきたす者
③航空会社の示す脱出手順または航空会社の係員の指示を理解できない者
④脱出援助を実施することに同意しない者

運送の拒否および制限

航空会社は次に該当すると認めた場合は、旅客の搭乗を拒絶し、または寄航地飛行場で降機させることができます。その場合は、その旅客の手荷物についても同様の取扱いとします。

●搭乗拒絶・寄航地降機できる場合

1．運航の安全のために必要な場合
2．法令、または官公署の要求に従うために必要な場合
3．旅客の行為、年令または精神的、身体的状態が次に該当する場合
　①会社の特別な取扱いを必要とする場合
　②重傷病者または8歳未満の小児で付添人のない場合
　③感染症または感染症の疑いがある場合
　④次のものを携帯する場合
　　武器（職務上携帯するものを除く）・火薬・爆発物・他に腐蝕（ふしょく）を及ぼすような物品・引火しやすい物品
　　航空機、旅客または搭載物に迷惑もしくは危険を与える物品・航空機に不適当な物品もしくは動物
　⑤他の旅客に不快感を与え、または迷惑を及ぼすおそれのある場合
　⑥手荷物検査等に応じない場合、または手荷物検査等の結果として手荷物の禁止制限品目に該当するものが発見された場合
　⑦航空会社の許可なく、機内で携帯電話機・携帯ラジオ・電子ゲーム等電子機器を使用する場合
　⑧機内で喫煙する場合（喫煙は、すべての喫煙器具を使用する場合を含む）

次の場合は、搭乗拒絶・寄航地降機の他に拘束をすることも可能です。

POINT 搭乗拒絶・寄航地降機・拘束できる場合

次の場合は、搭乗拒絶・寄航港降機のほかに拘束も可能

1. 旅客自身もしくは他の人または航空機もしくは物品に危害を及ぼすおそれのある行為を行う場合
2. 航空会社係員の業務の遂行を妨げ、またはその指示に従わない場合

不正搭乗

無効航空券や不正申告による特別運賃での搭乗などは不正搭乗として、不正搭乗区間の運賃・料金と、搭乗時の当該区間に設定された最も高額な旅客運賃・料金の2倍相当額を合わせて収受します。搭乗区間を判定できない場合は搭乗機の出発からとします。

フレックストラベラー制度

フレックストラベラー制度とは、予約数が座席数を上回り、座席が不足した場合、当該予約済みの旅客の中から航空会社が提示する協力金額および代替交通手段に同意し、自主的に便の変更等について了承する旅客を募り、協力した旅客に対して、航空会社が協力金の支払いおよび代替交通手段の提供を行う制度です。

●協力金等の支払い条件

①当該便の予約をしていること

②当該予約便の航空券を出発時刻の20分前までに購入

③出発時刻の15分前までに搭乗手続きを済ませている（求めている）こと

3 運賃・料金

試験前には各航空会社ホームページ等で変更を確認してください。

適用約款・運賃

約款・規定	航空機に搭乗する日において有効なもの ※変更をする際は相応の期間をもって、ホームページへの掲示等の適切な方法により、変更内容等を告知する。
運賃・料金	航空券の購入時(発行日)において、航空機に搭乗する日に有効なもの
	※航空券購入時の運賃額と搭乗時の運賃額と異なる場合 ⇒差額の収受・払戻しはしない。 (差額調整しない) ※予約変更に伴い運賃額が異なる場合 ⇒差額の収受・払戻しをする。 例 ANA FLEX　ピーク期35,000円から通常期33,000円へ変更 →差額2,000円払戻し

年齢区分

国内航空の年齢区分はＪＲと異なります。

POINT 年齢区分

大　人	12歳以上	12歳以上は小学生でも大人	
小　児	12歳未満	JAL　小児割引（P.258） ANA　小児ディスカウント	各種運賃（大人）の25％引
無賃小児（幼児）	3歳未満	大人1人につき1人無賃 （座席を1人で使用しない場合）	

※大人1人につき3歳未満の幼児2人まで同伴可能
　ただし、1人は満2歳＊以上で座席を使用（小児運賃必要）
＊ANAはチャイルドシートを使用すれば2歳未満でも座席の使用可

● 8歳未満の小児の扱い

付添人のいない6歳以上8歳未満の小児	出発空港までの保護者の見送りや到着空港での保護者の出迎え、誓約書（同意書）の提出等の条件付きで搭乗許可
6歳未満（5歳以下）の小児	必ず大人（満12歳以上）の付添人が必要

※約款上は8歳未満の小児で付添人のいない場合は搭乗を拒絶できる。

主な運賃

	適用条件	予約変更
大人運賃 JALフレックス ANA FLEX（フレックス）※ タイプD～A	12歳以上 空席予測数に連動した変動型運賃 ※空席減少でD（最安値）→C→B→Aと変動	可
小児運賃 JAL小児割引 ANA小児ディスカウント	3歳以上12歳未満 各種運賃（大人）の25%引	可* （不可）
身体障がい者割引 JAL障がい者割引 ANA障がい者割引運賃	身体障害者・精神障害者・戦傷病者 本人と同行する介護者	JAL 可* （不可） ANA 可
介護割引 JAL介護帰省割引 ANA介護割引	要介護･要支援認定者の「二親等内の親族」、配偶者の兄弟姉妹の配偶者ならびに子の配偶者の父母 （ANA座席数制限あり） 要介護・介護人の間の1路線のみ	
シニア割引 JAL当日シニア割引 ANAスマートシニア空割	65歳以上 各航空会社の「クレジットカード」・「マイレージカード」所持者 搭乗日当日（0：00～）より予約可	不可
青少年割引 JALスカイメイト ANAスマートU(ユース)25	12歳以上 26歳未満 （25歳以下） 各航空会社の「クレジットカード」・「マイレージカード」所持者 搭乗日当日（0：00～）より予約可	不可
JALセイバー	1日前までの予約 （予約期限は予約日時の空席状況により1/3/7/21日前のいずれか）	不可
ANA VALUE 1/3/7	1/3/7日前までの予約	不可
JAL スペシャルセイバー	28日前までの予約 （予約期限は予約日時・空席状況により28/45/55/75日前のいずれか）	不可
ANA SUPER VALUE 21/28/45/55/75	21/28/45/55/75日前までの予約	不可
JAL 往復セイバー ANA 往復ディスカウント	1日前まで、往復同時に予約 （片道のみ払戻し不可） JALフレックス・セイバー・スペシャルセイバー、ANA VALUE・SUPER VALUE（PREMIUM含む）より、往路と復路で異なる運賃の組み合わせ可能 往復運賃の5%引	不可

＊予約変更はベースとなる運賃の規則に準じる。
※予約変更不可→当日空港で予約便と同一便のクラス変更はアップグレード料金を支払えば可
※くわしい適用条件、その他の割引運賃は各社ホームページを参照。

●JAL割引運賃（ディスカウント）

小児、障がい者、介護帰省割引はフレックス・セイバー・スペシャルセイバー・往復セイバーの各運賃すべてで適用可能となっています。

小児割引	各税抜運賃の25%引
障がい者割引	各税抜運賃の20%引
介護帰省割引	各税抜運賃の10%引

（注）予約変更・取消などはベースとなる運賃に準ずる。

●クラス

JAL	ファーストクラス	クラスJ	普通席
ANA	プレミアムクラス		普通席

JALには普通席よりグレードが上のファーストクラスとクラスJがあり、ANAにはプレミアムクラスがあります。

各クラス一体型運賃で路線ごとに個別に設定しています。

例 JAL　ファーストクラス（フレックス・セイバー）
クラスJ（フレックス・セイバー・スペシャルセイバー）
ANA　プレミアム運賃・プレミアム障がい者割引運賃
ANA VALUE PREMIUM 3
ANA SUPER VALUE PREMIUM 28

料金

航空券面額 ＝ 運賃 ＋ 旅客施設使用料（PFC）

●国内線〔発着便〕の旅客施設使用料（PFC＝Passenger Facility Charge）

	HND 東京・羽田	NRT 東京・成田 第1ターミナル 第2ターミナル	NRT 東京・成田 第3ターミナル	ITM 大阪・伊丹	KIX 関西国際 第1ターミナル	CTS 札幌・新千歳
大人	370円	450円	390円	340円	440円	370円

	SDJ 仙台	FSZ 静岡	NGO 中部国際	SHM 南紀白浜	FUK 福岡	KKJ 北九州	KMJ 熊本	OKA 沖縄・那覇
大人	290円	140円	440円	260円	110円	100円	200円	240円

小児は大人の半額（10円単位）

旅客施設使用料は発・着時それぞれに必要となります。

例 HND―KKJ間は大人470円（370＋100＝470円）

注：旅客施設使用料は取消手数料の対象外。

4 変更・払戻し

国内航空の手数料には、払戻手数料と取消手数料の２種類がありますが、2023年よりＪＡＬは払戻手数料を廃止しています。

変更

①予約変更できる運賃（航空券）

原券の出発時刻前までであれば、同一航空会社の同一区間を条件に、発売中の他の便に変更することができます。（航空券の名義・氏名の変更はできません。）

出発時刻前までに取消	・オープン券※にできる。〔ＪＡＬオープン券廃止〕 有効期間内（発行日の翌日から１年以内）に再度予約を入れれば使用可能
出発時刻前までに変更しない 取消しない	・他の便への振替不可 ・払戻手続き（搭乗予定日の翌日から30日以内）のみ可能

※オープン券（オープンチケット）
搭乗区間のみの指定で、搭乗便の予約をしない（予約事項に搭乗便が含まれない）航空券のこと

②予約変更できない運賃（航空券）

変更ができないので、便を変更したい場合は払戻しをして再度予約・購入となります。

ただし、当日空港で予約便と同一便のクラス変更は、アップグレード料金を支払えば可能です。（ANAはマイレージクラブ会員など条件により、２日前からアップグレード可能）

払戻し

払戻しは、航空券の有効期間内および有効期間満了日（予約変更できない運賃は搭乗予定便出発日）の翌日から起算して30日以内に限り行います。ＪＲ指定券やフェリーと異なり、予約便に乗り遅れても払戻しをします。

PART 3 国内旅行実務・国内運賃料金

POINT 払戻しにかかわる手数料

手数料 ＝ ①払戻手数料 ＋ ②取消手数料

①払戻手数料（ＡＮＡ）

ＡＮＡ航空券を払い戻す場合は原則、必ずかかるもの

航空券１旅行区間につき440円（大人・小児同額）

※往復ディスカウントは往路・復路（２区間）で440円

②取消手数料

運賃の種類や払戻・解約日時等、場合によってかかるもの

※小児・ＪＡＬ割引運賃はベースとなる運賃に準じる

取消手数料

購入後、ＪＡＬは払戻日、ＡＮＡは解約日により取消手数料がかかります。

POINT 取消手数料

①予約変更できる運賃（ＪＡＬフレックス、ＡＮＡFLEX、ＡＮＡプレミアム運賃、ANA障がい者割引運賃、ANA介護割引など）

	ＪＡＬ	ＡＮＡ
出発時刻前	取消手数料不要	
出発時刻以降	運賃の20%	

②予約変更できない運賃（ＪＡＬセイバー、ＡＮＡ VALUE）

	ＪＡＬ	ＡＮＡ
出発時刻前	運賃の５%	
出発時刻以降	運賃の100%	

③ＪＡＬスペシャルセイバー、往復セイバー、ＡＮＡ SUPER VALUE

	ＪＡＬ	ＡＮＡ
搭乗日55日前まで	運賃の５%	取消手数料不要
搭乗日54日前以降	運賃の50%～100%	運賃の30%～100%

④ＪＡＬ当日シニア割引、スカイメイト、ＡＮＡスマート割引

	ＪＡＬ	ＡＮＡ
出発時刻前	運賃の50%	運賃の５%
出発時刻以降	運賃の100%	

※ＪＡＬ　予約の取消のみを行い、後日払戻しをする場合→払戻手続日の手数料を適用

※ＡＮＡ　往復ディスカウント→往路・復路の各対象運賃の手数料を適用（P.263）

●スペシャルセイバー・往復セイバー・SUPER VALUEの取消手数料

ＪＡＬ スペシャルセイバー、往復セイバー
ＡＮＡ SUPER VALUE（スーパーバリュー）75・55・45・28・21

払戻・解約日	ＪＡＬ	ＡＮＡ
航空券購入後～搭乗日55日前	税抜運賃の５％	取消手数料不要
搭乗日54日前～　45日前	税抜運賃の50％	税込運賃の30％
搭乗日44日前～　28日前		税込運賃の40％
搭乗日27日前～　14日前		税込運賃の50％
搭乗日13日前～　出発時刻前		税込運賃の60％
出発時刻以降	税抜運賃の100％	税込運賃の100％ ・旅客施設使用料（PFC）のみ払戻し ・払戻手数料は適用しない。

※ＪＡＬ往復セイバー　往復とも払戻しの場合（片道のみの払戻し不可）
往路が出発後の場合、復路にも出発後100％の手数料を適用

POINT 取消手数料の計算

旅客施設使用料は取消手数料の対象外。ＪＡＬは税抜運賃より算出。

ＪＡＬ　取消手数料＝{(券面額－旅客施設使用料)÷1.1}×取消料率〔％〕
税抜運賃

ＡＮＡ　取消手数料＝(券面額－旅客施設使用料)×取消料率〔％〕
ＪＡＬ　1円未満切捨て、ＡＮＡ　10円未満四捨五入

※航空券面額には旅客施設使用料を含むので、券面から求める場合には注意

●ＡＮＡ　運賃100％の取消手数料の場合
旅客施設使用料（PFC）のみ払戻し
払戻手数料は適用しない。

例 東京(羽田)～長崎のＪＡＬスペシャルセイバー16,100円（羽田空港の旅客施設使用料370円含む）の航空券を搭乗日当日の出発時刻前に取消・払戻しをする場合の手数料

取消手数料
＝{(16,100－370)÷1.1}×0.5＝7,150円
└─ 旅客施設使用料

払戻しの計算例

手数料 ＝ ①払戻手数料（ＡＮＡ） ＋ ②取消手数料

●秋田～大阪（伊丹）・普通席の航空券

ＪＡＬフレックス	42,910円
ＡＮＡ FLEX	42,940円

※大阪（伊丹）空港の旅客施設使用料（ＰＦＣ）大人340円、小児170円を含む。

例１　ＪＡＬフレックス・ＡＮＡ FLEXの航空券を払い戻す場合の手数料

（１）搭乗日の３日前に取消、払戻し

	ＪＡＬ	ＡＮＡ	
①払戻手数料	（廃止）0円	440円	
②取消手数料	0円	0円	（出発時刻前の取消なので不要）
合計	0円	440円	

（２）取消をせずに搭乗便に乗り遅れ、翌日に払戻し

	ＪＡＬ	ＡＮＡ	
①払戻手数料	（廃止）0円	440円	
②取消手数料	7,740円 ‖ {(42,910－340)÷1.1}×0.2	8,520円 ‖ (42,940－340)×0.2	（出発時刻以降の払戻しで運賃の20%）
合計	7,740円	8,960円	

例２　ＡＮＡ小児ディスカウント

（１）ＡＮＡ FLEXの小児ディスカウント運賃

（ＡＮＡ FLEX 42,940円 － ＰＦＣ 340円 ）×（１ －0.25［25%引］）＋ 小児のＰＦＣ 170円 ＝32,120円

（２）（１）を取消をせずに搭乗便翌日に払い戻す場合の手数料

①払戻手数料	440円	（大人・小児同額）
②取消手数料	6,390円	＝(32,120－170)×0.2
合計	6,830円	

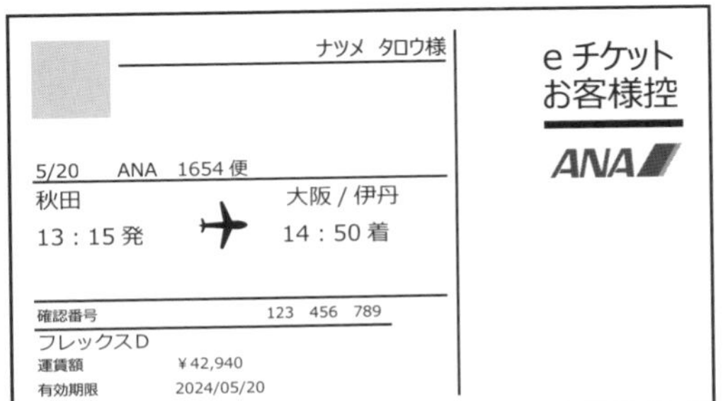

●東京（羽田）～沖縄（那覇）の航空券

ＡＮＡ	往復ディスカウント（対象運賃の 5 ％割引）		
往路	（往復）VALUE 3	38,330円	
復路	（往復）SUPER VALUE28	20,470円	計　58,800円
ＪＡＬ	スペシャルセイバー	23,710円	

※旅客施設使用料PFC（片道）　羽田空港370円、那覇空港240円を含む。

例１　**ANA　往復ディスカウント**（往路５月23日、復路５月30日）の航空券を購入したが、旅客の都合で５月10日に解約し、払戻しをする場合の払戻額

⇒ANA 往復ディスカウントは往路・復路各対象運賃の取消手数料を適用

往路 VALUE 出発時刻前の解約　→取消手数料はPFCを除く運賃の５％

復路 SUPER VALUE 20日前の解約→取消手数料はPFCを除く運賃の50％

①取消手数料

往路　（38,330円－370円－240円）× 0.05 ＝1,886 → 1,890円
（－370円－240円：PFC）

復路　（20,470円－370円－240円）× 0.50 ＝9,930円
（－370円－240円：PFC）

②払戻手数料　往復で440円

往路運賃	復路運賃	①取消手数料	②払戻手数料	払戻額
(38,330円	＋20,470円)	－(1,890円＋9,930円)	－ 440円	＝ 46,540円

POINT　ANA往復ディスカウント・ＪＡＬ往復セイバーの払戻し

搭乗前・出発前に往復とも取消の場合のみ払戻し可能
（片道のみの払戻し不可）

例2

（1）**ＪＡＬスペシャルセイバー**の航空券を、旅客の都合で１ヶ月前に取消、払戻しをする場合の払戻額

⇒搭乗日１ヶ月前のＪＡＬスペシャルセイバーの取消手数料は旅客施設使用料を除く税抜運賃の50％

スペシャルセイバー		取消手数料		払戻額
23,710円	−	{(23,710円−370円−240円)÷1.1}（税抜運賃）×0.50	=	13,210円

（2）**ＪＡＬスペシャルセイバー**の航空券を旅客の都合で３日前に取消、出発時刻以降に払戻しをする場合の払戻額

⇒払戻手続日の手数料が適用されるため、取消手数料は旅客施設使用料を除く税抜運賃の100％

スペシャルセイバー		取消手数料		払戻額
23,710円	−	{(23,710円−370円−240円)÷1.1}×100％	=	2,710円

5 手荷物

2023年３月よりＡＮＡでは航空会社に預ける手荷物のことを預入手荷物と呼んでいます。

手荷物

手荷物とは旅客の所持するもので受託手荷物および持込手荷物をいいます。

①受託手荷物（預入手荷物）	約款上「航空会社が引渡を受け、かつこれに対し手荷物合符（あいふ）（引換証）を発行した手荷物」 航空会社に預ける手荷物（ＡＮＡ　預入手荷物）
②持込手荷物	約款上「受託手荷物以外の航空会社が機内への持込を認めたもの」 旅客自身が機内に持込む手荷物

●受託手荷物（預入手荷物）

POINT 受託手荷物（預入手荷物）

①無料手荷物許容量―会社・クラスにより異なる。

＊幼児は無料手荷物適用なし

JAL	1人20kgまで無料（ファーストクラス　45kgまで）
ANA	1人20kgまで無料（プレミアムクラス　40kgまで）

※個数制限ない。ただし、1個あたり32kgまで。

無料手荷物許容量超える場合⇒超過手荷物料金が必要

②個数・サイズ・重量上限―会社・クラスにより異なる。

③高価品、壊れやすいものは受託手荷物として認められない。

高価品＝白金（はっきん）・金・貴金属・貨幣（かへい）・銀行券・有価証券・印紙類・宝石類・美術品・骨董品（こっとうひん）など

壊れやすいもの＝カメラ・パソコン・酒類・ガラス製品など

受託手荷物不可

受託手荷物（預入手荷物）の引渡し

①到着地で、受取り可能な状態になり次第、旅客自ら手荷物合符（あいふ）（手荷物引換証および手荷物添付用片）の番号を照合のうえ、受託手荷物（預入手荷物）を受け取らなければなりません。

②航空会社は、手荷物合符（手荷物引換証および手荷物添付用片）の所持人に対してのみ、手荷物の引渡しを行います。その際、旅客は手荷物引換証を提出します。

③手荷物引換証の持参人が、手荷物の正当な受取人であるか否かを確かめなかったことにより生ずる損害に対して、航空会社は賠償の責に任じません。

④手荷物は、手荷物合符に記載されている目的地においてのみ引き渡します。

⑤手荷物到着後7日間を経過しても引取りがない場合には、手荷物を適宜処分することがあります。（損害、費用はすべて旅客の負担）

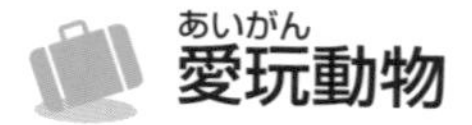

愛玩動物（あいがん）

愛玩動物とは飼い馴らされた小犬、猫、小鳥等をいいます。

POINT　愛玩動物

①受託手荷物（預入手荷物）として運送
②無料手荷物許容量の適用を受けず、航空会社が定める1檻当たりの料金（ペット料金）が必要

注：盲導犬・介助犬・聴導犬は無料、機内持込可能

機内持込手荷物

機内持込手荷物のサイズが国内航空会社間で統一されました。機内に持込むことができる手荷物は次のとおりです。

POINT　機内持込手荷物（ハンドバッグなどの身回品除く）

個　数	1人につき1個まで	
重　量	10kgまで（身回品との合計）	
サイズ	100席以上の機種	3辺の和115cm以内 幅55cm×高さ40cm×奥行25cm以内
	100席未満の機種	3辺の和100cm以内 幅45cm×高さ35cm×奥行20cm以内

※2009年12月1日より機内持込手荷物のサイズが国内航空会社間で統一された。出発保安検査場で大きさを確認する。

注意が必要な手荷物

機内持込不可	①ナイフ類すべて（例　果物ナイフ） ②凶器になると判断されるもの（例　ハサミ・アイススケート靴・バット・ゴルフクラブなど） ③ペット（愛玩動物）⇒ペット料金必要
機内持込・受託手荷物不可	①花火・クラッカー・ヘリウムガス入り風船・爆発物 ②発火または引火しやすいもの （例　ライター用ガスオイル・キャンプ用ガスなど）

注：喫煙用ライター・安全マッチは1個に限り機内持込可

●航空機内での電子機器の使用

電波を発しない状態の電子機器（機内モードへの設定含む）は、離陸・着陸時を含め常時使用可能となっています。

また、「着陸後の滑走が終了し、客室乗務員からのアナウンスにて案内した後」は、すべての電子機器が使用できます。

電子機器		使用制限時期
①作動時に通信用の電波を発信する状態にあるもの	携帯電話・スマートフォン・PHS・パソコン・携帯情報端末・携帯用データ通信端末・電子ゲーム機・トランシーバー・無線操縦玩具・ワイヤレスマイク	出発時「飛行機のドアが閉まった時」から「着陸後の滑走が終了する時」まで使用不可　× （客室乗務員から案内あり）
	ワイヤレスヘッドホン/イヤホン・電池式ICタグ・その他、他の電子機器と無線通信を行う機能を有するもの	常時使用可　△ （ただし、飛行機の種類によって制限あり）
②作動時に通信用の電波を発信しない（※）状態にあるもの	上記①のうち、機内モード等の電波を発信しない状態（設定）にある機器 例　機内モードの携帯電話 　　機内モードの電子ゲーム機 ビデオカメラ・デジタルカメラ・有線ヘッドホン（電池式）・DVDプレーヤー・電子書籍・電子辞書　など	常時使用可　○

※電波を発信しない状態＝電源をＯＮにしていても通話やメールの送受信機能がＯＦＦになっている状態
※機内モード＝フライトモード、セルフモード、電源OFFモードなど

	出発時 ドア開放中	地上走行 離陸～上昇中	飛行中	降下中 ～着陸	地上走行 ～降機
①電波を発信する電子機器 携帯電話・パソコン 電子ゲーム　など	○	←――	× ――― ←機内Wi-Fiサービス○→	――→	○
②電波を発信しない状態の電子機器 デジタルカメラ 機内モードの携帯電話	←――	――――	○	――――	――→

危険物の航空機への持込みや預け入れ、航空機内における電子機器の使用は法律で禁止・制限されています。違反した場合は50万円以下の罰金が科せられることがあります。

6 責任

航空会社の責任範囲は身体・受託手荷物（預入手荷物）・持込手荷物で異なります。2番目の科目・約款の中で出題されることがあり、POINT部分の金額や日数には特に注意しておきたいです。

会社の責任

⑴身体

航空会社は、旅客の死亡または負傷その他の身体の障害の場合に発生する損害については、その原因となった事故または事件が航空機内で生じまたは乗降のための作業中に生じたものであるときは賠償の責めに任じます。

⑵手荷物

①受託手荷物（ＡＮＡ　預入手荷物）

受託手荷物（ＡＮＡ　預入手荷物）その他の会社が保管を受託した旅客の物の破壊、滅失、紛失または毀損の場合に発生する損害については、その損害の原因となった事故または事件が、その手荷物または物が会社の管理下にあった期間に生じたものであるときは賠償の責めに任じます。

②持込手荷物

持込手荷物その他の旅客が携行し、または装着する物の破壊、滅失、紛失または毀損の場合に発生する損害については、航空会社またはその使用人に過失があったことを証明された場合のみ賠償の責めに任じます。

POINT　航空会社の責任範囲

①身体	航空機内または乗降のための作業中に生じたもの
②受託手荷物	手荷物が航空会社の管理下にあった期間に生じたもの
③持込手荷物	航空会社・使用人に過失があったことを証明された場合のみ

手荷物の責任限度額

旅客１人につき15万円を限度とします。従価料金を支払った場合は、申告価額を航空会社の責任限度としますが、実際の価額を超えることはありません。

POINT 手荷物の賠償限度額

１人15万円　→　実際の価額が15万円を超える場合
従価料金を払えば、限度額の引き上げ

注：実際の価額を超えることはない（従価料金＝15万円を超える額に対して、１万円ごとに10円）

損害賠償請求期限

受託手荷物（預入手荷物）その他の会社が保管した旅客の物の損害は次の期間内に文書で通知しなければいけません。

POINT 賠償請求期間

	賠償請求期間
受け取った手荷物	受取の日から７日以内
引渡しがない手荷物	受け取るはずであった日から21日以内

確認問題

次の文章が正しいものには○を、誤っているものには×をつけなさい。

問１　手荷物運送における航空会社の責任は、手荷物１個につき総額金150,000円の額を限度とする。

答 ×　手荷物１個につきではなく、旅客１人につき150,000円を限度とする。

問２　航空会社は、別段の定めのある場合を除き、普通席の運賃を支払った旅客の受託手荷物（預入手荷物）が20キログラムを超える場合には、航空会社が別に定める超過手荷物料金を申し受ける。

答 ☞○

PART 3 国内旅行実務・国内運賃料金

解答はP.272

問　以下の各設問について、それぞれの選択肢の中から答を１つ選びなさい。

1　旅客鉄道会社（ＪＲ）の小児及び幼児の取り扱いに関する記述のうち、正しいものはどれか。

ア　12歳になった小学生の児童は大人の運賃・料金が必要である。

イ　５歳の者が単独で旅行する場合、小児の運賃・料金が必要である。

ウ　大人に随伴された３歳の幼児が、大人とは別に幼児だけで特急の普通車指定席を利用する場合は、小児料金だけが必要である。

エ　６歳（小学生）の者が４歳の弟と３歳の妹を随伴して、普通列車（普通車自由席）に乗車する場合は、３人とも小児運賃が必要である。

2　①大人１人がＪＲに乗車するとき、片道普通旅客運賃の計算で正しいものはどれか。

〔行程〕

長野 ――幹　線（営業キロ　62.7キロ）―― 松本 ――地方交通線（営業キロ　35.1キロ）（換算キロ　38.6キロ）―― 信濃大町

ア　運賃は「62.7キロ」を使用した額と、「35.1キロ」を使用した額を合計した額となる。

イ　運賃は「62.7キロ」を使用した額と、「38.6キロ」を使用した額を合計した額となる。

ウ　運賃は「62.7キロ＋35.1キロ＝97.8キロ」の計算による額となる。

エ　運賃は「62.7キロ＋38.6キロ＝101.3キロ」の計算による額となる。

②上記の行程における普通乗車券に関する記述のうち、正しいものはどれか。

ア　片道乗車券の有効期間は、２日である。

イ　片道乗車券を使用して、松本駅で当初の予定を変更し途中下車した場合は、当該片道乗車券を使用して松本駅から先の区間を乗車することはできない。

ウ　指定学校の学生又は生徒が「学生・生徒旅客運賃割引証」を提示して、普通乗車券を購入するときは、大人普通旅客運賃が２割引になる。

3　宿泊に関する次の記述のうち、誤っているものはどれか。

ア　旅館で子供用の食事と寝具の提供を受けたときの子供料金は、大人料金の50％となる。

イ　違約金は、基本宿泊料とサービス料の合計額に対して計算する。

ウ　宿泊期間が４日の宿泊客に対する申込金の限度は、基本宿泊料の３日分である。

エ　ホテルの客室を３時間延長して使用したときの時間外追加料金は、室料金の３分の１である。

4　貸切バスに関する次の記述のうち、誤っているものはどれか。

ア　帰庫が22時の運行において、バス会社は、帰庫後の点呼点検時間に当たる１時間分の深夜早朝運行料金を収受することができる。

イ　バス会社は、走行時間が３時間未満の場合は、走行時間を３時間として時間制運賃を計算する。

ウ　法令により交替運転者の配置が義務付けられる場合、その他、交替運転者の配置について運送申込者と合意した場合には、バス会社は、届け出た交替運転者配置料金の下限額以上で計算した額の交替運転者配置料金を収受することができる。

エ「配車日が７月30日、１台10万円で契約した貸切バス１台」の運送契約を契約責任者の都合で７月25日に解除した場合、バス会社は、２万円の違約料を申し受けることができる。

5　フェリーに関する次の記述のうち、誤っているものはどれか。

ア　大人１人が２歳と３歳の小児２人を同伴して、指定制の座席でない２等船室に乗船する場合、大人１人分と小児１人分の旅客運賃が必要である。

イ　２等船室の大人旅客運賃が500円、自動車航送運賃が5,000円のフェリーに、自動車１台及び当該自動車の運転者１人が２等船室に乗船する場合、この乗船にかかる運賃の合計額は5,000円である。

ウ　自動二輪車を運送する運賃には、運送申込人を運送する旅客運賃が含まれる。

エ　８月10日発航の指定便に係る自動車航送券（券面金額2,000円）を８月９日に払戻しの請求をする場合、フェリー会社は600円の払戻手数料を申し受ける。

6　次の空港名と空港コードの組み合わせのうち、誤っているものはどれか。

ア　函館空港＝ＨＫＤ　　イ　小松空港＝ＫＭＱ

ウ　岡山空港＝ＯＫＪ　　エ　福岡空港＝ＦＫＵ

7　国内航空に関する次の記述のうち、誤っているものはどれか。

ア　５月25日搭乗の航空券を「ＡＮＡ　VALUE１」運賃を適用し、５月24日に座席予約をした。航空券は予約をした５月24日中に購入（決済）しなければいけない。

イ　大人１人が座席を使用しない２歳の幼児１人を同伴する場合、大人１人分に加えて、幼児１人分の航空券を購入する必要がある。

ウ「ＡＮＡ　ＦＬＥＸ（ＡＮＡフレックス）」運賃は、空席予測数に連動して搭乗日によって運賃額が変動する。

エ「ＪＡＬフレックス」運賃を適用した航空券の購入後、予約便の出発時刻前に限り、搭乗日や搭乗便を変更することはできるが、航空券の名義・区間の変更はできない。

解答と解説

1 イ　幼児でも単独でＪＲに乗車する（旅行する）場合は、小児運賃・料金が必要。

ア　12歳でも小学生のうちは小児運賃・料金。

ウ　幼児が単独で指定席をとる場合は、小児料金だけでなく、小児運賃も必要。

エ　６歳（小学生）の者は幼児を２人無賃にすることができる。

ＪＲでは大人に限らず、６歳以上の小児でも幼児２人無賃で随伴できる。

2 ①　エ　幹線と地方交通線にまたがって乗車のため、地方交通線は（賃率）換算キロを使用する。運賃は「営業キロ62.7キロ＋換算キロ38.6キロ＝運賃計算キロ101.3キロ」の計算による額となる。

（実際に運賃額を出すと）本州内なので本州３社内の幹線の運賃表（P.170）より1,980円となる。

②　イ　営業キロが100キロまでの乗車券は途中下車できない。長野から信濃大町までは営業キロが（62.7キロ＋35.1キロ＝）97.8キロなので、途中下車できない。松本駅で下車してしまうと前途無効となる。

ア　運賃計算以外は営業キロで算出する。営業キロ97.8キロなので、有効期間は１日となる。

ウ　営業キロが100キロを超えないと学割の適用はない。

3 イ　違約金は、サービス料・税金を含まない基本宿泊料に対して計算する。

ウ　申込金は宿泊期間の基本宿泊料が限度である。ただし、宿泊期間が３日を超えるときは３日間の基本宿泊料が限度となる。（P.148参照）

エ　超過時間３時間までの時間外追加料金は、室料金の３分の１である。（P.151参照）

4 エ　５日前の解除なので30%の違約料となる。10万円×0.3＝３万円の違約料

ア　点呼点検時間が22時～翌朝５時に含まれる場合も深夜早朝運行料金がかかる。

5 ウ　自動車の場合は運転者１名の２等旅客運賃が含まれるが、自動二輪車には含まれない。

ア　大人１人につき幼児１人しか無賃とならないので、１人は小児運賃が必要。

イ　自動車航送運賃には運転者１名の２等旅客運賃が含まれるので、自動車航送運賃5,000円のみでよい。

エ　前日の払戻しなので30%の払戻手数料となる。2,000円×0.3＝600円

6 エ　ＦＵＫが正しい。

7 イ　大人１人につき（座席を使用しない）３歳未満の幼児１人無賃となるため、幼児の航空券は不要となる。

ア　「ANA VALUE１」の購入期限は予約日を含め３日以内かつ予約期限までである。VALUE１の予約期限は前日までなので、前日に予約した場合はその日中に購入しなければいけない。

PART4

国内旅行実務
国内観光資源

出題範囲

出題範囲は年度により異なる。

問題数は年度により異なり、例年25問前後出題される。配点は1問2点、運賃料金と併せて計100点。

合格ライン…60点以上（国内運賃料金と併せて）

一夜漬けは通用しない

国内観光資源（国内地理）は、国内旅行実務のなかで国内運賃料金と共に出題され、その割合は約50%です。旅行業法や約款と異なり、出題範囲があるわけではなく、一夜漬けのきかない科目でもあるので、日頃からコツコツと学習していくしかありません。

旅行パンフレットを活用しよう

学習するにあたり、地図を1冊用意しておきましょう。国立公園の範囲や観光地や名所などは地図で確認してください。また、旅行パンフレットを利用することも有効です。旅行パンフレットには写真がありますし、文字だけよりも印象に残りやすいでしょう。

さらに、最近の旅行パンフレットにはいろいろな情報が盛り込まれています。観光地以外に郷土料理や祭り、名産品について書かれたものもあります。実際に旅行した気分で楽しみながら学習すると苦にならないでしょう。

国内観光資源 県庁所在地・旧国名

県庁所在地

●注意する県庁所在地

県　名	県庁所在地	県　名	県庁所在地	県　名	県庁所在地
北海道	札幌	神奈川県	横浜	兵庫県	神戸
岩手県	盛岡	山梨県	甲府	島根県	松江
宮城県	仙台	石川県	金沢	香川県	高松
茨城県	水戸	愛知県	名古屋	愛媛県	松山
栃木県	宇都宮	三重県	津	沖縄県	那覇
群馬県	前橋	滋賀県	大津		

旧国名

伝統工芸品や特産品の中には旧国名が入ったものが少なくありません。また、地名や民謡にも旧国名が入ったものもあります。旧国名を知っているとどこの県かわかるものもありますので、ぜひ覚えておきましょう。

●旧国名の入ったもの（名称中の色文字は旧国名）

名　称	都道府県	名　称	都道府県
信州そば（信濃）	長野県	河内音頭	大阪府
甲州ぶどう（甲斐）	山梨県	紀州みかん（紀伊）	和歌山県
近江牛	滋賀県	備後絣	広島県
能登半島	石川県	備前焼	岡山県
加賀友禅	石川県	出雲大社	島根県
越中おわら節	富山県	阿波踊り	徳島県
丹後半島	京都府	讃岐うどん	香川県
若狭湾	福井県	土佐犬	高知県
越前ガニ、越前岬	福井県	伊予かん	愛媛県
美濃焼	岐阜県	大隅半島	鹿児島県

2 国内観光資源 国立公園

国立公園

国家試験では国立公園とその公園内に含まれる観光地を組み合わせたものも出題されています。地図を参考に国立公園名だけでなく、その中に含まれる観光地についてもあわせて覚えておきましょう。

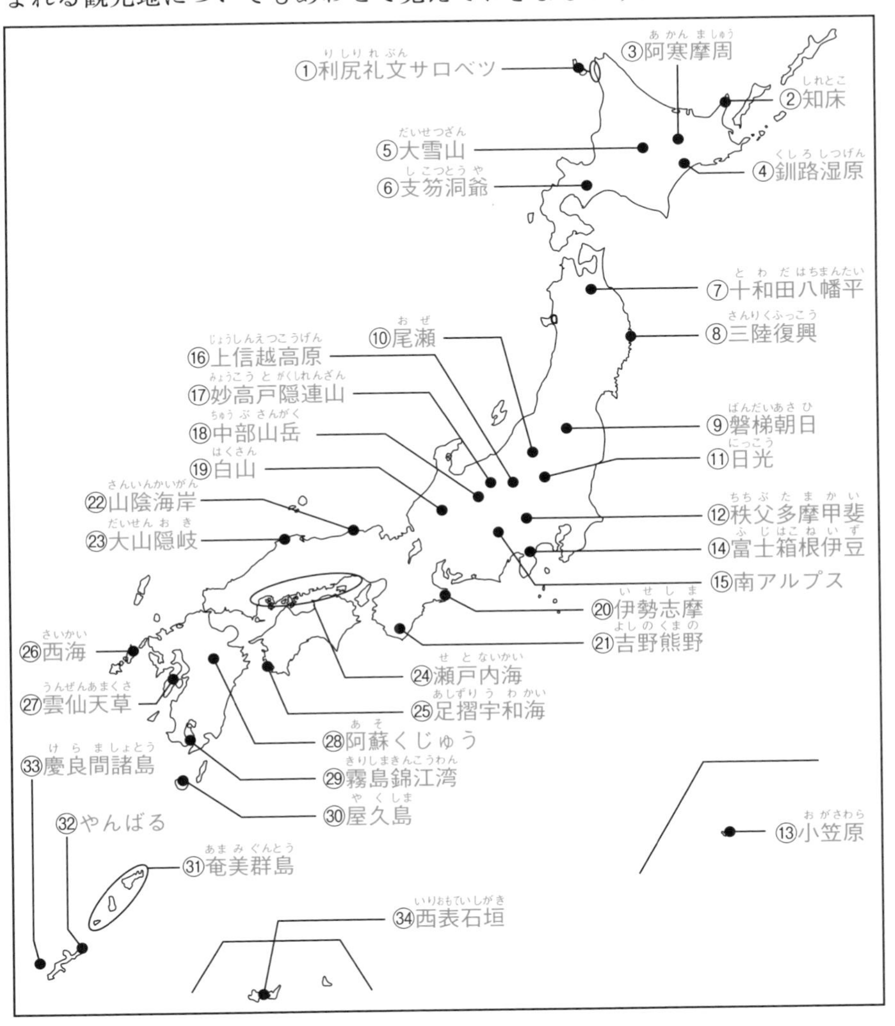

国立公園名	（都道府県） 特徴・含まれる主な観光地・見どころ
北海道地区	
①利尻礼文サロベツ	（北海道） 日本最北端の国立公園 利尻島・礼文島・サロベツ原生花園
②知床	（北海道） 世界自然遺産・原始性の高い国立公園・ヒグマの生息地 羅臼岳〔知床富士〕・カムイワッカ湯の滝・知床岬・知床五湖・知床横断道路
③阿寒摩周	（北海道） 阿寒湖〔まりも〕・摩周湖〔世界有数の透明度〕・砂湯 屈斜路湖・美幌峠・硫黄山・雌阿寒岳・川湯温泉
④釧路湿原	（北海道） 釧路湿原〔日本最大の湿原〕・タンチョウヅル生息・塘路湖
⑤大雪山	（北海道） 北海道の屋根といわれる山岳公園・日本一大きな国立公園 旭岳〔北海道最高峰〕・層雲峡・大函小函・天人峡・然別湖・糠平温泉
⑥支笏洞爺	（北海道） 支笏湖・洞爺湖・有珠山・昭和新山・登別温泉 羊蹄山〔蝦夷富士〕・定山渓
東北地区	
⑦十和田八幡平	（青森・秋田・岩手） 十和田湖・八幡平・奥入瀬渓流・八甲田山・酸ヶ湯温泉・岩手山
⑧三陸復興	（青森・岩手・宮城） 日本最大級の海食崖とリアス式海岸 蕪島〔ウミネコ繁殖地〕・北山崎・浄土ヶ浜・碁石海岸・金華山
⑨磐梯朝日	（福島・山形・新潟） 磐梯高原・五色沼・猪苗代湖 出羽三山〔月山・羽黒山・湯殿山〕
関東地区	
⑩尾瀬	（福島・栃木・群馬・新潟） 日光国立公園から独立 尾瀬ヶ原・尾瀬沼・至仏山・燧ヶ岳
⑪日光	（福島・栃木・群馬） 東照宮〔世界遺産〕・二荒山神社〔世界遺産〕・華厳滝・中禅寺湖・男体山・戦場ヶ原・那須岳
⑫秩父多摩甲斐	（埼玉・東京・山梨・長野） 素朴で美しい自然に恵まれた公園 日原鍾乳洞・奥多摩湖・西沢渓谷・大菩薩峠・御岳昇仙峡〔仙娥滝〕
⑬小笠原	（東京） 東京から約1,000km南・世界自然遺産　父島・母島・南島
⑭富士箱根伊豆	（東京・神奈川・山梨・静岡） 富士火山帯に属する公園 富士山・富士五湖・箱根・芦ノ湖・天城山・石廊崎・伊豆七島
中部地区	
⑮南アルプス	（長野・山梨・静岡） 東西約15km、南北約50kmに及ぶ南北に長い日本有数の山岳公園　赤石岳・北岳・甲斐駒ヶ岳・夜叉神峠
⑯上信越高原	（群馬・長野・新潟） 日本で２番目の広さの公園 浅間山・鬼押出し・白根山・志賀高原・地獄谷野猿公苑・谷川岳・清津峡
⑰妙高戸隠連山	（新潟・長野） 上信越高原国立公園から分離した公園 妙高山・黒姫山・飯綱山〔飯縄山〕・戸隠山・野尻湖〔ナウマン象の化石〕

⑱中部山岳	（新潟・長野・富山・岐阜）標高3000m級の山々で構成された山岳公園 立山・黒部ダム・上高地〔大正池〕・乗鞍岳・穂高岳・槍ヶ岳・白馬岳
⑲白山	（富山・石川・福井・岐阜）御前峰〔白山の主峰〕中心 白山・白山白川郷ホワイトロード
近畿地区	
⑳伊勢志摩	（三重）志摩半島一帯の区域、沿岸部はリアス式海岸 伊勢神宮・二見浦・英虞湾〔真珠の養殖〕・賢島・大王崎・朝熊山
㉑吉野熊野	（奈良・和歌山・三重）世界遺産「紀伊山地の霊場と参詣道」と重なる 吉野山〔桜の名所〕・大台ケ原・熊野三山〔本宮大社・速玉大社・那智大社〕・那智山・瀞峡・鬼ケ城・潮岬〔本州最南端〕
中国四国地区	
㉒山陰海岸	（鳥取・兵庫・京都）鳥取砂丘・浦富海岸・香住海岸・玄武洞
㉓大山隠岐	（鳥取・島根・岡山）大山・隠岐〔国賀海岸〕・蒜山高原・日御碕・出雲大社〔縁結びの神様〕・三瓶山〔石見富士〕
㉔瀬戸内海	（兵庫・岡山・広島・香川・徳島など10県）1,000余りの島、内海多島海 六甲山〔夜景〕・淡路島・鳴門海峡〔渦潮〕・小豆島〔二十四の瞳〕・瀬戸大橋・大三島〔大山祇神社〕・宮島〔日本三景〕
㉕足摺 宇和海	（高知・愛媛）足摺岬・竜串・見残し・大堂海岸・柏島・滑床渓谷
九州地区	
㉖西海	（長崎）大小400余りの島々からなる外洋性多島海景観を特色とする公園 平戸島・九十九島・弓張岳・五島列島
㉗雲仙天草	（長崎・熊本・鹿児島）雲仙普賢岳・雲仙地獄・仁田峠・天草五橋・高舞登山
㉘阿蘇 くじゅう	（熊本・大分）阿蘇山〔世界最大級のカルデラ〕・草千里ヶ浜・菊池渓谷・やまなみハイウェイ・久住高原・由布岳・城島高原
㉙霧島 錦江湾	（宮崎・鹿児島）韓国岳〔霧島山の最高峰〕・えびの高原・桜島・池田湖・開聞岳〔薩摩富士〕・長崎鼻・佐多岬〔大隅半島最南端〕
㉚屋久島	（鹿児島）屋久島〔世界自然遺産・縄文杉〕・宮之浦岳〔九州最高峰〕・尾之間温泉・口永良部島
㉛奄美群島	（鹿児島）九州と沖縄の間の島々、国内最大規模の亜熱帯照葉樹林 奄美大島・徳之島・喜界島・沖永良部島・与論島〔百合が浜〕
㉜やんばる	（沖縄）沖縄本島北部、亜熱帯照葉樹林、ヤンバルクイナ・ノグチゲラ 辺戸岬〔沖縄本島最北端〕・茅打ちバンタ・大石林山・与那覇岳
㉝慶良間 諸島	（沖縄）ザトウクジラ繁殖、多様なサンゴ礁、透明度高いケラマブルー 渡嘉敷島・座間味島・慶留間島・阿嘉島
㉞西表石垣	（沖縄）日本最南端の国立公園 西表島・浦内川・仲間川・小浜島・竹富島・川平湾〔石垣島〕・波照間島

3 国内観光資源 世界遺産

世界遺産

世界遺産については毎年のように出題されています。

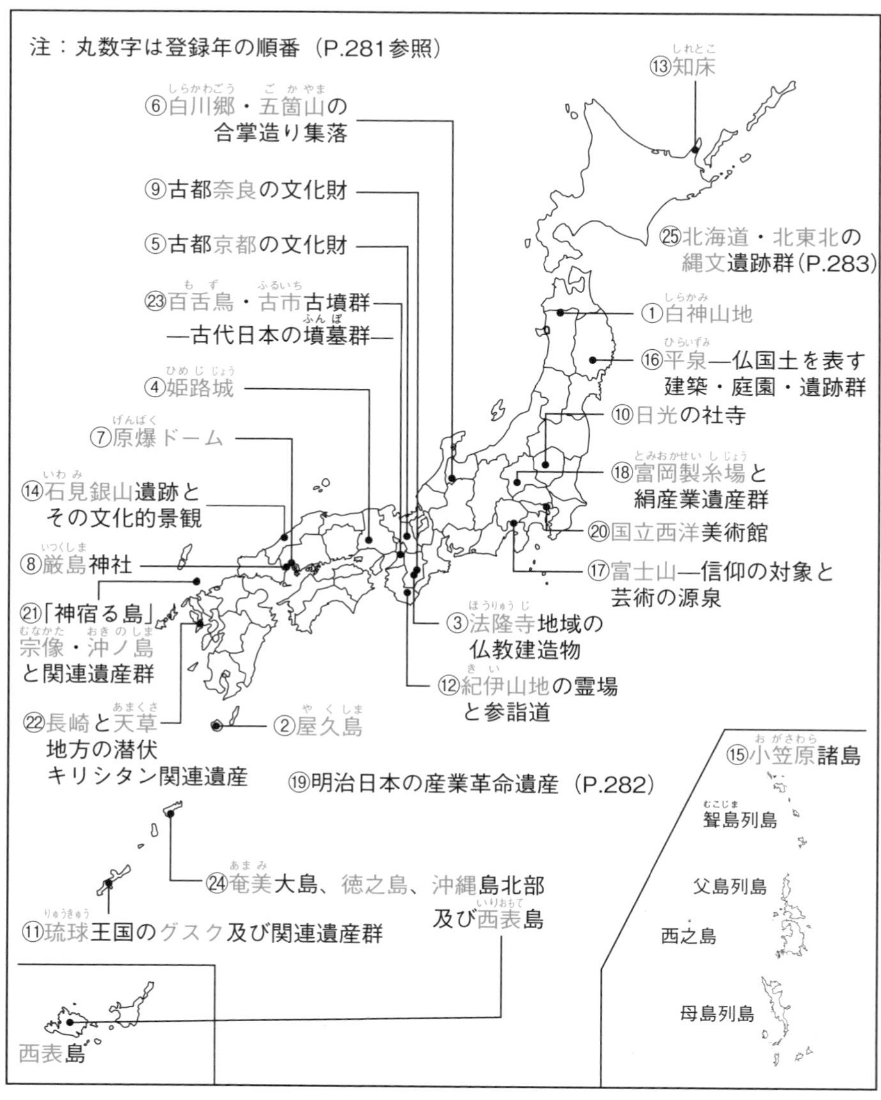

日本の世界遺産	県	登録	ポイント
①白神山地	青森県 秋田県	1993年	【自然遺産】 ブナの原生林・暗門の滝
②屋久島	鹿児島県	1993年	【自然遺産】縄文杉／大王杉〔屋久杉〕
③法隆寺地域の仏教建造物	奈良県	1993年	法隆寺〔世界最古の木造建築〕・法起寺
④姫路城	兵庫県	1993年	別名「白鷺城」
⑤古都京都の文化財 （京都市、宇治市・大津市）	京都府 滋賀県	1994年	17社寺・城　賀茂別雷神社〔上賀茂神社〕・賀茂御祖神社〔下鴨神社〕・清水寺・教王護国寺〔東寺〕・延暦寺〔滋賀県・比叡山〕・醍醐寺・宇治上神社・仁和寺・平等院・高山寺・西芳寺〔苔寺〕・天龍寺・鹿苑寺〔金閣寺〕・本願寺〔西本願寺〕・二条城・慈照寺〔銀閣寺〕・龍安寺〔石庭〕
⑥白川郷・五箇山の合掌造り集落	岐阜県 富山県	1995年	白川郷（岐阜県） 五箇山（富山県）
⑦原爆ドーム	広島県	1996年	広島平和記念碑
⑧厳島神社	広島県	1996年	厳島〔宮島・弥山〕
⑨古都奈良の文化財	奈良県	1998年	東大寺・興福寺・春日大社・春日山原始林・元興寺・薬師寺・唐招提寺・平城宮跡
⑩日光の社寺	栃木県	1999年	東照宮・二荒山神社・輪王寺
⑪琉球王国のグスク及び関連遺産群	沖縄県	2000年	首里城跡・今帰仁城跡・座喜味城跡・勝連城跡・中城城跡・園比屋武御嶽石門・識名園・玉陵・斎場御嶽
⑫紀伊山地の霊場と参詣道	奈良県 三重県 和歌山県	2004年	熊野三山〔熊野本宮大社・熊野速玉大社・熊野那智大社・青岸渡寺・那智大滝　他〕・高野山〔金剛峯寺　他〕、吉野・大峯〔吉野山・大峰山寺・金峯山寺　他〕
⑬知床	北海道	2005年	【自然遺産】 カムイワッカ湯の滝・羅臼岳〔知床富士〕・硫黄山・知床五湖・フレペの滝
⑭石見銀山遺跡とその文化的景観	島根県	2007年	大森銀山・熊谷家住宅・羅漢寺五百羅漢・石見城跡・鞆ヶ浦・温泉津〔温泉〕他
⑮小笠原諸島	東京都	2011年	【自然遺産】父島・母島・聟島列島・西之島 他
⑯平泉—仏国土を表す建築・庭園・遺跡群	岩手県	2011年	中尊寺〔金色堂〕・毛越寺・無量光院跡・観自在王院跡・金鶏山

⑰富士山—信仰の対象と芸術の源泉	山梨県 静岡県	2013年	富士五湖〔山中湖・河口湖・西湖・精進湖・本栖湖〕・富士山本宮浅間大社〔浅間神社の総本山〕・御師住宅（旧外川家住宅・小佐野家住宅）・忍野八海・白糸ノ滝・三保松原　他
⑱富岡製糸場と絹産業遺産群	群馬県	2014年	富岡製糸場・田島弥平旧宅・高山社跡・荒船風穴
⑲明治日本の産業革命遺産　製鉄・製鋼、造船、石炭産業〔８県23施設〕	岩手県	2015年	（釜石）橋野鉄鉱山・高炉跡
	静岡県		（韮山）韮山反射炉
	山口県		（萩）萩反射炉・萩城下町・松下村塾 恵美須ヶ鼻造船所跡 大板山たたら製鉄遺跡
	福岡県		（八幡）官営八幡製鉄所〔八幡製鐵所旧本事務所、修繕工場、旧鍛冶工場〕 遠賀川水源池ポンプ室
※産業遺産では、石見銀山、富岡製糸場に続く３番目	福岡県 熊本県		（三池）三池炭坑・三池港 三角西（旧）港
	佐賀県		（佐賀）三重津海軍所跡
	長崎県		端島炭鉱〔通称　軍艦島〕・高島炭鉱・三菱長崎造船所〔旧木型場、第三船渠、占勝閣、ジャイアント・カンチレバークレーン〕・旧グラバー住宅・小菅修船場跡
	鹿児島県		（鹿児島）旧集成館〔旧集成館反射炉跡、機械工場、旧鹿児島紡績所技師館〕 寺山炭窯跡・関吉の疎水溝
⑳国立西洋美術館	東京都	2016年	登録名「ル・コルビュジエの建築作品—近代建築運動への顕著な貢献—」７ヵ国に所在する17資産の１つ
㉑「神宿る島」宗像・沖ノ島と関連遺産群	福岡県	2017年	沖ノ島〔宗像大社沖津宮〕・小屋島・御門柱・天狗岩、宗像大社沖津宮遙拝所・中津宮・辺津宮、新原・奴山古墳群
㉒長崎と天草地方の潜伏キリシタン関連遺産	長崎県	2018年	大浦天主堂、原城跡、平戸の聖地と集落、外海の出津・大野集落、奈留島の江上集落、黒島・野崎島・頭ヶ島・久賀島の集落
	熊本県		天草の﨑津集落

㉓百舌鳥・古市古墳群 —古代日本の墳墓群—	大阪府	2019年	百舌鳥エリア（堺市）大山古墳・大仙陵古墳〔仁徳天皇陵〕、上石津ミサンザイ古墳〔履中天皇陵〕他 古市エリア（羽曳野市、藤井寺市）誉田御廟山古墳〔応神天皇陵〕他
㉔奄美大島、徳之島、 沖縄島北部及び西表島		2021年	【自然遺産】固有種
	鹿児島県		（奄美大島、徳之島）アマミノクロウサギ
	沖縄県		（沖縄島北部）ヤンバルクイナ （西表島）イリオモテヤマネコ
㉕北海道・北東北の 縄文遺跡群	北海道	2021年	（千歳）キウス周堤墓群 （伊達）北黄金貝塚 （洞爺湖町）入江貝塚、高砂貝塚 （函館）垣ノ島遺跡、大船遺跡
	青森県		（青森）三内丸山遺跡、小牧野遺跡 （弘前）大森勝山遺跡 （つがる）亀ヶ岡石器時代遺跡〔遮光器土偶〕 田小屋野貝塚 （外ヶ浜町）大平山元遺跡 （七戸町）二ツ森貝塚 （八戸）是川石器時代遺跡
	秋田県		（鹿角）大湯環状列石 （北秋田）伊勢堂岱遺跡
	岩手県		（一戸町）御所野遺跡

高野山・金剛峯寺
（和歌山県）

五箇山の合掌造り集落
（富山県）

4 国内観光資源 祭り・民謡

●四大祭りと三大祭り

東北四大祭り	ねぶた	青森県青森	8月上旬
	仙台七夕(せんだいたなばた)	宮城県仙台	8月上旬
	竿燈(かんとう)(竿灯)	秋田県秋田	8月上旬
	花笠(はながさ)まつり	山形県山形	8月上旬
江戸三大祭り※	神田祭(かんだまつり)	東京都・神田明神(みょうじん)	5月中旬
	三社祭(さんじゃまつり)	東京都・浅草神社	5月下旬
	山王祭(さんのうまつり)	東京都・日枝(ひえ)神社	6月中旬
京都三大祭り	葵祭(あおいまつり)	京都府・下鴨(しもがも)神社、上賀茂(かみがも)神社	5月中旬
	祇園祭(ぎおんまつり)	京都府・八坂(やさか)神社	7月
	時代祭	京都府・平安神宮	10月下旬

※江戸三大祭りには、三社祭ではなく深川八幡祭り（富岡八幡宮）とするなどの諸説がある。

●北海道・東北地方

祭り・伝統行事	開　催　地	開催月・ポイント
さっぽろ雪まつり	北海道札幌(さっぽろ)	2月上旬
こたんまつり	北海道旭川	9月中旬
オロチョンの火祭	北海道網走(あばしり)	7月下旬
ねぶた	青森県青森	8月上旬、東北四大祭りの１つ
ねぷた	青森県弘前	8月上旬
弘前(ひろさき)さくらまつり	青森県弘前	4月下旬～5月上旬
チャグチャグ馬コ	岩手県	6月中旬、馬の無病息災(むびょうそくさい)を祈願する祭り。着飾った馬の行進
仙台七夕(せんだいたなばた)まつり	宮城県仙台	8月上旬、東北四大祭りの１つ
竿燈(かんとう)(竿灯)まつり	秋田県秋田	8月上旬、東北四大祭りの１つ
なまはげ	秋田県男鹿(おが)半島	12月末・2月中旬、鬼の面をつけて怠け者の子供を追う
かまくら	秋田県横手	2月
花笠まつり	山形県山形	8月上旬、東北四大祭りの１つ
相馬野馬追(そうまのまおい)	福島県南相馬	5月下旬、戦国絵巻のような騎馬武者による神旗争奪戦が見もの

●関東・中部地方

祭り・伝統行事	開　催　地	開催月・ポイント
水戸の梅まつり	茨城県水戸偕楽園(みとかいらくえん)	2月～3月
祭頭祭(さいとうさい)	茨城県・鹿島神宮	3月上旬
水郷潮来(いたこ)あやめまつり	茨城県	6月
輪王寺強飯式(りんのうじごうはんしき)	栃木県・日光	4月上旬、山伏(やまぶし)姿の僧が山盛りの飯、酒をすすめる
高崎(たかさき)だるま市(いち)	群馬県高崎	1月上旬
秩父(ちちぶ)夜祭	埼玉県秩父	12月上旬、ユネスコ無形文化遺産
神田祭	東京都・神田明神	5月中旬
三社(さんじゃ)祭	東京都・浅草神社	5月下旬
山王(さんのう)祭	東京都・日枝(ひえ)神社	6月中旬
箱根大名行列	神奈川県箱根	11月上旬
長岡まつり	新潟県長岡	8月上旬、大花火大会
おわら風の盆	富山県	9月上旬、民謡「越中おわら節」
こきりこ祭り	富山県・五箇山(ごかやま)	9月下旬、民謡「こきりこ節」
青柏祭(せいはくさい)	石川県七尾	5月上旬、ユネスコ無形文化遺産
金沢百万石まつり	石川県	6月
お水送り	福井県小浜	3月上旬、奈良東大寺二月堂のお水取りと一体の行事
信玄公(しんげんこう)祭り	山梨県甲府	4月中旬
吉田の火祭り	山梨県富士吉田	8月下旬、日本三奇祭、富士山の鎮火祭
御柱祭(おんばしらさい)	長野県・諏訪大社(すわたいしゃ)	4月～5月、7年に1度（寅(とら)と申(さる)の年）
ウェストン祭	長野県・上高地	6月
黒船(くろふね)祭	静岡県下田	5月中旬、開国のきっかけの黒船来航記念
高山祭(たかやままつり)	岐阜県高山	4月中旬・10月上旬、ユネスコ無形文化遺産
郡上踊(ぐじょうおど)り	岐阜県	7月～9月、8月お盆には徹夜で踊る ユネスコ無形文化遺産

●近畿・中国地方

祭り・伝統行事	開　催　地	開催月・ポイント
葵祭(あおいまつり)	京都府・下鴨神社、上賀茂神社	5月中旬、京都三大祭りの1つ

祇園祭	京都府・八坂神社	7月、京都三大祭りの1つ ユネスコ無形文化遺産
時代祭	京都府・平安神宮	10月下旬、京都三大祭りの1つ
大文字五山送り火	京都府	8月中旬
鞍馬の火祭	京都府	10月下旬
天神祭	大阪府・大阪天満宮	7月下旬、日本三大祭りの1つ
岸和田だんじり祭	大阪府	9月・10月
長浜曳山まつり	滋賀県長浜	4月中旬、ユネスコ無形文化遺産
若草山焼き	奈良県	1月上旬
お水取り（東大寺修二会）	奈良県・東大寺二月堂	3月
那智の火祭	和歌山県・熊野那智大社	7月中旬
流しびな	鳥取県	旧暦3月上旬
鷺舞	島根県・津和野	7月下旬、ユネスコ無形文化遺産
西大寺会陽	岡山県	2月下旬
ひろしまフラワーフェスティバル	広島県・平和記念公園周辺	5月上旬（GW）
宮島管絃祭	広島県・嚴島神社	旧暦6月中旬
先帝祭	山口県下関・赤間神宮	5月上旬（GW）

●四国・九州・沖縄地方

祭り・伝統行事	開　催　地	開催月・ポイント
阿波おどり	徳島県	8月中旬
よさこい祭り	高知県	8月9～12日、民謡「よさこい節」
金刀比羅宮例大祭	香川県琴平	10月上旬
玉取祭（玉せせり）	福岡県・筥崎宮	1月上旬
博多どんたく	福岡県	5月上旬（GW）
博多祇園山笠	福岡県	7月1～15日、ユネスコ無形文化遺産
唐津くんち	佐賀県唐津	11月上旬、ユネスコ無形文化遺産
長崎くんち（おくんち）	長崎県・諏訪神社	10月上旬
火の国まつり	熊本県	8月中旬
山鹿灯籠まつり	熊本県山鹿	8月中旬
天領日田おひなまつり	大分県日田	2月中旬～3月

古墳まつり	宮崎県・西都原古墳	11月上旬
おはら祭	鹿児島県	11月上旬、民謡「おはら節」
(那覇) ハーリー	沖縄県那覇	5月上旬(GW)、爬龍船競漕
糸満ハーレー	沖縄県糸満	旧暦5月上旬
エイサー	沖縄県	8月中旬

●民謡

最近はあまり出題されていません。余裕がある人は、チェックしておくとよいでしょう。

民　謡	都道府県	民　謡	都道府県
江差追分	北海道	ソーラン節	北海道
津軽じょんがら節	青森県	南部牛追唄	岩手県
斎太郎節	宮城県松島	さんさ時雨	宮城県
ドンパン節	秋田県	最上川舟唄	山形県
真室川音頭	山形県	相馬盆唄	福島県
会津磐梯山	福島県	磯節	茨城県
草津節	群馬県	八木節	群馬県
大漁節	千葉県	佐渡おけさ	新潟県佐渡
相川音頭	新潟県佐渡	三階節	新潟県
越中おわら節	富山県	こきりこ節	富山県
山中節	石川県	三国節	福井県
武田節	山梨県	ちゃっきり節	静岡県
木曽節	長野県	郡上節	岐阜県
宮津節	京都府	デカンショ節	兵庫県
串本節	和歌山県	貝殻節	鳥取県
安来節	島根県	関の五本松	島根県
下津井節	岡山県	男なら	山口県
金毘羅船々	香川県	よさこい節	高知県
炭坑節	福岡県	黒田節	福岡県
おてもやん	熊本県	五木の子守唄	熊本県
刈干切唄	宮崎県	ひえつき節	宮崎県
おはら節	鹿児島県	安里屋ユンタ	沖縄県竹富島

国内観光資源 ラムサール条約

正式名称は「特に水鳥の生息地として国際的に重要な湿地に関する条約」です。1971年イランのラムサールで採択されたことから「ラムサール条約」と呼ばれています。

日本の登録湿地は2023年３月現在、53ヶ所です。

●主なラムサール条約の登録地

登録名	都道府県（登録年）
釧路湿原	北海道（1980年）
クッチャロ湖	北海道（1989年）
霧多布湿原	北海道（1993年）
厚岸湖	北海道（1993年）
片野鴨池	石川県（1993年）
漫湖	沖縄県（1999年）
濤沸湖	北海道（2005年）
風蓮湖・春国岱	北海道（2005年）
奥日光の湿原	栃木県（2005年）
三方五湖	福井県（2005年）
中海	鳥取・島根県(2005年)
屋久島永田浜	鹿児島県（2005年）
慶良間諸島海域	沖縄県（2005年）
久米島の渓流・湿地	沖縄県（2008年）
渡良瀬遊水池	茨城・栃木・群馬・埼玉県（2012年）
宮島	広島県（2012年）
与那覇湾	沖縄県（2012年）
出水ツルの越冬地	鹿児島県（2021年）
伊豆沼・内沼	宮城県（1985年）
ウトナイ湖	北海道（1991年）
谷津干潟	千葉県（1993年）
別寒辺牛湿原	北海道（1993年）
琵琶湖	滋賀県（1993年）
サロベツ原野	北海道（2005年）
阿寒湖	北海道（2005年）
野付半島・野付湾	北海道（2005年）
尾瀬	福島・群馬・新潟県（2005年）
串本沿岸地域	和歌山県（2005年）
宍道湖	島根県（2005年）
秋吉台地下水系	山口県（2005年）
瓢湖	新潟県（2008年）
立山弥陀ヶ原・大日平	富山県（2012年）
大沼	北海道（2012年）
涸沼	茨城県（2015年）
葛西海浜公園	東京都（2018年）

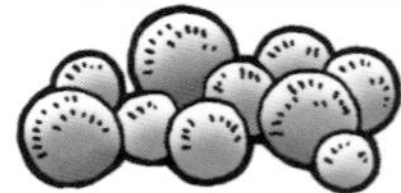
まりも

●代表的なラムサール条約の登録地

登録名	都道府県	ポイント
釧路湿原	北海道　道東	ラムサール条約登録地第１号、日本最大の湿原 特別天然記念物「タンチョウ」生息（主な繁殖地）
阿寒湖	北海道　道東	火山活動によって形成された広大なカルデラ湖 天然記念物「まりも」の生息地
霧多布湿原	北海道　道東	オオハクチョウの渡来地・「タンチョウ」生息 ミズゴケ泥炭地基盤の高層湿原と満潮時に海水が流入する汽水湖から構成
厚岸湖	北海道　道東	汽水湖・「タンチョウ」生息 冬に全面凍結ないため、オオハクチョウの日本最大級の越冬地
風蓮湖・春国岱	北海道　道東	風蓮湖は根室湾につながる汽水湖・春国岱は風蓮湖と根室湾の間に形成された砂州、渡り鳥の渡来及び中継地として重要
大沼	北海道　道南	渡島半島の東、駒ヶ岳の南、大沼・小沼・蓴菜沼等で構成
伊豆沼・内沼	宮城県　北部	水生植物が繁茂する淡水湖、ガンカモ類等越冬地
尾瀬	福島県檜枝岐村 群馬県片品村 新潟県魚沼市	（西側）尾瀬ヶ原、（東側）尾瀬沼、（燧ケ岳の北側）御池田代の湿原、日本有数の高層湿原、豊富な昆虫類・湿原特有の動植物
谷津干潟	千葉県	東京湾に残された数少ない干潟、シギ・チドリ類の渡来地
葛西臨海公園	東京都	東京湾に流入する河川の河口に位置する汽水域、干潮時には水深４ｍ以下の干潟、渡り鳥の渡来地
瓢湖	新潟県　北部	江戸時代に灌漑用ため池として造成、白鳥の渡来地
三方五湖	福井県　南西部	若狭湾沿いのリアス式海岸に所在する湖の集まり、三方湖等の５つの湖から成る。湖はすべてつながっているが、それぞれ塩分濃度・面積・深さが異なり、異なる魚種が生息。
琵琶湖	滋賀県　中央部	日本最大の淡水湖・郷土料理「ふなずし」・竹生島 琵琶湖大橋（大津市堅田～守山市今浜）
中海	鳥取県・島根県	２県にまたがって位置する汽水湖、日本で５番目の大きさの湖、様々な海藻類・魚類・貝類が生息。 日本最大級のガンガモ類の越冬地
宍道湖	島根県	汽水湖・名物料理「宍道湖七珍」・日本の夕陽百選・嫁ヶ島
宮島	広島県	広島湾の北西部、宮島（厳島）南西部の沿岸域 世界遺産、日本三景、ミヤジマトンボが生息
秋吉台地下水系	山口県　中西部	日本最大級のカルスト地域、秋芳洞など多くの洞窟・洞窟内の洞窟生成物
屋久島永田浜	鹿児島県	世界遺産・屋久島北西部、島内最長の砂浜 アカウミガメ産卵地
久米島の渓流・湿地	沖縄県	沖縄本島西約100ｋｍ、日本で唯一の淡水生ヘビ「クザトサワ」の生息地
慶良間諸島海域	沖縄県	慶良間諸島国立公園海域、日本代表のサンゴ礁群

国内観光資源 温泉

北海道地方

温泉	都道府県	ポイント・近郊観光地
豊富温泉	北海道	日本最北端・油分含む
ウトロ温泉	北海道	知床最大の温泉
女満別温泉	北海道	網走市
阿寒湖温泉	北海道	阿寒湖
川湯温泉	北海道	摩周湖・屈斜路湖
十勝川温泉	北海道	帯広郊外・モール温泉
定山渓温泉	北海道	札幌の奥座敷
朝里川温泉	北海道	小樽市
層雲峡温泉	北海道	大雪山・ロープウェイ
登別温泉	北海道	地獄谷・クマ牧場
洞爺湖温泉	北海道	有珠山・昭和新山
湯の川温泉	北海道	函館の奥座敷・五稜郭

東北地方

温泉	都道府県	ポイント・近郊観光地
薬研温泉	青森県	下北半島・恐山
下風呂温泉	青森県	下北半島・井上靖「海峡」
浅虫温泉	青森県	青森の奥座敷・夏泊半島
酸ヶ湯温泉	青森県	八甲田山・混浴ヒバ千人風呂
蔦温泉	青森県	十和田市・源泉湧き流し湯
大鰐温泉	青森県	津軽の奥座敷
繋温泉	岩手県	盛岡の奥座敷・御所湖
鶯宿温泉	岩手県	雫石町・小岩井農場
花巻温泉	岩手県	宮沢賢治「日時計花壇」
志戸平温泉	岩手県	花巻温泉郷の１つ
須川温泉	岩手県	栗駒山麓の高原温泉
鳴子温泉	宮城県	奥州三名湯・三大こけし地
秋保温泉	宮城県	奥州三名湯・仙台の奥座敷
作並温泉	宮城県	仙台の奥座敷
遠刈田温泉	宮城県	宮城蔵王・三大こけし地
大湯温泉	秋田県	大湯環状列石（世界遺産）
後生掛温泉	秋田県	名物「箱蒸し風呂」
玉川温泉	秋田県	日本一の強酸性温泉水
乳頭温泉郷	秋田県	田沢湖高原の東
男鹿温泉	秋田県	男鹿半島（なまはげ）
湯野浜温泉	山形県	奥州三楽郷・日本海浜温泉
温海温泉	山形県	鶴岡市・開湯1200年
銀山温泉	山形県	大正ロマン・NHK「おしん」
天童温泉	山形県	将棋の駒・人間将棋（GW）
上山温泉	山形県	奥羽三楽郷・さくらんぼ
蔵王温泉	山形県	スキー場・樹氷
飯坂温泉	福島県	奥州三名湯・福島の奥座敷
東山温泉	福島県	会津若松市・奥羽三楽郷
芦ノ牧温泉	福島県	大内宿・塔のへつり
湯野上温泉	福島県	茅葺屋根の駅舎・大内宿
土湯温泉	福島県	三大こけし地
岳温泉	福島県	安達太良山の麓・高原温泉
磐梯熱海温泉	福島県	郡山の奥座敷・美人湯
いわき湯本温泉	福島県	スパリゾートハワイアンズ

関東地方

温泉	都道府県	ポイント・近郊観光地
鬼怒川温泉	栃木県	鬼怒川渓谷・ライン川下り
川治温泉	栃木県	鬼怒川温泉の上流・龍王峡
湯西川温泉	栃木県	平家の落人説・囲炉裏料理
塩原温泉	栃木県	もみじ谷大吊橋・トテ馬車
那須湯本温泉	栃木県	那須温泉郷の中心
老神温泉	群馬県	片品川の渓谷・吹割の滝
水上温泉	群馬県	利根川上流の渓流沿い
伊香保温泉	群馬県	石段の両側に旅館や飲食店・榛名山・榛名湖
草津温泉	群馬県	日本三古泉・湯畑・湯もみ
万座温泉	群馬県	高山温泉・軽井沢の奥座敷

四万温泉	群馬県	上信越高原国立公園内・レトロ温泉
川中温泉	群馬県	日本三美人の湯・吾妻峡
法師温泉	群馬県	上信越高原国立公園・秘湯
勝浦温泉	千葉県	朝市・太平洋に面する温泉
白浜温泉	千葉県	房総半島南端・野島埼
箱根湯本温泉	神奈川県	箱根の玄関口
強羅温泉	神奈川県	箱根第 2 の規模の温泉街
湯河原温泉	神奈川県	真鶴半島・国木田独歩の碑

●中部地方

温泉	都道府県	ポイント・近郊観光地
瀬波温泉	新潟県	村上市・イヨボヤ会館/鮭公園(サーモンパーク)
月岡温泉	新潟県	新発田市・瓢湖（白鳥）
岩室温泉	新潟県	新潟の奥座敷・黒湯
越後湯沢温泉	新潟県	川端康成「雪国」舞台
赤倉温泉	新潟県	妙高山の山腹・スキー場
宇奈月温泉	富山県	黒部峡谷・トロッコ電車
和倉温泉	石川県	能登半島・能登最大の温泉
湯涌温泉	石川県	金沢市・金沢の奥座敷
加賀温泉郷	石川県	山代温泉・山中温泉・片山津温泉・粟津温泉
芦原温泉	福井県	福井県代表温泉・東尋坊
石和温泉	山梨県	山梨県最大規模の温泉郷
下部温泉	山梨県	信玄隠し湯・身延山久遠寺
湯田中・渋温泉郷	長野県	地獄谷野猿公苑の玄関口(スノーモンキー)
野沢温泉	長野県	13の外湯めぐり・野沢菜
戸倉上山田温泉	長野県	千曲川・川中島合戦場拠点
別所温泉	長野県	上田市・信州の鎌倉
鹿教湯温泉	長野県	上田市・鹿が教えた湯
大町温泉	長野県	立山黒部アルペンルートの玄関口
上諏訪温泉	長野県	諏訪湖畔・下諏訪温泉
浅間温泉	長野県	松本の奥座敷・旧開智学校
白骨温泉	長野県	乳白色・上高地・乗鞍岳
昼神温泉	長野県	阿智村・日本一の星空の村
奥飛騨温泉郷	岐阜県	新穂高温泉・平湯温泉・新平湯温泉・福地温泉・栃尾温泉・安房トンネル
下呂温泉	岐阜県	日本三名泉・高山の拠点
熱海温泉	静岡県	「金色夜叉」のお宮の松
伊東温泉	静岡県	伊豆代表・城ケ崎・大室山
熱川温泉	静岡県	東伊豆・熱川バナナワニ園
稲取温泉	静岡県	東伊豆・雛のつるし飾り
伊豆長岡温泉	静岡県	中伊豆・韮山反射炉
修善寺温泉	静岡県	中伊豆・修禅寺・独鈷の湯
湯ヶ島温泉	静岡県	中伊豆・「伊豆の踊り子」
蓮台寺温泉	静岡県	南伊豆・上原美術館
堂ヶ島温泉	静岡県	西伊豆・堂ヶ島天窓洞
土肥温泉	静岡県	西伊豆最大・土肥金山
舘山寺温泉	静岡県	浜松市・浜名湖
湯谷温泉	愛知県	県東部・鳳来寺山の麓
西浦温泉	愛知県	半島先端・三河湾を一望

●近畿地方

温泉	都道府県	ポイント・近郊観光地
雄琴温泉	滋賀県	琵琶湖南西岸・最澄が開湯
湯の山温泉	三重県	御在所岳ロープウェイ
長島温泉	三重県	木曽川、揖斐川、長良川河口・なばなの里
十津川温泉	奈良県	十津川村・美肌の湯
白浜温泉(南紀白浜温泉)	和歌山県	千畳敷・三段壁・円月島・南方熊楠記念館
勝浦温泉(南紀勝浦温泉)	和歌山県	世界遺産「熊野那智大社・青岸渡寺・那智滝」
川湯温泉	和歌山県	川原を掘ると温泉が湧出・仙人風呂(川のせき止め)
湯の峰温泉	和歌山県	湯垢離場（熊野詣）・つぼ湯（世界遺産）
龍神温泉	和歌山県	日本三美人の湯
湯の花温泉	京都府	亀岡市・保津川下り
有馬温泉	兵庫県	日本三名泉・六甲山

城崎温泉	兵庫県	志賀直哉「城の崎にて」舞台・外湯・玄武洞
湯村温泉	兵庫県	高熱温泉・源泉で温泉たまご・「夢千代日記」の舞台

●中国・四国地方

温泉	都道府県	ポイント・近郊観光地
三朝温泉	鳥取県	三徳山三佛寺
皆生温泉	鳥取県	米子の奥座敷・海辺の温泉
玉造温泉	島根県	最古の温泉の１つ・宍道湖
湯の川温泉	島根県	日本三美人の湯・八上姫神社
温泉津温泉	島根県	世界遺産「石見銀山」積出港
有福温泉	島根県	石段の坂道・レトロな風情の温泉街・「山陰の伊香保」
湯田温泉	山口県	山口市・市街地の温泉
長門湯本温泉	山口県	山口県最古の温泉
川棚温泉	山口県	下関の奥座敷・瓦そば発祥
湯郷温泉	岡山県	美作三湯
奥津温泉	岡山県	美作三湯・足踏み洗濯
湯原温泉	岡山県	美作三湯・湯原湖
湯来温泉	広島県	広島の奥座敷
道後温泉	愛媛県	夏目漱石「坊ちゃん」の舞台
鈍川温泉	愛媛県	今治市・昭和レトロ

●九州地方

温泉	都道府県	ポイント・近郊観光地
二日市温泉	福岡県	福岡の奥座敷
原鶴温泉	福岡県	筑後川沿いの温泉・鵜飼
嬉野温泉	佐賀県	西九州新幹線「嬉野温泉駅」・温泉湯どうふ・嬉野茶
武雄温泉	佐賀県	温泉入口に朱塗りの楼門・西九州新幹線「武雄温泉駅」・美人の湯
雲仙温泉	長崎県	島原半島・雲仙岳・仁田峠・高原温泉
小浜温泉	長崎県	島原半島・海岸線に広がる熱量と温度日本一の温泉・長さ一の足湯
菊池温泉	熊本県	熊本の奥座敷・菊池渓谷
山鹿温泉	熊本県	山鹿灯籠まつり（8月）
黒川温泉	熊本県	阿蘇山の北・入湯手形
阿蘇内牧温泉	熊本県	阿蘇温泉郷・「町屋（公衆温泉）」めぐり
日奈久温泉	熊本県	県下で最古・昭和レトロ
人吉温泉	熊本県	日本三急流「球磨川下り」
杖立温泉	熊本県（一部大分県）	むし風呂・「むし湯」の台所・北里柴三郎記念館（医学者）
別府温泉	大分県	別府八湯（観海寺温泉・鉄輪温泉等）中心・別府地獄めぐり
由布院温泉	大分県	由布岳（豊後富士）・金鱗湖
天ケ瀬温泉	大分県	玖珠川の露天風呂が名物
日田温泉	大分県	三隈川・屋形舟の夕食・鵜飼
えびの高原温泉	宮崎県	えびの高原（霧島山に囲まれた標高1200mの高原）
指宿温泉	鹿児島県	薩摩半島南端・砂蒸し温泉・開聞岳（薩摩富士）・池田湖
霧島温泉	鹿児島県	丸尾・新湯温泉などの総称・霧島温泉郷

7 国内観光資源
伝統工芸品と産地

●陶磁器

笠間焼	茨城県	益子焼	栃木県	九谷焼	石川県
美濃焼	岐阜県	常滑焼・瀬戸焼	愛知県	万古焼	三重県
清水焼	京都府	信楽焼	滋賀県	赤膚焼	奈良県
出石焼	兵庫県	備前焼	岡山県	砥部焼	愛媛県
有田焼（伊万里焼）	佐賀県	萩　焼	山口県	小鹿田焼	大分県
		唐津焼	佐賀県	壺屋焼	沖縄県

●漆器

津軽塗	青森県	会津塗	福島県	秀衡塗	岩手県
高岡漆器	富山県	飛騨春慶塗	岐阜県	輪島塗	石川県
山中漆器	石川県	若狭塗	福井県		

●染織・織物

優佳良織	北海道	結城紬	茨城県	黄八丈	東京都八丈島
小千谷縮	新潟県	加賀友禅	石川県	西陣織	京都府
備後絣	広島県福山	伊予絣	愛媛県	久留米絣	福岡県
大島紬	鹿児島県奄美大島	芭蕉布	沖縄県	紅型	沖縄県

●その他

南部鉄器	岩手県	鳴子こけし	宮城県	曲げわっぱ	秋田県
樺細工	秋田県角館	将棋の駒	山形県天童	赤べこ	福島県
三春駒	福島県	福だるま	群馬県	岩槻人形	埼玉県
寄せ木細工	神奈川県	のろま人形	新潟県	越前和紙	福井県
甲州印伝	山梨県	鳩車	長野県野沢温泉	一位一刀彫	岐阜県
石州和紙	島根県	フグ提灯	山口県	大内人形	山口県
丸亀うちわ	香川県	姫だるま	愛媛県	山鹿灯籠	熊本県

8 国内観光資源

郷土料理・特産品

料理・特産品	都道府県	料理・特産品	都道府県
ジンギスカン料理	北海道	石狩なべ	北海道
ルイベ	北海道	三平汁	北海道
じゃっぱ汁	青森県	せんべい汁	青森県
いちご煮	青森・岩手県	わんこそば・盛岡冷麺	岩手県
ずんだ餅	宮城県	笹かまぼこ	宮城県
はらこ飯	宮城県	稲庭うどん	秋田県
きりたんぽ	秋田県	しょっつる鍋	秋田県
喜多方ラーメン・わっぱめし	福島県	イモ煮〔芋煮〕	山形県
水戸納豆	茨城県	あんこう鍋	茨城県
日光湯波	栃木県	しもつかれ	栃木県
峠の釜めし	群馬県	下仁田ネギ・こんにゃく	群馬県
草加せんべい	埼玉県	忠七めし	埼玉県
落花生	千葉県	さんが	千葉県
深川鍋・深川めし	東京都	けんちん汁	神奈川県
へぎそば	新潟県	のっぺい（汁）	新潟県
マスずし〔ます寿し〕	富山県	ホタルイカ	富山県
ごり汁	石川県	治部煮〔じぶ煮〕	石川県
越前かにめし	福井県	若狭ガレイ	福井県
ほうとう	山梨県	おやき	長野県
野沢菜	長野県	五平餅	長野・岐阜県
朴葉みそ	岐阜県	うなぎの蒲焼	静岡県
安倍川餅	静岡県	ひきずり（鍋）	愛知県
ひつまぶし	愛知県	ういろう	愛知県
伊勢うどん	三重県	手こね寿司	三重県
ふなずし〔鮒ずし〕	滋賀県	八ツ橋	京都府
芋棒	京都府	しば漬	京都府
てっちり	大阪府	明石焼	兵庫県

出石そば	兵庫県	三輪そうめん	奈良県
茶粥	奈良県	柿の葉ずし	奈良県
めはりずし	奈良・和歌山県	なれずし	和歌山県
出雲そば	島根県	ままかり料理・ママカリ	岡山県
きび団子〔吉備団子〕	岡山県	もみじまんじゅう	広島県
ふく料理〔ふぐ料理〕	山口県	讃岐うどん	香川県
坊ちゃん団子	愛媛県	皿鉢料理	高知県
祖谷そば	徳島県	辛子明太子	福岡県
がめ煮	福岡県	卓袱料理〔しっぽく料理〕	長崎県
長崎チャンポン・皿うどん	長崎県	カステラ	長崎県
辛子蓮根〔からし蓮根〕	熊本県	城下カレイ	大分県
だんご汁	大分県	冷や汁	宮崎県
さつま揚げ・さつま汁	鹿児島県	かるかん	鹿児島県
鶏飯	鹿児島県	ラフテー	沖縄県
沖縄そば	沖縄県	チャンプルー	沖縄県

●文学作品の舞台

作品名（著者名）ー作品の舞台	作品名（著者名）ー作品の舞台
氷点（三浦綾子）北海道旭川	津軽（太宰治）青森県
遠野物語（柳田國男）岩手県遠野	風の又三郎（宮沢賢治）岩手県花巻
智恵子抄（高村光太郎）福島県	不如帰（徳富蘆花）群馬県伊香保
野菊の墓（伊藤左千夫）千葉県松戸	雪国（川端康成）新潟県越後湯沢
ゼロの焦点（松本清張）石川県	大菩薩峠（中里介山）山梨県
夜明け前（島崎藤村）馬籠（岐阜県中津川）	金色夜叉（尾崎紅葉）静岡県熱海
千曲川旅情の歌（島崎藤村）長野県小諸	城の崎にて（志賀直哉）兵庫県城崎
羅生門（芥川龍之介）京都府京都	放浪記（林芙美子）広島県尾道
暗夜行路（志賀直哉）鳥取県大山	点と線（松本清張）福岡県
恩讐の彼方に（菊池寛）大分県青の洞門	二十四の瞳（壺井栄）香川県小豆島
伊豆の踊子（川端康成）静岡県湯ヶ野温泉、天城峠	
坊ちゃん（夏目漱石）愛媛県松山・道後温泉	

9 国内観光資源 博物館・記念館等

●北海道地方

名称	所在地	特徴等
北海道開拓の村	北海道札幌市	昔の建造物を移築・再現した野外博物館、野幌森林公園内
白い恋人パーク	北海道札幌市	お菓子のテーマパーク・北海道みやげ定番「白い恋人」の工場見学、お菓子作り体験
三浦綾子記念文学館	北海道旭川市	作家「三浦綾子」・旭川出身 作品『氷点』の舞台
井上靖記念館	北海道旭川市	小説家・詩人「井上靖」・旭川生まれ 作品『しろばんば』『天平の甍』『海峡』『氷壁』 （静岡県長泉町・鳥取県米子市にもある）
博物館網走監獄	北海道網走市	網走刑務所の旧建造物
北海道立北方民族博物館	北海道網走市	天都山・国内唯一の北方民族専門博物館
オホーツク流氷館	北海道網走市	天都山・流氷とオホーツク海をテーマとする網走市立科学館
池田町ブドウ・ブドウ酒研究所	北海道池田町	通称「いけだワイン城」・十勝ワイン工場、熟成室、ブランデー蒸留室等見学
ウポポイ（民族共生象徴空間）	北海道白老町	アイヌ文化の復興・創造のナショナルセンター
有島記念館	北海道ニセコ町	作家「有島武郎」 作品『カインの末裔』『生まれ出づる悩み』『或る女』

●東北地方

名称	所在地	特徴等
太宰治記念館「斜陽館」	青森県五所川原市	小説家「太宰治」の生家
棟方志功記念館	青森県青森市	板画家「棟方志功」・青森出身（2024年３月31日閉館）
石川啄木記念館	岩手県盛岡市渋民	歌人「石川啄木」の故郷
宮沢賢治記念館	岩手県花巻市	詩人・童話作家・教師・科学者「宮沢賢治」、近くに賢治設計の日時計花壇
石ノ森章太郎ふるさと記念館	宮城県登米市	登米市出身の漫画家「石ノ森章太郎」 作品『サーボーク009』『仮面ライダー』『人造人間キカイダー』
斎藤茂吉記念館	山形県上山市	歌人「斎藤茂吉」生地
野口英世記念館	福島県猪苗代町	猪苗代湖畔・医学者「野口英世」の生家
円谷英二ミュージアム	福島県須賀川市	映画監督・特撮の神様「円谷英二」・須賀川市出身 作品『ウルトラマン』『ゴジラ』

●関東地方

名称	所在地	特徴等
野口雨情記念館	茨城県北茨城市	童謡・民謡の作詞家「野口雨情」・北茨城市出身 作品　童謡『赤い靴』『あの町この町』『シャボン玉』
徳富蘆花記念文学館	群馬県渋川市 伊香保温泉	小説家「徳富蘆花」 作品　小説『不如帰』
竹久夢二伊香保記念館	群馬県渋川市 伊香保温泉	画家「竹久夢二」
渋沢栄一記念館	埼玉県深谷市	新1万円札・実業家「渋沢栄一」
迎賓館赤坂離宮	東京都港区	東宮御所として建設・戦後は迎賓館
相田みつを美術館	東京都千代田区	書家・詩人「相田みつを」 東京国際ファーラム内（2024年1月28日閉館）
皇居三の丸尚蔵館	東京都千代田区	皇居東御苑内・皇室が国に寄贈した絵画や工芸品などを収蔵
旧岩崎邸庭園	東京都台東区・文京区	岩崎彌太郎の長男久彌（三菱第3代社長）の本邸
漱石山房記念館	東京都新宿区	小説家「夏目漱石」が晩年を過ごした家「漱石山房」の一部を再現
長谷川町子美術館	東京都世田谷区	漫画家「長谷川町子」・作品『サザエさん』
藤子・F・不二雄ミュージアム	神奈川県川崎市	漫画家「藤子・F・不二雄」 作品『ドラえもん』『オバケのQ太郎』『キテレツ大百科』

●中部地方

名称	所在地	特徴等
北方文化博物館	新潟県新潟市	別名「豪農の館」・『鬼滅の刃』の聖地
福井県立恐竜博物館	福井県勝山市	恐竜をテーマにした博物館としては日本最大級
北斎館	長野県小布施町	浮世絵師「葛飾北斎」
碌山美術館	長野県安曇野市	彫刻家「荻原碌山」・安曇野生まれ 赤レンガの教会風建物
藤村記念館	長野県小諸市	文豪「島崎藤村」・懐古園内・作品『千曲川旅情の詩』
藤村記念館	岐阜県中津川市 馬籠	文豪「島崎藤村」馬籠生まれ 作品『夜明け前』は馬籠宿が舞台
杉原千畝記念館	岐阜県八百津町	戦時中のリトアニアでユダヤ人にビザを発給した外交官「杉原千畝」
博物館明治村	愛知県犬山市	明治時代の建築物等を展示・野外博物館

●近畿地方

名称	所在地	特徴等
本居宣長記念館	三重県松阪市	江戸時代の国学者「本居宣長」 作品『古事記伝』
南方熊楠記念館	和歌山県白浜町	博物学者「南方熊楠」
手塚治虫記念館	兵庫県宝塚市	漫画家「手塚治虫」 作品『鉄腕アトム』『ジャングル大帝』『リボンの騎士』
谷崎潤一郎記念館	兵庫県芦屋市	小説家「谷崎潤一郎」・作品『細雪』『春琴抄』

●中国・四国地方

名称	所在地	特徴等
水木しげる記念館	鳥取県港境市	漫画家「水木しげる」境港市出身 作品『ゲゲゲの鬼太郎』
小泉八雲記念館	島根県松江市	作家「小泉八雲（ラフカディオ・ハーン）」 作品『耳なし芳一』
森鴎外記念館	島根県津和野町	文豪「森鴎外」の専門的な記念館として世界初 作品『舞姫』『高瀬舟』
金子みすゞ記念館	山口県長門市仙崎	童話詩人「金子みすゞ」長門市生まれ 作品『こだまでしょうか』『私と小鳥と鈴と』
中原中也記念館	山口県山口市（湯田温泉生まれ）	近代詩人「中原中也」湯田温泉生まれ 作品『サーカス』『汚れちまつた悲しみに』
平山郁夫美術館	広島県尾道市生口島	画家「平山郁夫」生口島生まれ 作品『シルクロードシリーズ』
壺井栄文学館	香川県小豆島	小説家「壺井栄」・二十四の瞳映画村内 作品『二十四の瞳』
子規記念博物館	愛媛県松山市	歌人「正岡子規」松山生まれ 作品『柿食えば鐘が鳴るなり法隆寺』
香美市立やなせたかし記念館（アンパンマンミュージアム）	高知県香美市	漫画家「やなせたかし」現・香美市出身 作品『アンパンマン』

●九州地方

名称	所在地	特徴等
松本清張記念館	福岡県北九州市	推理作家「松本清張」北九州出身 作品『砂の器』『ゼロの焦点』『黒革の手帖』
北原白秋記念館	福岡県柳川市	詩人・歌人「北原白秋」柳川生まれ 作品『からたちの花』『赤い鳥小鳥』『あめんぼのうた』
松浦史料博物館	長崎県平戸市	平戸島・平戸藩主松浦家の屋敷
夏目漱石内坪井旧居	熊本県熊本市	作家「夏目漱石」・熊本（教師生活）での5番目の住居
北里柴三郎記念館	熊本県小国町北里	新千円札・世界的な医学者「北里柴三郎」生家（東京都港区にもある）
瀧廉太郎記念館	大分県竹田市	作曲家「瀧廉太郎」12歳～14歳まで暮らした家 作品『花』『荒城の月』『鳩ぽっぽ』
椋鳩十文学記念館	鹿児島県姶良市	児童文学作家「椋鳩十」 作品『片耳の大シカ』『マヤの一生』
知覧特攻平和会館	鹿児島県南九州市知覧町	特攻隊が飛び立った地

10 国内観光資源（都道府県別）

凡例：◎ 県庁所在地　●地名　○名所　♨温泉　△ 山・峠　□ 洞窟

北海道　蝦夷

温　泉　湯の川温泉〔函館市〕、登別温泉〔地獄谷・クマ牧場〕、定山渓温泉〔札幌の奥座敷〕、朝里川温泉〔小樽市〕、十勝川温泉〔モール温泉〕、ウトロ温泉〔知床〕

観　光　道北＝宗谷岬〔日本最北端・探検家「間宮林蔵」の像〕、野寒布岬、利尻島・礼文島〔日本最北端の島・スコトン岬・澄海岬〕、サロベツ原野・原生花園

道東＝知床〔《世界自然遺産》知床半島・知床岬・羅臼岳・カムイワッカ湯の滝・オシンコシンの滝〕、サロマ湖〔面積日本第3位〕、網走〔天都山・女満別空港・能取湖（紅サンゴ草）、屈斜路湖〔砂湯・美幌峠〕、阿寒湖〔まりも〕、摩周湖〔透明度日本一・霧〕、根室半島〔納紗布岬（最東端）〕、釧路湿原〔日本最大の湿原・タンチョウ・ラムサール条約〕、大雪山〔道中央・旭岳が最高峰〕、大雪森のガーデン、天人峡、然別湖、層雲峡〔大函・小函、銀河・流星の滝〕、旭川〔旭山動物園〕、美瑛〔丘のまち・三愛の丘展望公園〕、富良野〔ラベンダー・麓郷の森（北の国から）〕、トマム山、襟裳岬〔道南端・森進一「襟裳岬」〕

道南＝羊ヶ丘展望台〔クラーク博士像〕、小樽〔小樽運河・鰊御殿〕、積丹半島〔積丹岬・神威岬・ソーラン節発祥〕、余市蒸溜所〔ニッカウヰスキー〕、支笏湖〔深さ日本第2位・チップ料理〕、ニセコ、羊蹄山〔「蝦夷富士」〕、洞爺湖〔昭和新山・有珠山・2008年サミット・中山峠・サイロ展望台〕、大沼〔駒ケ岳「渡島富士」・国定公園〕、函館＝〔函館山（三大夜景）・立待岬〕

建造物　札幌＝札幌時計台・大倉山展望台、函館＝五稜郭〔箱館戦争の舞台（榎本武揚中心）〕・トラピスチヌ修道院・金森赤レンガ倉庫、松前城〔最北の和式城〕

世界遺産　知床《自然遺産》

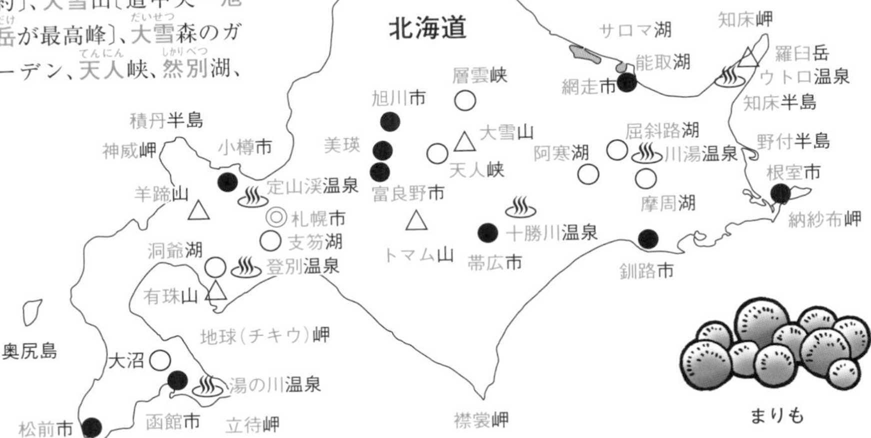

青森県　陸奥

温　泉　浅虫温泉〔青森の奥座敷・夏泊半島〕、薬研温泉〔下北半島〕、酸ケ湯温泉〔八甲田山・混浴ヒバ千人風呂〕・大鰐温泉〔津軽の奥座敷〕

観　光　【津軽半島】龍飛崎〔石川さゆり「津軽海峡冬景色」〕、岩木山〔別名「津軽富士」〕・太宰治記念館「斜陽館」〔太宰治の生家〕、十三湖
【下北半島】大間崎・尻屋崎・仏ヶ浦〔津軽海峡に臨む断崖絶壁〕、恐山〔死者の霊が集まる霊場・イタコの口寄せ〕、八甲田山〔県中央部・火山群の総称〕、奥入瀬渓流〔十和田湖から流れる渓流（子ノ口～焼山）・銚子大滝〕、十和田湖〔（青森・秋田県）深さ日本第3位の湖・高村光太郎作「乙女の像」〕、八戸〔蕪島（ウミネコ）〕

建物・遺跡　弘前城〔さくらまつり〕、棟方志功記念館〔（青森市）郷土の版画家〕

世界遺産　白神山地〔（青森・秋田県）《自然遺産》ブナの原生林・人気散策コース「暗門渓谷ルート」・暗門の滝〕、三内丸山遺跡〔（青森市）縄文時代の集落遺跡〕、亀ケ岡石器時代遺跡〔（つがる市）遮光器土偶〕他

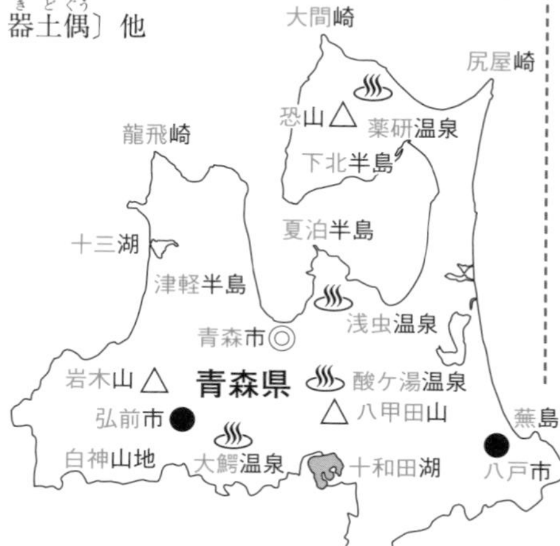

岩手県　陸中

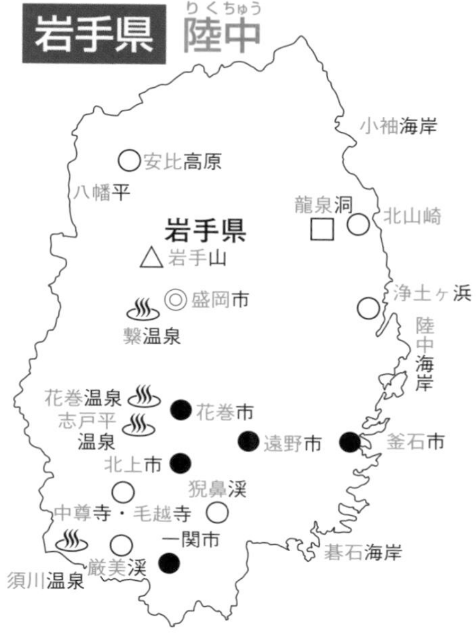

温　泉　花巻温泉〔宮沢賢治記念館〕、志戸平温泉、繋温泉〔小岩井農場〕

観　光　岩手山〔別名「南部富士」〕、龍泉洞〔日本三大鍾乳洞・岩泉・ドラゴンブルーの地底湖〕、陸中海岸〔リアス海岸・北山崎「海のアルプス」・浄土ヶ浜・碁石海岸〕、八幡平〔（秋田・岩手県）広大な高原〕、安比高原〔スキー場〕、遠野〔カッパ伝説・民話のふるさと〕、北上展勝地〔桜〕、厳美渓・猊鼻渓〔舟下り〕、中尊寺〔《世界遺産》藤原三代（清衡・基衡・秀衡）・金色堂・松尾芭蕉の句「五月雨の降りのこしてや光堂」〕、毛越寺〔《世界遺産》浄土庭園が有名・芭蕉の句「夏草や兵どもが夢の跡」〕

建造物　盛岡城跡〔別名「不来方城」〕、石川啄木記念館〔盛岡近郊・渋民〕

世界遺産　平泉〔中尊寺金色堂・毛越寺〕、橋野鉄鉱山・高炉跡〔釜石市〕他

秋田県 羽後

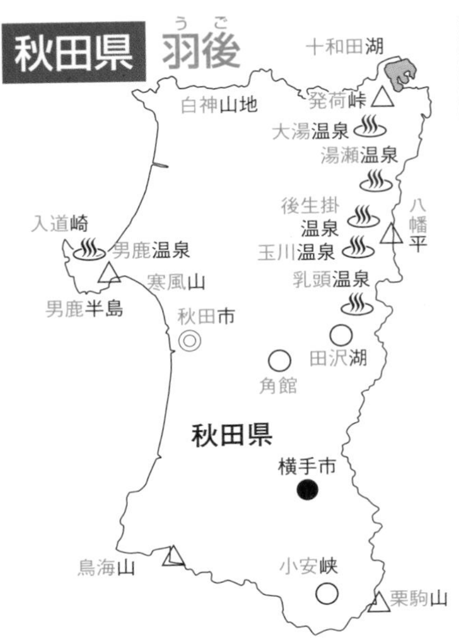

温　泉　男鹿温泉〔男鹿半島〕、乳頭温泉〔田沢湖高原〕、湯瀬温泉、後生掛温泉〔八幡平、「箱蒸し風呂」〕、玉川温泉

観　光　男鹿半島〔寒風山・入道崎・伝統行事「なまはげ」〕、田沢湖〔日本一の深さの湖・たつこ像〕、角館〔みちのくの小京都・桜の名所・武家屋敷・民芸品「樺細工」〕、十和田湖〔(青森・秋田県)深さ日本第3位の湖、高村光太郎作「乙女の像」、発荷峠からの眺望がよい〕、八幡平〔秋田・岩手県〕、小安峡〔(湯沢市) 名物「稲庭うどん」〕、栗駒山〔秋田・岩手・山形県〕、鳥海山〔(秋田・山形県) 別名「出羽富士」〕

建造物　平野政吉美術館〔(秋田市) 藤田嗣治の作品・大壁画「秋田の行事」〕

世界遺産　白神山地〔(青森・秋田県)《自然遺産》ブナの原生林〕、大湯環状列石〔(鹿角市) 縄文遺跡群〕他

宮城県 陸前

温　泉　秋保温泉〔奥州三名湯・仙台の奥座敷・秋保大滝・磊々峡〕、作並温泉〔仙台の奥座敷〕、鳴子温泉〔奥州三名湯・三大こけし発祥地・鳴子峡・日本こけし館〕、遠刈田温泉〔三大こけし発祥地〕

観　光　松島〔日本三景・瑞巌寺（伊達家の菩提寺）・五大堂〕、牡鹿半島〔金華山（半島の先に浮かぶ島）田代島（猫の島）〕、多賀城跡〔日本三大史跡（他、奈良の平城宮跡・福岡の大宰府跡)〕、仙台城〔別名「青葉城」・伊達政宗により築城〕、瑞鳳殿〔(仙台市) 政宗廟〕、伊豆沼・内沼〔ラムサール条約登録地〕

気仙沼＝唐桑半島・巨釜半造、栗駒山〔秋田・岩手・宮城県〕、蔵王山〔山形・宮城県〕

山形県 羽前

温　泉 湯野浜温泉〔海浜温泉〕、あつみ(温海)温泉、天童温泉〔将棋の駒の産地〕、かみのやま(上山)温泉〔斎藤茂吉のふるさと〕、蔵王温泉〔蔵王山(山形・宮城県)・スキー場〕、赤湯温泉、銀山温泉〔おしん〕

観　光 鳥海山〔(山形・秋田県)別名「出羽富士」〕、出羽三山〔羽黒山(山伏の修験場)・湯殿山・月山〕、最上川〔日本三急流・舟下り(古口～草薙・民謡「最上川舟唄」)・松尾芭蕉の句「五月雨を集めて早し最上川」・最上峡〕、蔵王山〔(山形・宮城県)樹氷・お釜(山頂の火口湖)・スキー場〕
朝日岳、吾妻山〔山形・福島県〕

建造物 立石寺〔別名「山寺」・松尾芭蕉の句「閑かさや岩にしみ入る蝉の声」〕、本間美術館〔(酒田市) 富豪本間家の別邸を改造した美術館・庭園「鶴舞園」〕
致道館〔(鶴岡市) 庄内藩校〕、上杉神社〔米沢城内・上杉謙信を祀る〕

福島県 磐城・岩代

温　泉 飯坂温泉〔奥州三名湯〕、土湯温泉〔三大こけし発祥地〕、岳温泉、東山温泉・芦ノ牧温泉（会津若松市）、湯野上温泉〔大内宿・塔のへつり〕、いわき湯本温泉〔スパリゾートハワイアンズ〕

観　光 会津若松城〔別名「鶴ヶ城」・戊辰戦争の舞台・近郊に飯盛山（白虎隊の自刃の地）〕、猪苗代湖〔面積が日本第４位の湖・野口英世記念館・白鳥浜〕、磐梯山〔会津富士〕、五色沼〔磐梯山北・毘沙門沼・瑠璃沼〕、檜原湖〔磐梯山北〕、安達太良山〔高村光太郎作「智恵子抄」に登場〕、大内宿〔会津西街道の宿場町〕、塔のへつり

三春滝桜〔樹齢1000年超・ベニシダレザクラの巨木〕、あぶくま洞、尾瀬〔(福島・群馬・新潟県) ３県にまたがる高層湿原・ラムサール条約〕

会津若松城（鶴ヶ城）

茨城県 常陸・下総

温　泉 袋田温泉〔袋田の滝近郊〕

観　光 袋田の滝〔日本三名瀑・4段になって落下「四度の滝」・久慈川支流〕、竜神大吊橋〔バンジー〕、五浦海岸〔県北部〕、国営ひたち海浜公園〔花の名所(ネモフィラ・コキア)〕、大洗海岸〔民謡「磯節」に登場・あんこう料理〕、涸沼〔ラムサール条約〕、筑波山〔ガマの油売り〕、霞ヶ浦〔面積第2位の湖〕、潮来〔水郷地めぐり〕

建造物 水戸＝偕楽園〔日本三名園・梅の名所〕・弘道館〔水戸藩藩校〕、笠間稲荷神社〔日本三大稲荷〕、鹿島神宮〔祭頭祭(3月)〕

栃木県 下野

温　泉 那須温泉・塩原温泉〔回顧の吊橋〕、川治温泉〔龍王峡〕・鬼怒川温泉、湯西川温泉〔平家の落人伝説〕

観　光 日光＝華厳滝〔日本三名瀑〕、中禅寺湖・竜頭滝・戦場ヶ原〔ラムサール条約〕・男体山〔日光富士〕・いろは坂、霧降高原・霧降滝、龍王峡〔鬼怒川上流〕、足利学校〔日本最古の学校〕、あしかがフラワーパーク、渡良瀬遊水地〔ラムサール条約〕

世界遺産 日光東照宮〔徳川家康を祀る〕、輪王寺〔徳川家光を祀る・大猷院廟・行事「強飯式(4月)」〕、二荒山神社

群馬県 上野

温　泉 伊香保温泉〔石段・榛名山・榛名湖・竹久夢二伊香保記念館（大正時代の挿絵画家「竹久夢二」）・徳富蘆花記念文学館〕、草津温泉〔日本三名泉・湯畑・湯

もみ・草津白根山〕、万座温泉、水上温泉〔利根川沿い・谷川岳〕、老神温泉〔吹割の滝〕、四万温泉〔レトロ温泉〕・法師温泉

観　光　尾瀬〔(群馬・福島・新潟県)尾瀬沼・ミズバショウなどの湿原植物の宝庫〕、草津白根山、野反湖・谷川岳〔群馬・新潟県〕、榛名山・榛名湖〔伊香保温泉〕、吾妻峡、妙義山〔日本三奇勝・奇岩怪石〕、鬼押出し〔浅間山(群馬・長野県)大噴火の溶岩跡〕、赤城山、吹割の滝〔東洋のナイアガラ・老神温泉〕、岩宿遺跡〔旧石器時代〕

建造物　達磨寺〔(高崎市)だるま市 1月〕、茂林寺〔「分福茶釜」伝説〕

世界遺産　富岡製糸場・高山社跡・田島弥平旧宅・荒船風穴　他

千葉県　下総・上総・安房

温　泉　勝浦温泉〔朝市〕、白浜温泉

観　光　【房総半島】犬吠崎〔銚子〕・九十九里浜〔65kmの砂浜海岸〕・養老渓谷・野島埼〔半島最南端〕・鋸山、谷津干潟〔ラムサール条約登録湿地〕、加曾利貝塚〔縄文式土器出土〕

建造物　香取＝香取神宮・佐原〔水郷・伊能忠敬旧宅・博物館（日本地図作成)〕

成田＝成田山新勝寺

浦安＝東京ディズニーランド・東京ディズニーシー、ふなばしアンデルセン公園

【房総半島】東京ドイツ村・マザー牧場・鴨川シーワールド・誕生寺〔日蓮の生誕地〕

埼玉県　武蔵

観　光　長瀞〔川下り(荒川ライン下り)・岩畳〕、秩父〔夜祭(12月)・羊山公園(芝桜)・三峯神社〕、川越〔「小江戸」・江戸時代の面影が残る城下町・喜多院(家光誕生の間)〕、さきたま古墳公園〔埼玉古墳群(大型古墳9基)〕、吉見百穴〔古墳時代の墓・横穴式石室〕、吾妻峡

建造物　鉄道博物館〔(さいたま市) 日本最大の鉄道博物館〕、ムーミンバレーパーク、渋沢栄一記念館〔(深谷市) 新1万円札〕

長瀞川下り（埼玉県）

東京都 武蔵・伊豆

観光 奥多摩湖〔日原鍾乳洞〕、秋川渓谷〔払沢の滝〕高尾山〔ミシュラン3つ星観光地〕

【伊豆七島】伊豆大島（三原山・ツバキ）・利島・新島・神津島・三宅島・御蔵島・八丈島(民芸品「黄八丈」)、小笠原諸島

建造物 浅草寺〔浅草神社の祭り「三社祭（5月）」〕、明治神宮〔明治天皇を祀る〕、湯島天神〔学問の神様・菅原道真〕・湯島聖堂、寛永寺〔上野・天台宗関東総本山・徳川家ゆかりの寺〕、六義園〔柳沢吉保が造園〕、浜離宮恩賜庭園〔明治時代の皇室離宮〕、清澄庭園〔三菱の岩崎弥太郎が造園〕、東京スカイツリー〔世界一の電波塔・高さ634m〕、麻布台ヒルズ森JPタワー〔日本一高いビル〕

世界遺産 小笠原諸島《自然遺産》父島・母島・西之島他

国立西洋美術館〔上野公園内〕

神奈川県 武蔵・相模

温泉 箱根温泉郷＝箱根湯本温泉〔箱根の玄関口〕・宮ノ下温泉・強羅温泉〔箱根登山鉄道・ケーブルカー〕他

湯河原温泉〔真鶴半島のつけ根・国木田独歩ゆかりの温泉〕

観光 横浜＝みなとみらい21・ランドマークタワー〔みなとみらい一高い建物〕・三溪園〔本牧地区にある日本式庭園〕・八景島シーパラダイス〔複合型海上レジャー施設〕【三浦半島】城ヶ島〔半島先端の島〕・猿島〔東京湾最大の自然島・砲台跡など旧軍施設〕

鎌倉＝鶴岡八幡宮〔源頼朝・源氏の守護神を祀る・由比ヶ浜海岸から延びる参道〕・鎌倉大仏〔高徳院〕・建長寺〔けんちん汁・鎌倉五山第1位〕・円覚寺〔鎌倉五山第2位〕、江の島〔岩屋・江島神社〕

箱根＝芦ノ湖・箱根関所跡〔成川美術館〕

小田原城〔北条氏の居城〕

丹沢山・大山〔阿夫利神社・豆腐料理〕、相模湖〔人造湖〕

新潟県　越後・佐渡

温　泉　越後湯沢温泉〔川端康成「雪国」の舞台〕、瀬波温泉〔(村上市) イヨボヤ会館〕、赤倉温泉〔妙高山〕、岩室温泉〔新潟の奥座敷〕、月岡温泉〔瓢湖〕

観　光　瓢湖〔ラムサール条約登録地・白鳥の渡来〕、村上市＝笹川流れ〔県北部海岸〕・鮭の町〔イヨボヤ（鮭）会館・瀬波温泉、清津峡〔日本三大峡谷〕、佐渡島〔金山・尖閣湾・外海府海岸（大野亀）・両津港〕、弥彦山〔彌彦（弥彦）神社〕、親不知〔断崖絶壁・海岸景勝地〕、妙高山〔別名「越後富士」・赤倉温泉〕、奥只見湖〔(新潟・福島県) 別名「銀山湖」・人造湖・尾瀬と結ぶ遊覧船〕

建造物　北方文化博物館〔(新潟市) 豪農の館ともよばれる〕

富山県　越中

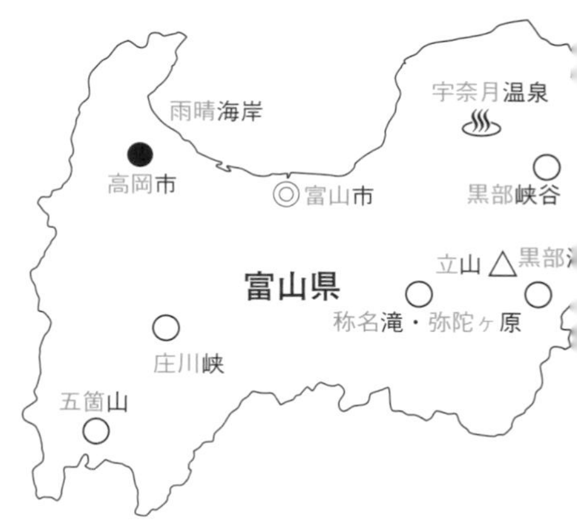

温　泉　宇奈月温泉〔黒部峡谷・トロッコ列車〕

観　光　黒部峡谷〔宇奈月温泉からトロッコ列車〕、立山黒部アルペンルート〔(富山県立山駅〜長野県扇沢駅) 3000m級の北アルプスを貫く山岳観光ルート・様々な乗物・称名滝・弥陀ヶ原・室堂（アルペンルート中心）・立山（日本三名山・雷鳥）・大観峰・黒部湖（黒部ダム)〕、高岡＝雨晴海岸〔富山湾越しに立山連峰〕・高岡大仏・高岡市山町筋〔土蔵造りの町並み〕、庄川峡

世界遺産　五箇山の合掌造り集落

五箇山の合掌造り集落

石川県 加賀・能登

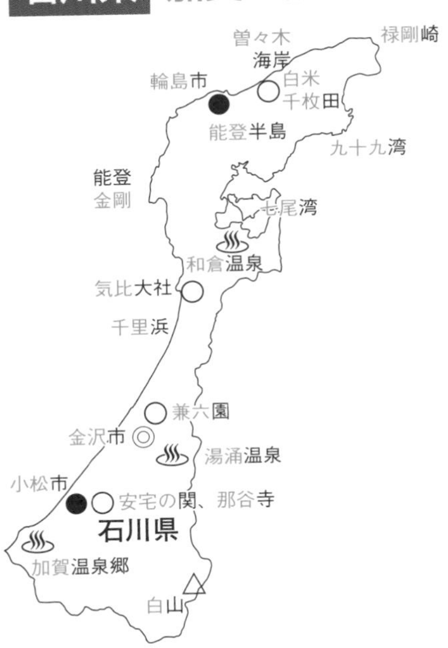

温　泉 和倉温泉〔能登半島・七尾湾に面する海の温泉〕、湯涌温泉〔金沢市〕、加賀温泉郷〔山代温泉・山中温泉・片山津温泉・粟津温泉〕

観　光 能登半島＝禄剛崎〔半島北東端〕・九十九湾〔リアス海岸・蓬莱島〕・曽々木海岸・白米千枚田〔世界農業遺産「能登の里山里海」・輪島〔朝市・輪島塗〕・能登金剛〔関野鼻・ヤセの断崖・巌門・鷹巣岩・松本清張「ゼロの焦点」の舞台〕・気多大社・千里浜〔なぎさドライブウェイ〕、金沢市＝兼六園〔日本三名園・雪吊り・二本脚の徽軫灯籠〕・金沢21世紀美術館〔現代アート中心・レアンドロのプール〕・近江町市場・ひがし茶屋街、小松市＝安宅の関〔歌舞伎「勧進帳」の舞台〕、那谷寺〔真言宗の寺〕、白山〔(石川・岐阜県) 日本三名山・最高峰は御前峰〕

福井県 越前・若狭

温　泉 芦原温泉〔東尋坊・永平寺への拠点〕

観　光 東尋坊〔日本海沿岸の景勝地・断崖絶壁〕、丸岡城〔別名「霞城」〕、永平寺〔曹洞宗・禅の修行場〕、一乗谷朝倉氏遺跡〔戦国大名朝倉氏〕、福井県立恐竜博物館、気比の松原〔日本三大松原・敦賀湾〕、三方五湖〔若狭湾岸の5つの湖〕、蘇洞門〔(小浜市) 遊覧船・洞門・断崖〕、九頭竜峡

山梨県 甲斐

温　泉 石和温泉、甲府湯村温泉〔御岳昇仙峡〕、下部温泉〔身延山久遠寺〕

観　光 猿橋〔(大月市) 日本三奇橋・橋脚のないはね木橋〕、恵林寺〔(甲州市) 武田信玄の墓〕、勝沼〔最大のブドウ栽培・ワイン醸造所〕、甲府市＝御岳昇仙峡〔仙娥滝・覚円峰〕・武田神社〔武田信玄を祀る〕・甲府城跡〔別名「舞鶴城」〕、西沢渓谷、大菩薩峠〔中里介山「大菩薩峠」〕、新倉富士浅間神社〔(富士吉田市) 富士山と五重塔と桜を同時撮影・外国人に人気〕・身延山〔久遠寺 (日蓮宗総本山)〕、清里高原・八ヶ岳〔山梨・長野県〕

世界遺産 富士山〔(山梨・静岡県) 日本最高峰〕、富士五湖〔山中湖・河口湖・西湖・精進湖・本栖湖〕、忍野八海 他

静岡県 伊豆・駿河・遠江

温　泉【伊豆半島】東伊豆＝熱海温泉〔小説「金色夜叉」のお宮の松〕・伊東温泉〔城ヶ崎・大室山〕・熱川温泉・稲取温泉〔雛のつるし飾り〕、南伊豆＝下田温泉〔黒船来航の地・爪木崎の水仙〕・蓮台寺温泉〔下田の奥座敷〕、中伊豆＝伊豆長岡温泉〔韮山反射炉〕・修善寺温泉〔伊豆最古の温泉・弘法大師発見・独鈷の湯〕・湯ヶ島温泉〔川端康成「伊豆の踊子」・浄蓮の滝〕、西伊豆＝土肥温泉〔土肥金山〕・堂ヶ島温泉〔天窓洞〕

舘山寺温泉〔浜名湖畔〕、寸又峡温泉〔大井川鐵道 (SL運行)〕

観　光【伊豆半島】熱海＝MOA美術館〔豊臣秀吉「黄金の茶室」・尾形光琳「紅白梅図屏風」〕、伊東＝大室山〔すり鉢をふせたような形の草山〕・城ヶ崎海岸〔門脇吊橋 (海の吊橋)〕、中伊豆＝修禅寺〔修善寺温泉の中心・弘法大師 (空海) により開創〕・浄蓮の滝〔石川さゆりの名曲「天城越え」に登場〕・天城山・天城高原・天城峠〔川端康成「伊豆の踊子」の舞台〕・河津七滝、南伊豆＝石廊崎〔伊豆

半島最南端〕・爪木崎〔野水仙の群生地(12月下旬～１月)〕・弓ヶ浜〔弓のような湾曲した形の砂浜〕・了仙寺〔ジャスミンの寺・日米和親条約付録下田条約の締結地〕、
三島＝三嶋大社〔伊豆国一の宮・源頼朝が源氏再興を祈願〕・三島スカイウォーク〔歩行者用吊橋日本一の長さ・富士山の眺望〕、
静岡＝日本平〔久能山東照宮とロープウェイで結ぶ〕・久能山東照宮〔徳川家康を祀る霊廟・参道は1159段の石段・石垣いちご〕・登呂遺跡〔弥生時代の遺跡〕・三保松原〔《世界遺産》日本三大松原・羽衣の松（天女の羽衣伝説)〕、寸又峡〔大井川支流の渓谷・大井川鐵道の新金谷～千頭間SL運行〕、御前崎〔静岡県最南端・駿河湾と遠州灘を望む岬〕、
浜松＝浜松城〔徳川家康が駿府城（静岡市）に移るまで居城・別名「出世城・引馬城」〕・龍潭寺〔井伊家の菩提寺〕・浜名湖〔うなぎの養殖・舘山寺温泉〕

建造物 上原美術館〔(下田市）近代館と仏教館・大正製薬の上原氏の収集〕〕

世界遺産 【富士山ー信仰の対象と芸術の源泉】富士山〔(山梨・静岡県）日本最高峰〕・白糸ノ滝・三保松原・富士山本宮浅間大社〔(富士宮市）浅間神社の総本宮〕他、【明治日本の産業革命遺産】韮山反射炉

岐阜県　美濃・飛騨

温　泉 下呂温泉〔日本三名泉の１つ〕、奥飛騨温泉郷＝新穂高温泉〔２階建ロープウェイ〕・平湯温泉・新平湯温泉・福地温泉・栃尾温泉

観　光（飛騨）高山〔飛騨の小京都・高山市三町（古い街並み)〕、乗鞍岳〔岐阜・長野県〕、白山〔(岐阜・石川県）日本三名山〕、御母衣湖、恵那峡、馬籠宿〔旧中山道の宿場町・藤村記念館・島崎藤村「夜明け前」〕、日本ライン〔美濃加茂市～愛知県犬山市・木曽川の渓谷〕、郡上八幡〔城下町・郡上おどり〕、杉原千畝記念館〔戦時中、リトアニアでユダヤ人にビザ発給〕、養老の滝、
長良川〔鵜飼〕

世界遺産 白川郷の合掌造り集落

白川郷の合掌造り集落

PART 4 国内旅行実務・国内観光資源

長野県 信濃

温泉 湯田中・渋温泉〔地獄谷野苑公苑の玄関口〕、野沢温泉〔野沢菜〕、戸倉上山田〔千曲川沿い・川中島合戦場や善光寺への拠点〕、別所温泉〔上田市・信州の鎌倉〕、鹿教湯温泉〔上田市〕、大町温泉〔立山黒部アルペンルート〕、浅間温泉〔松本の奥座敷〕、白骨温泉〔乳白色の湯・上高地〕、上諏訪温泉・下諏訪温泉〔諏訪湖畔〕、昼神温泉〔阿智村・日本一の星空の村〕

観光 地獄谷野苑公苑〔スノーモンキー（温泉に入る猿）・地獄谷噴泉・渋温泉・湯田中温泉〕、志賀高原〔スキー場・湯田中温泉〕、黒姫山〔眼下に野尻湖（ナウマン象の化石発見）〕、軽井沢〔国際的リゾート・浅間山（長野・群馬県）の麓〕、八ヶ岳〔（長野・山梨県）・東麓に野辺山高原〕、茅野＝蓼科高原〔東に八ヶ岳〕・白樺湖〔レジャー施設〕、諏訪湖〔間欠泉・上諏訪温泉・下諏訪温泉・諏訪大社（御柱祭）・長野県最大の湖・冬季わかさぎ釣り・御神渡り・北東に霧ヶ峰高原〕、松本＝上高地〔河童橋・大正池・明神池・マイカー規制・ウェストン祭6月・白骨温泉〕・安房峠〔（長野・岐阜県）安房トンネル〕・乗鞍岳〔長野・岐阜県〕、奈良井宿・妻籠宿〔旧中山道宿場町〕、寝覚の床〔木曽川・浦島太郎伝説〕、天龍峡〔天竜川舟下り〕

建造物 長野＝善光寺〔7年に1度の前立本尊の「御開帳」・びんずる尊者像・牛に引かれて善光寺参り〕・戸隠神社〔戸隠山・戸隠高原・飯縄（飯綱）山〕、小布施〔栗と北斎と花のまち・北斎館・岩松院（大間天井に葛飾北斎作「八方睨み鳳凰図」）〕、

上田＝上田城跡〔真田昌幸築城・別名「尼ヶ淵城」〕・美ヶ原高原美術館〔標高2000mの野外彫刻美術館〕、小諸＝小諸城址（懐古園）〔別名「酔月城」・藤村記念館（島崎藤村「千曲川旅情の歌」「千曲川のスケッチ」）〕、旧中込学校〔（佐久市）日本最古の洋風校舎〕、

松本＝松本城〔別名「深志城」〕・旧開智学校〔最も古い学校の1つ・和洋折衷様式校舎〕、碌山美術館〔（安曇野市）彫刻家荻原碌山の作品〕、高遠城址〔（伊那市）桜の名所〕

愛知県　尾張・三河

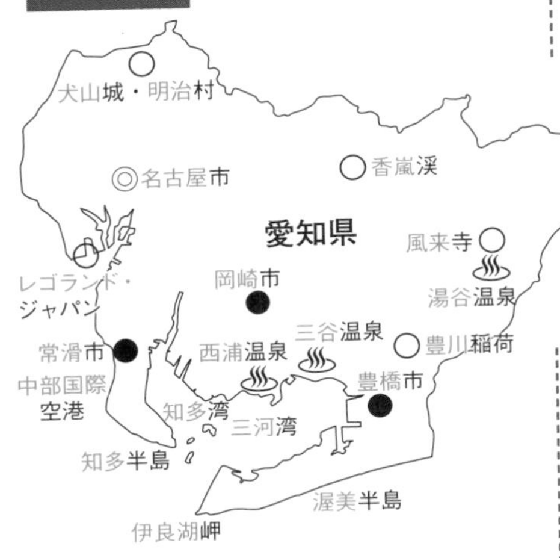

温　泉　湯谷温泉〔鳳来寺山の麓〕、三谷温泉、西浦温泉〔三河湾一望〕

観　光　足助〔古い町並み・香嵐渓（紅葉）〕、鳳来寺山、
【渥美半島】伊良湖岬〔恋路ヶ浜（島崎藤村「椰子の実」の舞台）〕、
【知多半島】常滑〔常滑焼〕・中部国際空港（セントレア）

建造物　名古屋＝名古屋城〔屋根の上に金の鯱・別名「金鯱城」〕・熱田神宮〔初詣〕・徳川美術館・レゴランドジャパン、ジブリパーク〔愛・地球博記念公園内〕、
豊川＝豊川稲荷〔日本三大稲荷〕、岡崎＝岡崎城〔家康生地〕、
犬山＝犬山城〔別名「白帝城」〕・明治村〔明治時代の建築物等〕

三重県　伊勢・志摩・伊賀・紀伊

温　泉　湯の山温泉〔御在所岳（三重・滋賀県）〕、長島温泉〔なばなの里〕

自然景観　【志摩半島】大王崎〔岬〕・英虞湾〔賢島・真珠の養殖・海女漁〕・二見浦〔夫婦岩〕・答志島〔鳥羽湾最大の島〕・伊勢神宮〔皇室の祖先を祀る・内宮と外宮・おかげ横丁〕、大杉谷〔日本三大峡谷〕、丸山千枚田、瀞峡〔（三重・和歌山・奈良県）3県境の峡谷・瀞八丁（下瀞）・船下り（和船・ウォータージェット船）〕、赤目四十八滝、香落渓〔「こおちだに」ともいう〕、鈴鹿サーキット〔（鈴鹿市）F1〕、伊賀上野〔（伊賀市）松尾芭蕉生誕・忍者〕

建造物　本居宣長記念館〔（松阪市）「古事記伝」著〕

京都府 山城・丹波・丹後

温 泉 湯の花温泉〔(亀岡市) 京の奥座敷・保津川下り〕

観 光 【丹後半島】天橋立〔日本三景・股のぞき〕・伊根の舟屋〔1階船置き場・2階住居〕・経ヶ岬〔丹後半島北端〕・琴引浜〔1.8kmの鳴き砂〕

嵐山〔渡月橋・保津峡・保津川下り(亀岡〜嵯峨嵐山)・トロッコ列車・紅葉〕

比叡山(京都府・滋賀県)〔延暦寺《世界遺産》〕

建造物 大原＝三千院〔大原代表・紅葉〕・寂光院〔平家物語ゆかりの尼寺〕、鞍馬寺〔牛若丸(源義経)が天狗を相手に修行〕、貴船神社〔夏の風物詩「川床」・貴船川〕、嵯峨野／嵐山＝松尾大社〔酒の神・全国の酒造元から奉納された酒樽〕・東映太秦映画村、北野天満宮〔日本三天神・菅原道真を祀る・梅の名所〕・妙心寺〔天井画「雲龍図(八方にらみの龍)」〕、東山＝平安神宮〔白砂に朱塗りの社殿・巨大な朱の鳥居・祭り「時代祭」10月〕・八坂神社〔祭り「祇園祭」7月〕・錦市場〔京の台所〕・南禅寺〔京都五山の上位・禅宗の最高位〕・建仁寺〔栄西が開基・京都五山〕・三十三間堂〔1000体の千手観音像〕、東福寺〔京都五山・紅葉・龍の天井画〕・伏見稲荷大社〔日本三大稲荷・千本鳥居・外国人に人気〕、京都タワー〔京都駅前〕、桂離宮〔皇族の別荘〕、八幡市＝石清水八幡宮〔日本三大八幡宮〕

世界遺産 【古都京都の文化財(17社寺・城)】

京都市＝上賀茂神社〔正称「賀茂別雷神社」・祭り「葵祭」／下鴨神社〔正称「賀茂御祖神社」・祭り「葵祭」5月〕・教王護国寺〔通称「東寺」〕・清水寺〔「清水の舞台から飛び降りる・・」のことわざで有名・産寧坂(三年坂)〕・醍醐寺〔豊臣秀吉が盛大な花見を行った地、醍醐山全体が寺域〕・仁和寺〔御室桜〕・高山寺〔紙本墨画の絵巻物「鳥獣人物戯画」・紅葉の名所・日本最古の茶園が生まれた地〕・西芳寺〔通称「苔寺」〕・天龍寺〔嵯峨嵐山・京都五山第1の禅寺・雲龍図〕・金閣寺〔正称「鹿苑寺」〕・銀閣寺〔正称「慈照寺」〕・龍安寺〔枯山水庭園・石庭(白砂に大小15の石)〕・本願寺〔西本願寺〕・二条城〔徳川家康が築城・京都での徳川家の宿所・15代将軍徳川慶喜が大政奉還〕

宇治市＝平等院〔鳳凰堂(10円玉の図柄)〕・宇治上神社

滋賀県大津市＝延暦寺〔比叡山〕

滋賀県 近江

温　泉 おごと(雄琴)温泉

観　光 琵琶湖〔日本最大の湖・竹生島(湖内の島)・琵琶湖大橋(大津市堅田～守山市今浜)〕、比叡山（京都府・滋賀県）〔延暦寺《世界遺産》(天台宗・最澄)〕

建造物 大津＝三井寺〔園城寺・三井の晩鐘〕・石山寺・日吉大社〔山王宮の総本山〕、近江八幡市＝近江八幡〔滋賀の小京都(近江商人の街並み・八幡掘)〕・安土城〔織田信長が築城〕、彦根城〔別名「金亀城」・井伊家の居城〕、多賀大社〔お多賀杓子〕、湖東三山〔百済寺・西明寺・金剛輪寺〕、信楽〔信楽焼(たぬきの置物)〕、伊吹山〔(滋賀・岐阜県)滋賀県最高峰〕

世界遺産 延暦寺〔比叡山〕

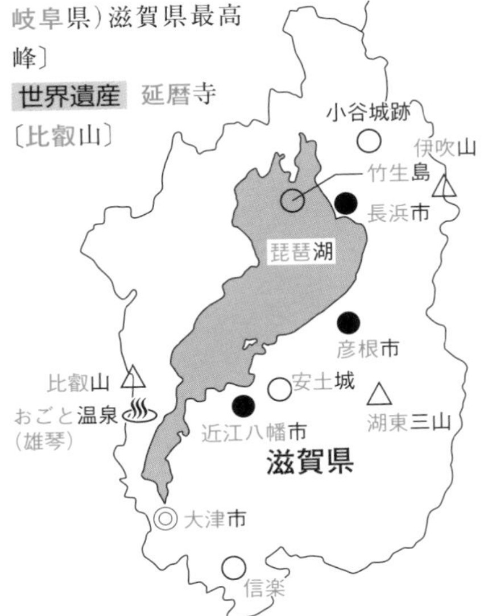

兵庫県 摂津・播磨・丹波・但馬・淡路

温　泉 有馬温泉〔日本三名泉・京阪神の奥座敷・六甲山〕、城崎温泉〔志賀直哉「城の崎にて」・外湯・玄武洞〕、湯村温泉〔「夢千代日記」の舞台〕

観　光 神戸＝六甲山〔日本三大夜景〕・北野異人館〔外国人居留地・洋風建築群〕・ポートアイランド〔人工島〕・神戸ハーバーランド・布引の滝

淡路島〔本州の第2の島・明石海峡大橋(神戸市と結ぶ世界最長の吊橋)・大鳴門橋・慶野松原〕、玄武洞、出石〔但馬の小京都〕、竹田城跡〔天空の城・日本のマチュピチュ〕

赤穂〔赤穂浪士・忠臣蔵に関する史跡〕

建造物 手塚治虫記念館〔宝塚市・鉄腕アトム〕、谷崎潤一郎記念館〔芦屋市〕

世界遺産 姫路城〔別名「白鷺城」・日本庭園「好古園」〕

大阪府　摂津・河内・和泉

観　光　箕面滝、生駒山〔大阪府・奈良県〕

建造物　大阪城〔豊臣秀吉により築城〕、あべのハルカス〔地上300mの超高層ビル〕、道頓堀、天王寺公園、黒門市場、今宮戎神社〔祭り「十日戎（1月）」〕、住吉大社〔全国の住吉神社の総本山〕、ユニバーサルスタジオ ジャパン（USJ）

世界遺産　【百舌鳥・古市古墳群】百舌鳥古墳群〔仁徳天皇陵（大山古墳・大仙陵古墳・最大の前方後円墳）〕・古市古墳群〔応神天皇陵（誉田御廟山）〕他

奈良県　大和

温　泉　十津川温泉

観　光　若草山〔（奈良市）山焼き1月〕、生駒山〔（奈良県・大阪府）県境の山〕、大和三山〔畝傍山・天香久山・耳成山〕、高松塚古墳〔（明日香村）色鮮やかな壁画〕、谷瀬の吊り橋〔十津川・元は生活用の鉄線の吊り橋〕

建造物　石上神宮〔（天理市）日本最古の神社の1つ〕、長谷寺〔花の御寺・4〜5月牡丹の花〕、室生寺〔（宇陀市）女人高野・シャクナゲの名所〕、高取城跡〔日本三大山城・別名「芙蓉城」〕

世界遺産　【古都奈良の文化財】奈良＝奈良公園〔春日大社（朱塗りの社殿・参道の両側に釣燈籠・春日山原始林）・東大寺（奈良の大仏・正倉院・二月堂の行事「お水取り／東大寺修二会・3月」）・興福寺（五重塔シンボル）〕、唐招提寺〔鑑真が創建〕、薬師寺〔天武天皇が皇后の病気回復祈り発願・東塔〕、元興寺、平城宮跡〔日本三大史跡・朱雀門・大極門・大極殿〕、【法隆寺地域の仏教建造物】法隆寺〔世界最古の木造建築・聖徳太子・正岡子規の「柿食へば鐘が鳴るなり法隆寺」〕・法起寺〔日本最古の三重塔〕、

【紀伊山地の霊場と参詣道】吉野＝吉野山〔桜の名所・一目千本・金峯山寺〕・吉水神社・吉野水分神社・金峯神社、大峰山寺〔修験道の聖地〕

和歌山県　紀伊

温　泉　南紀＝(南紀)白浜温泉〔南方熊楠記念館・円月島・千畳敷・三段壁・アドベンチャーワールド〔パンダ〕〕・(南紀)勝浦温泉〔紀伊勝浦駅・那智大社・那智の滝〕・川湯温泉〔仙人風呂〕・湯の峰温泉〔湯垢離場・つぼ湯（世界遺産）〕、龍神温泉〔日本三美人の湯〕

観　光　潮岬〔本州最南端・紀伊半島〕、橋杭岩〔串本町〕、瀞峡〔(三重・和歌山・奈良県)熊野川支流の北山川の峡谷・船下り（和船・ウォータージェット船）・瀞八丁（下瀞）〕

建造物　紀三井寺〔(和歌山市) 3つの井戸が名の由来〕、根来寺、道成寺〔安珍清姫ゆかりの寺〕

世界遺産　【紀伊山地の霊場と参詣道】熊野三山〔熊野本宮大社・熊野速玉大社・熊野那智大社（那智の火祭り・7月）〕、那智の滝〔日本三大瀑布・別名「三筋の滝」・青岸渡寺〕、高野山＝金剛峯寺〔空海（弘法大師）・真言宗の総本山〕他

金剛峯寺

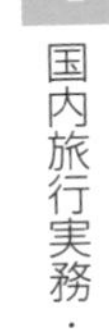

鳥取県 伯耆・因幡

温　泉 三朝温泉〔ラジウム含有量多い・三徳山三佛寺〕、皆生温泉〔米子の奥座敷・弓ヶ浜・境港（水木しげる出身・さかなと鬼太郎のまち）〕

観　光 鳥取砂丘〔日本最大の砂丘〕、白兎海岸〔「因幡の白うさぎ」伝説〕、浦富海岸〔山陰の松島・リアス海岸〕、大山〔別名「伯耆富士」・桝水高原〕、人形峠〔鳥取・岡山県〕

建造物 三徳山三沸寺〔修験道・絶壁に国宝「投入堂」〕、水木しげる記念館〔（境港市）「ゲゲゲの鬼太郎」著〕

島根県 出雲・石見・隠岐

温　泉 玉造温泉〔宍道湖〕、温泉津温泉〔《世界遺産》石見銀山〕

観　光 島根半島＝日御碕〔日本一の高さの灯台・ウミネコの繁殖地〕・出雲大社〔縁結びの神様・神話の舞台・10月に全国から神様が集合（神在月）〕・宍道湖〔嫁ヶ島（湖内の島）・宍道湖七珍（シジミやスズキなど）〕・松江城〔別名「千鳥城」〕・小泉八雲記念館〔（松江市）本名「ラフカディオ・ハーン」作家〕・立久恵峡・三瓶山〔別名「石見富士」〕・美保関【隠岐諸島】島前〔西ノ島（国賀海岸・後醍醐天皇の行在所跡）・中ノ島・知夫里島〕・島後〔ローソク岩〕、津和野〔山陰の小京都・殿町（水路の鯉）・祭り「鷺舞（７月）」・森鴎外記念館（生地）〕

建造物 足立美術館〔（安来市）横山大観の作品・日本庭園〕、仁摩サンドミュージアム〔砂の博物館・１年計砂時計〕

世界遺産 【石見銀山遺跡とその文化的景観】石見銀山　他

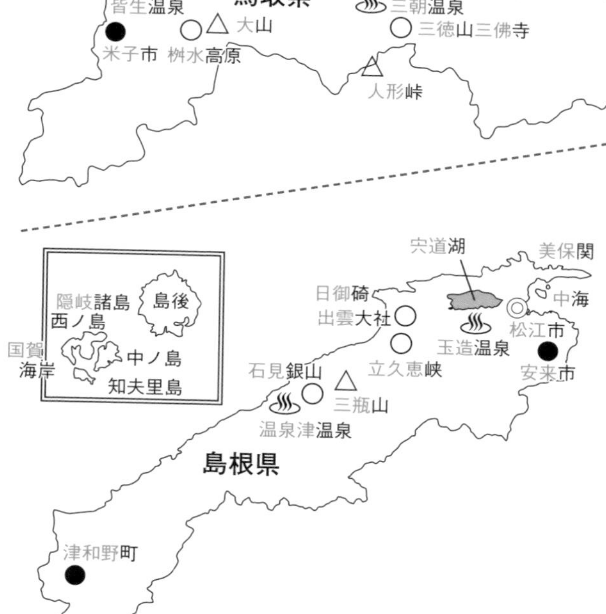

岡山県 備前・備中・美作

温 泉 美作三湯〔①湯原温泉、②奥津温泉、③湯郷温泉〕

観 光 岡山＝後楽園〔日本三名園〕・岡山城〔別名「烏城」〕・吉備津神社

鷲羽山〔瀬戸内海・瀬戸大橋（岡山県児島～香川県坂出）の展望〕、倉敷＝倉敷美観地区〔川沿いに白壁の土蔵や商家・大原美術館（エル・グレコ「受胎告知」）〕、蒜山高原、神庭の滝、人形峠〔（岡山・鳥取県）鳥取県三朝温泉へと結ぶ峠〕

建造物 旧閑谷学校〔（備前市）岡山藩主池田光政が設立〕、備中松山城〔高梁市（備中の小京都）・雲海に浮かぶ「天空の山城」〕、津山城跡〔別名「鶴山城」〕

広島県 安芸・備後

温 泉 湯来温泉〔広島の奥座敷〕

観 光 広島＝平和記念公園〔原爆ドーム《世界遺産》〕・広島城〔別名「鯉城」〕・縮景園〔中国の西湖を模した庭園〕、宮島（厳島）＝日本三景・嚴島（厳島）神社《世界遺産》〔平安の寝殿造・海の中に赤い鳥居・平清盛の援助を受け造営・祭り「宮島管絃祭（旧暦6月）」〕、尾道＝文学のこみち（林芙美子・志賀直哉）・千光寺公園、鞆の浦〔沖合に仙酔島・「崖の上のポニョの舞台」〕

瀬戸内しまなみ海道（広島県尾道～愛媛県今治）＝因島〔村上水軍〕・生口島〔耕三寺「西の日光」・平山郁夫美術館〕、竹原〔安芸の小京都〕、三段峡、帝釈峡

世界遺産 原爆ドーム（広島平和記念碑）、嚴島（厳島）神社〔宮島（厳島）〕

山口県 周防・長門

温　泉 湯田温泉〔山口市〕、長門湯本温泉〔(長門市) 県最古の温泉〕、川棚温泉〔下関の奥座敷・「瓦そば」発祥〕

観　光 錦帯橋〔(岩国市) 日本三奇橋・錦川にかかるアーチ型の五連の橋〕、秋吉台〔日本最大のカルスト台地〕、秋芳洞〔日本三大鍾乳洞〕、景清洞、大正洞、角島大橋〔海上の絶景橋・自動車CM・ロケ地〕、長門＝青海島〔「おおみじま」ともいう〕・金子みすゞ記念館〔童話詩人家〕・元乃隅神社〔123基の赤鳥居・約6ｍの大鳥居の上部に賽銭箱〕、長門峡、萩〔松蔭神社（松下村塾・吉田松陰)・萩城跡（別名「指月城」)〕

建造物 山口＝瑠璃光寺〔五重塔〕・中原中也記念館〔湯田温泉生まれ・近代詩人家〕、防府＝防府天満宮〔日本三天神・日本最古の天満宮〕・毛利氏庭園、赤間神宮〔(下関市) 祭り「先帝祭（５月)」〕

世界遺産 【明治日本産業革命遺産】萩〔萩反射炉・萩城下町・松下村塾・恵美須ヶ鼻造船所跡・大板山たたら製鉄遺跡〕

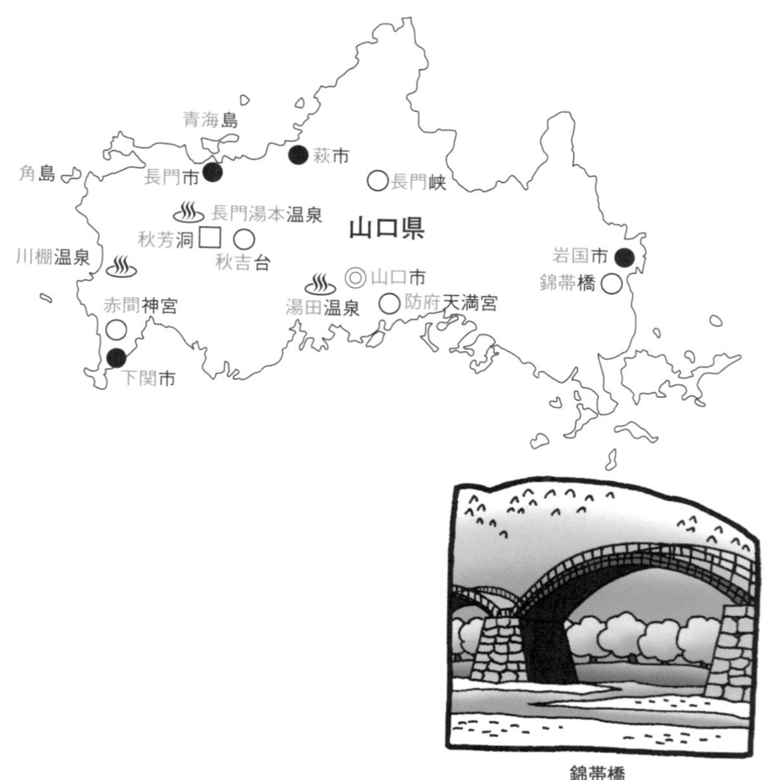

錦帯橋

香川県 讃岐

観光 小豆島〔壺井栄「二十四の瞳」の舞台・オリーブ・寒霞渓(日本三奇勝)・銚子渓〕、直島〔アートの島・地中美術館（建築家「安藤忠雄」設計）〕、女木島〔桃太郎「鬼ヶ島」説〕、屋島〔源平合戦の舞台〕、栗林公園〔高松市〕、津田の松原〔さぬき市〕、満濃池〔日本最古の人造湖・日本最大級のため池〕、飯野山〔別名「讃岐富士」〕、父母ヶ浜〔日本のウユニ塩湖〕

建造物 金刀比羅宮〔金毘羅さんの愛称・1300段以上の石段〕、金丸座〔現存最古の芝居小屋〕、善通寺〔弘法大師（空海）誕生の地〕、丸亀城〔石垣の名城・別名「蓬莱城」〕、高松城〔黒田官兵衛設計・別名「玉藻城」〕、瀬戸大橋〔岡山県児島～香川県坂出〕

愛媛県 伊予

温泉 道後温泉〔（松山市）日本三古泉・夏目漱石「坊ちゃん」〕、鈍川温泉〔今治市〕

観光 石鎚山〔西日本最高峰〕、面河渓〔石鎚山南麓〕、佐田岬〔四国最西端・佐田岬半島〕、瀬戸内しまなみ海道〔広島県尾道と愛媛県今治を結ぶ・大三島（大山祇神社）〕

建造物 松山＝松山城〔別名「金亀城」「勝山城」〕・石手寺・子規記念博物館〔松山出身歌人「正岡子規」〕・坂の上の雲ミュージアム〔秋山兄弟と正岡子規を描いた小説〕

大洲＝大洲城〔日本初の城泊（キャッスルステイ）を体験できる城〕・内子座〔木造・古い芝居小屋〕

宇和島＝宇和島城〔別名「鶴島城」〕・天赦園

徳島県 阿波

観　光 吉野川〔別名「四国三郎」〕、大歩危・小歩危〔吉野川上流の渓谷・大股で歩いても小股で歩いても危ないというのが名前の由来〕、祖谷渓＝かずら橋〔日本三奇橋・シラクチカズラで編んだ原始的な吊橋〕、剣山〔四国第2位の高さの山〕、眉山〔徳島市〕

鳴門海峡＝渦潮・大塚国際美術館〔世界名画を陶板に原寸大で再現〕・大鳴門橋〔兵庫県淡路島と四国を結ぶ橋・神戸淡路鳴門自動車道〕・霊山寺〔四国八十八ヶ所霊場の第一番札所・多数のお遍路がここからスタート〕

高知県 土佐

観　光 足摺岬〔四国最南端・ジョン万次郎の像・近郊に竜串見残し（奇岩奇勝・日本初の海域公園）〕、室戸岬〔台風が多く通過〕、四万十川〔日本最後の清流・佐田の沈下橋・伝統漁法〕、桂浜〔（高知市）坂本龍馬像・月の名所〕、はりまや橋〔（高知市）民謡「よさこい節」で歌われる橋〕、龍河洞〔日本三大鍾乳洞〕

建造物 高知城〔山内一豊の居城・別名「鷹城」〕アンパンマンミュージアム〔正式名「香美市立やなせたかし記念館」〕

建造物 脇町〔うだつの町並み〕

阿波おどり

福岡県 筑前・筑後・豊前

温　泉 二日市温泉〔福岡の奥座敷〕、原鶴温泉〔筑後川沿い・鵜飼〕

観　光 英彦山〔福岡・大分県〕、筑後川

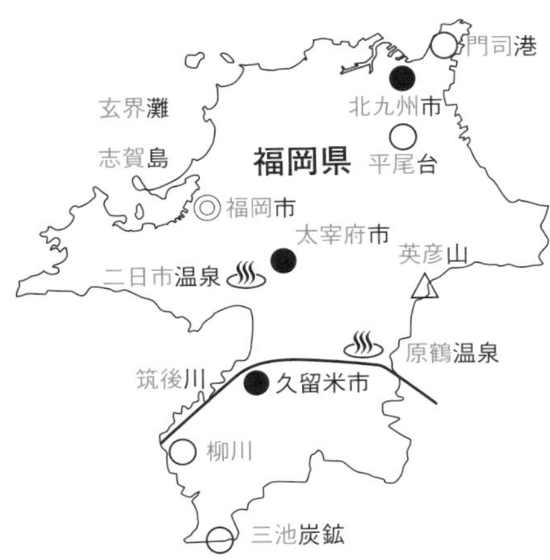

〔別名「筑紫次郎」〕、柳川〔筑後川河口・水郷の町・どんこ舟下り・北原白秋生家／北原白秋記念館（歌人北原白秋の故郷）・御花（藩主立花氏別邸）・立花氏庭園「松濤園」（松島を模した庭園）〕、北九州＝門司港レトロ〔港町・明治大正期の建造物（門司港駅舎・三井物産の旧社交倶楽部など）〕・関門橋〔本州と九州を結ぶ・山口県下関市〜福岡県北九州市門司区〕・松本清張記念館〔北九州出身の推理作家〕・平尾台〔日本三大カルスト〕、福岡＝志賀島〔玄界灘・「漢委奴国王」の金印〕・大濠公園、秋月〔筑前の小京都〕

建造物 福岡＝筥崎宮〔日本三八幡・祭り「玉取祭（玉せせり）1月」〕、太宰府＝太宰府天満宮〔学業の神様「菅原道真」祀る。菅原道真の「東風ふかばにほひおこせよ梅の花　主なしとて春な忘れそ」〕・大宰府政庁跡

世界遺産 【「神宿る島」宗像・沖ノ島と関連遺産群】宗像・沖ノ島〔神宿る島・宗像大社沖津宮〕、【明治日本産業革命遺産】官営八幡製鉄所〔北九州市八幡〕・三池炭鉱〔福岡・熊本県〕他

大分県　豊前・豊後

温泉 別府温泉〔別府地獄めぐり・別府八湯（観海寺温泉・鉄輪温泉他）〕、由布院温泉〔由布岳・金鱗湖〕、日田＝日田温泉〔鵜飼〕・天ヶ瀬温泉

観光 耶馬渓＝青の洞門〔菊池寛作「恩讐の彼方に」の舞台・禅海和尚の手彫りのトンネル〕・羅漢寺

由布岳〔別名「豊後富士」〕、城島高原〔別府市〕、高崎山〔野生のニホンザル〕、国東半島〔熊野磨崖仏・富貴寺・杵築（半島つけ根・武家屋敷）〕、臼杵石仏〔山の斜面に彫られた60体余の石仏群〕、風連鍾乳洞、くじゅう連山〔九重山（久住山）・飯田高原・久住高原〕、九重“夢”大吊橋〔高さ日本一の吊橋〕、日田〔豆田町（古い商家の街並み・祭り「天領日田おひなまつり（2〜3月）」・三隈川（屋形船で鵜飼）〕

建造物 中津＝中津城〔黒田官兵衛（如水）が着手・別名「扇城」〕・福澤諭吉旧居／福澤記念館〔「学問のススメ」原本展示〕、宇佐神宮〔（宇佐市）日本三八幡〕、岡城跡〔（竹田市）別名「臥牛城」・滝廉太郎「荒城の月」のモデル〕

佐賀県 肥前(ひぜん)

温　泉 嬉野(うれしの)温泉〔美肌の湯・西九州新幹線駅〕、武雄(たけお)温泉〔朱塗りの楼門・西九州新幹線駅〕

観　光 虹の松原〔日本三大松原〕、吉野(よしの)ヶ里(がり)遺跡〔弥生時代の遺跡〕、塩田津(しおたつ)〔(嬉野市)川港と長崎街道の宿場町〕

建造物 唐津(からつ)城〔別名「舞鶴(まいづる)城」〕、名護屋(なごや)城跡〔唐津の北西・豊臣秀吉(とよとみひでよし)の朝鮮出兵により築城〕、祐徳稲荷(ゆうとくいなり)神社〔日本三大稲荷〕

世界遺産 【明治日本の産業革命遺産】三重津(みえつ)海軍所跡〔佐賀市〕

長崎県 肥前(ひぜん)・壱岐(いき)・対馬(つしま)

温　泉 島原(しまばら)半島＝雲仙(うんぜん)温泉〔高原温泉・雲仙地獄めぐり〕・小浜(おばま)温泉〔海岸線に広がる温泉〕

観　光 長崎＝稲佐山(いなさやま)〔日本三大夜景〕島原半島＝雲仙普賢(うんぜんふげん)岳〔平成2年噴火〕・仁田(にた)峠・島原城・原城跡〔世界遺産〕九十九島(くじゅうくしま)〔大小170余の島々〕、壱岐(いき)〔元寇(げんこう)の舞台〕・対馬(つしま)〔九州最北端の島・日本と韓国の狭間にある国境の島〕、五島(ごとう)列島〔福江(ふくえ)島(列島の中心・堂崎(どうざき)天主堂)・中通島(なかどおりじま)・奈留島(なるしま)・久賀島(ひさかじま)など〕

建造物 長崎＝グラバー園〔旧グラバー住宅〕・大浦天主堂(おおうらてんしゅどう)〔正称「日本二十六聖殉(じゅん)教者(きょうしゃ)聖堂」・日本最古の教会・グラバー園に隣接〕・眼鏡橋(めがねばし)〔日本最古のアーチ型の石橋〕・平和祈念像〔原爆の悲惨さを伝える像〕・浦上(うらかみ)天主堂・出島(でじま)〔人工島・鎖国時代に唯一西洋に開かれた窓口・オランダ商館跡〕、佐世保(させぼ)＝ハウステンボス〔オランダの町並みを再現したテーマパーク〕・西海(さいかい)橋〔佐世保と西彼杵(にしそのぎ)半島を結ぶアーチ式の橋・渦潮(うずしお)・佐世保バーガー〕、平戸(ひらど)島＝オランダ商館・松浦(まつら)史料博物館・平戸ザビエル記念教会・平戸城・代表的景観「寺院と教会の見える風景」

世界遺産 端島(はしま)炭坑〔通称「軍艦島(ぐんかんじま)」〕、旧グラバー住宅、大浦天主堂、原(はら)城跡 他 (P.280)

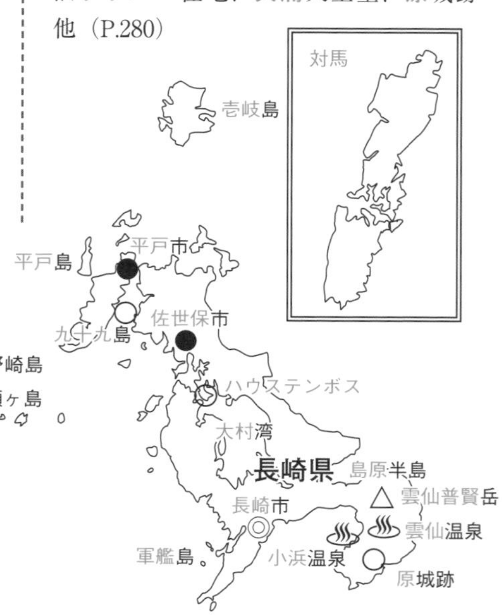

熊本県 肥後

温　泉 阿蘇内牧温泉〔阿蘇温泉郷最大の温泉〕、黒川温泉〔入湯手形〕、杖立温泉〔北里柴三郎記念館〕、菊池温泉〔熊本の奥座敷・「化粧の湯」・菊池渓谷〕、山鹿温泉〔山鹿灯籠まつり（8月）・芝居小屋「八千代座」〕、日奈久温泉〔昭和レトロ〕、人吉温泉〔球磨川沿い〕

観　光 阿蘇山〔世界最大級のカルデラ・草千里ヶ浜（カルデラ湖跡の草原）〕、菊池渓谷〔四十三万滝〕、球磨川〔日本三急流・川下り・球泉洞〕、天草諸島〔上島・下島（大江天主堂・崎津天主堂）〕

建造物 熊本＝熊本城〔別名「銀杏城」・加藤清正が築城〕・水前寺公園〔東海道五十三次を模した公園・「成趣園」〕・夏目漱石記念館〔夏目漱石内坪井旧居〕

通潤橋〔石造のアーチ水路橋の中央から放水〕

世界遺産 【長崎と天草地方の潜伏キリシタン関連遺産】天草の崎津集落〔天草・下島〕

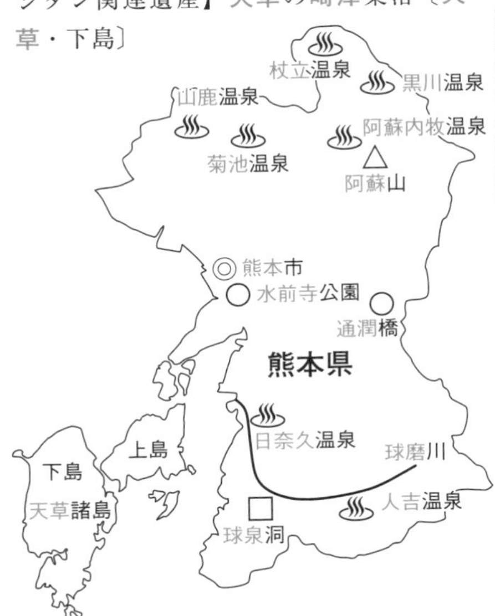

宮崎県 日向

温　泉 えびの高原温泉〔霧島山・標高1200mの高原温泉〕

観　光 高千穂峡〔五ヶ瀬川の浸食によってできた峡谷・真名井の滝・神話のふるさと・天岩戸神社（天照大神を祀る）〕、西都原古墳〔300を超える大小様々な古墳〕、日南海岸＝青島〔鬼の洗濯岩（洗濯板のように凹凸した海岸線）〕・堀切峠・都井岬〔宮崎県最南端・野生馬の生息地〕、霧島山〔（宮崎・鹿児島県）最高峰「韓国岳」・生駒高原〕

建造物 日南＝鵜戸神宮〔海食崖の洞穴・石段を下りると海辺の岩塊に朱塗の社殿〕・飫肥〔九州の小京都・飫肥城跡・飫肥歴史資料館〕

PART 4 国内旅行実務・国内観光資源

鹿児島県　薩摩・大隅

温泉 指宿温泉〔薩摩半島南端・砂むし温泉〕、霧島温泉郷〔林田温泉・丸尾温泉・新湯温泉など〕、尾之間温泉〔屋久島〕

観光 霧島山〔(宮崎・鹿児島県) 最高峰「韓国岳」〕、霧島神宮〔天孫降臨の神話の主人公ニニギノミコトを祀る・坂本龍馬が新婚旅行で参拝〕、桜島〔鹿児島のシンボル・錦江湾に浮かぶ火山島・特産「桜島ダイコン」〕

【薩摩半島】開聞岳〔別名「薩摩富士」〕・池田湖〔九州最大の湖・大うなぎ「イッシー」伝説〕・長崎鼻〔薩摩半島最南端の岬〕・知覧〔薩摩の小京都・知覧茶・特攻平和会館〕・吹上浜〔日本三大砂丘・半島西47kmの砂丘・砂の祭典〕

【大隅半島】佐多岬〔本土最南端〕

【大隈諸島】種子島〔鉄砲伝来の地・種子島宇宙センター（ロケット発射場）〕・屋久島〔《世界自然遺産》縄文杉（屋久杉）・宮之浦岳（九州最高峰）・尾之間温泉〕、【奄美群島《世界自然遺産》】奄美大島〔奄美群島最大の大きさ・あやまる岬（喜界島望める）・「大島紬」の産地〕、徳之島〔群島2番目の大きさ・犬の門蓋〕・沖永良部島〔昇竜洞〕・与論島〔奄美群島・鹿児島県最南端の島・百合ヶ浜（大潮の時に出現）・平らな隆起サンゴ礁の島・島1周ハーフマラソンの距離23.7km〕

建造物 仙巌園〔(鹿児島市) 別名「磯庭園」・バックに桜島の景観・旧集成館（《世界遺産》反射炉・ガラス工場などの工場群跡）〕

世界遺産 屋久島〔屋久杉・宮之浦岳〕、奄美大島・徳之島、旧集成館　他

桜島

沖縄県 琉球

観 光　【沖縄本島（沖縄島）】北部＝辺戸岬〔沖縄本島最北端〕・茅打バンタ〔バンタ＝崖の意味〕・大石林山〔世界最北の熱帯カルスト地形・奇岩巨石群〕

本部半島＝国営沖縄記念公園・海洋博公園〔沖縄美ら海水族館・伊江島（公園前）〕・古宇利大橋〔古宇利島〜屋我地島・ドラマやCMに登場〕、恩納村＝万座毛〔「万人座するに足る毛（野原）」と賞賛された断崖〕・琉球村〔沖縄観光テーマパーク〕

南部＝糸満市〔ひめゆりの塔（戦死したひめゆり学徒の慰霊碑）・摩文仁の丘（平和祈念公園・戦争激戦地）〕・南城市〔玉泉洞（テーマパーク「おきなわワールド」）〕

【慶良間諸島】慶良間諸島〔「ケラマブルー」の透明度高い海・ザトウクジラ繁殖・大小20余の島（渡嘉敷島・座間味島等）〕

久米島〔那覇から西100km・ハテの浜・上江洲家住宅（琉球の伝統的な沖縄最古の民家）〕

【宮古列島】宮古島〔トライアスロン大会・八重干瀬（島北方沖の日本最大級のサンゴ礁群）・西平安名崎（最西端で最北端・風力発電の風車）・東平安名崎（島南東端・約２kmの岬・５月テッポウユリ）・与那覇湾（ラムサール登録地）〕・伊良部島〔伊良部大橋（コバルトブルーの海上橋・全長3540m）・宮古島と結ぶ〕・下地島〔伊良部島と橋でつながる〕

【八重山列島】石垣島〔川平湾（エメラルドグリーンの海に小島が点在・黒真珠の養殖）・米原ヤエヤマヤシ群落・唐人墓（バウン号事件の中国人の霊を祀る）・宮良殿内（上級士族の邸宅）〕・竹富島〔石垣島南西の小島・赤瓦屋根の民家・水牛車・民謡「安里屋ユンタ」〕・小浜島〔NHK朝ドラ「ちゅらさん」の舞台・シュガーロード〕・由布島〔西表島から水牛車〕・波照間島〔有人島で日本最南端の島〕・与那国島〔日本最西端の島・「Dr.コトー診療所」の舞台〕

世界遺産　【琉球王国のグスク及び関連遺産群】那覇＝首里城跡〔琉球王朝の王宮・守礼門（二千円札）〕・玉陵〔第二尚王朝歴代の陵墓〕・識名園〔琉球王家の別邸〕・園比屋武御嶽石門、今帰仁城跡〔本部半島・北山王の居城跡・寒緋桜の名所〕・座喜味城跡・勝連城跡・中城城跡、斎場御嶽〔（南城市）琉球王国の創世神「アマミキヨ」が創った琉球王国最高の聖地〕

【奄美大島、徳之島、沖縄島北部及び西表島】西表島〔自然遺産・イリオモテヤマネコ・マリュドゥの滝・浦内川〕

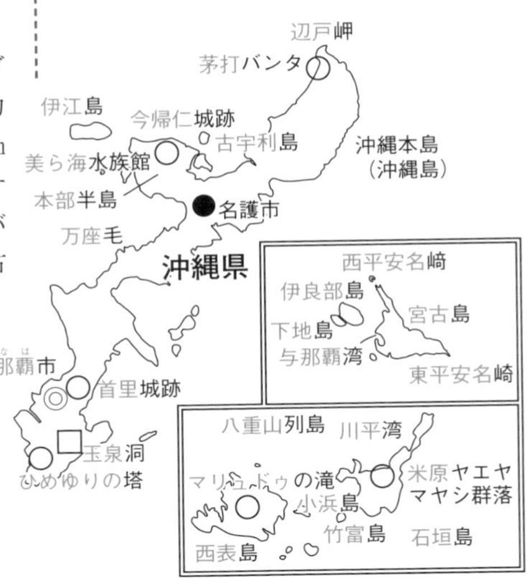

解答はP.325

問　以下の各設問について、それぞれの選択肢の中から答を１つ選びなさい。

1　日本国内における国立公園・世界遺産・ラムサール条約に関する次の記述のうち、該当する答を選びなさい。

(1)　国の天然記念物・マリモの生息地として知られる湖や、季節・天候・見る角度などの条件により湖面の色が変わるオンネトー、または、エゾシカの生息やアイヌ文化が体感できるアイヌコタンでも知られる国立公園は、次のうちどれか。

ア　阿寒摩周国立公園　　イ　支笏洞爺国立公園
ウ　知床国立公園　　エ　大雪山国立公園

(2)　日本の産業遺産として評価され、「田島弥平旧宅」や「荒船風穴」などが登録されている世界文化遺産は、次のうちどれか。

ア　石見銀山遺跡とその文化的景観　　イ　琉球王国のグスク及び関連遺産群
ウ　富岡製糸場と絹産業遺産群　　エ　明治日本の産業革命遺産

(3)　世界文化遺産「古都奈良の文化財」に含まれる構成資産として、正しいもののみをすべて選んでいるものは、次のうちどれか。

〔構成資産〕a　春日山原始林　　b　東大寺　　c　法隆寺　　d　薬師寺
ア　a、c　　イ　a、b、d　　ウ　b、c、d　　エ　a、b、c、d

(4)　ラムサール条約の登録地「尾瀬」に関する記述のうち、誤っているものはどれか。

ア　西側の尾瀬ヶ原、東側の尾瀬沼、燧ケ岳の北側の御池田代の湿原などからなる日本有数の高層湿原である。
イ　福島県の檜枝岐村、群馬県の片品村、新潟県の魚沼市にまたがって所在している。
ウ　日本のラムサール条約登録湿地第１号であり、国の特別天然記念物「タンチョウ」が生息する。

2　各設問の行程について、前後に最も近い観光地を選んで（　　　　）を埋め、モデルコースを完成させなさい。

(1)　指宿温泉――長崎鼻――池田湖――知覧――（　　　　）――鹿児島駅
ア　松濤園　　イ　栗林公園　　ウ　水前寺公園　　エ　仙巌園

(2)　玉造温泉――出雲大社――（　　　　）――足立美術館――皆生温泉
ア　湯原湖　　イ　宍道湖　　ウ　野尻湖　　エ　御母衣湖

(3) 高松空港――金刀比羅宮――（　　　　　　　）――面河渓――松山空港
ア　足摺岬　　　イ　石鎚山　　　ウ　三瓶山　　　エ　佐田岬

3　各設問の組合せについて、該当する答を選びなさい。

(1) 次の都県で開催される祭り・行事と開催月の組合せで、誤っているものはどれか。
ア　福島県：相馬野馬追――5月　　イ　埼玉県：秩父夜祭　――12月
ウ　京都府：祇園祭　――7月　　エ　佐賀県：唐津くんち――10月

(2) 次の観光地と郷土料理・名物料理の組合せで、同じ都道府県でないものはどれか。
ア　忍野八海　――ほうとう　　イ　角館　――いちご煮
ウ　草千里ヶ浜――辛子蓮根　　エ　龍泉洞――わんこそば

解答と解説

1　(1) ア　阿寒摩周国立公園　マリモの生息地として知られる湖＝阿寒湖

(2) ウ　富岡製糸場と絹産業遺産群　他に「富岡製糸場」「高山社跡」も構成資産に含まれる。

(3) イ　c　法隆寺も世界文化遺産だが、「古都奈良の文化財」ではなく、「法隆寺地域の仏教建造物」の構成資産である。

(4) ウ　ウの文章は「釧路湿原」の説明文である。

2　(1) エ　行程はすべて鹿児島県。鹿児島県は「仙巌園（せんがんえん）」、別名「磯庭園（いそていえん）」とも呼ばれる。ア「松濤園（しょうとうえん）」は福岡県柳川（やながわ）市、イ「栗林公園（りつりん）」は香川県高松市、ウ「水前寺公園（すいぜんじ）」は熊本県熊本市。

(2) イ　玉造温泉から足立美術館までは島根県、皆生温泉は鳥取県。（　）に入る島根県の湖は「宍道湖（しんじ）」、ア「湯原湖」は岡山県、ウ「野尻湖」は長野県でナウマン象の化石が発見された所、エ「御母衣湖（みぼろ）」は岐阜県。

(3) イ　面河渓（おもご）と石鎚山（いしづちさん）はセットで覚える。面河（おもご）渓、松山は愛媛県。石鎚山も愛媛県、西日本最高峰。高松、金刀比羅宮（ことひら）は香川県。ア「足摺岬」は高知県、ウ「三瓶山（さんべ）」は島根県で別名「石見富士（いわみ）」と呼ばれる。エ「佐田岬」は愛媛県。地図上の位置はP.317参照。

3　(1) エ　唐津くんちは11月、長崎くんち（おくんち）は10月。ア「相馬野馬追」は2024年より5月に変更となった。

(2) イ　角館（かくのだて）は秋田県、いちご煮は青森・岩手県。ア　忍野八海（おしのはっかい）とほうとうは山梨県、忍野八海は世界文化遺産「富士山」の構成資産。ウ　草千里ヶ浜（くさせんりがはま）と辛子蓮根（からしれんこん）は熊本県、エ　龍泉洞（りゅうせんどう）とわんこそばは岩手県。

●著者
児山寛子（こやま　ひろこ）
米国留学後、小田急トラベルにて旅行業務取扱主任者として勤めた後、「国内・総合旅行業務取扱管理者」資格試験講師として、企業、大学、専門学校等で講義を行っている。そのわかりやすく懇切丁寧な講義・指導には定評があり、受講生はいずれも高い国家試験合格率を示している（「国内旅行業務取扱管理者」「総合旅行業務取扱管理者」は全科目の講義を行っている）。

《主な講師歴》
企業＝ＪＲ東日本、小田急電鉄、旅行総研、ＡＮＡトラベル
大学＝法政大学、東洋大学、獨協大学、神奈川大学、桜美林大学、関東学院大学、城西国際大学、東洋学園大学、淑徳大学、明海大学、国士舘大学、文化学園大学
専門学校＝ふれあい横浜専門学校（旧・専門学校横浜外語ビジネスアカデミー）、ホスピタリティ・ツーリズム専門学校（旧・トラベルジャーナル旅行専門学校）、神田外語学院、東京外語専門学校、国際トラベル＆ホテル専門学校、日本観光専門学校、東京スポーツ＆レクリエーション専門学校、山手英学院、情報科学専門学校（長崎）

●本文イラスト／うかいえいこ（MS企画）
　　　　　　　　石黒あつし
●本文デザイン・DTP／グラフト
●編集担当／柳沢裕子（ナツメ出版企画）

一発合格！　国内旅行業務取扱管理者試験テキスト＆問題集　2024年版

2024年6月4日　初版発行
2024年8月20日　第2刷発行

著　者　児山寛子
発行者　田村正隆

発行所　株式会社ナツメ社
東京都千代田区神田神保町1-52 ナツメ社ビル1F（〒101-0051）
電話　03(3291)1257(代表)　FAX　03(3291)5761
振替　00130-1-58661
制　作　ナツメ出版企画株式会社
東京都千代田区神田神保町1-52 ナツメ社ビル3F（〒101-0051）
電話　03(3295)3921(代表)
印刷所　ラン印刷社

ISBN978-4-8163-7540-8　Printed in Japan
《定価はカバーに表示してあります》《落丁・乱丁本はお取り替えします》